权威·前沿·原创

皮书系列为
"十二五""十三五"国家重点图书出版规划项目

北京蓝皮书
BLUE BOOK OF BEIJING

中国社区发展报告
（2016~2017）

ANNUAL REPORT ON COMMUNITY DEVELOPMENT OF CHINA
(2016-2017)

主　编／于燕燕
副主编／宋　梅

社会科学文献出版社
SOCIAL SCIENCES ACADEMIC PRESS (CHINA)

图书在版编目(CIP)数据

中国社区发展报告.2016-2017/于燕燕主编.--北京：社会科学文献出版社，2017.9
　（北京蓝皮书）
　ISBN 978-7-5201-1355-7

Ⅰ.①中… Ⅱ.①于… Ⅲ.①社区建设-研究报告-中国-2016-2017　Ⅳ.①D669.3

中国版本图书馆CIP数据核字（2017）第222059号

北京蓝皮书
中国社区发展报告（2016~2017）

主　　编／于燕燕
副 主 编／宋　梅

出 版 人／谢寿光
项目统筹／邓泳红　郑庆寰
责任编辑／郑庆寰　姚　敏

出　　版／社会科学文献出版社·皮书出版分社（010）59367127
　　　　　地址：北京市北三环中路甲29号院华龙大厦　邮编：100029
　　　　　网址：www.ssap.com.cn
发　　行／市场营销中心（010）59367081　59367018
印　　装／北京季蜂印刷有限公司
规　　格／开　本：787mm×1092mm　1/16
　　　　　印　张：16.5　字　数：246千字
版　　次／2017年9月第1版　2017年9月第1次印刷
书　　号／ISBN 978-7-5201-1355-7
定　　价／79.00元

皮书序列号／PSN B-2007-083-5/8

本书如有印装质量问题，请与读者服务中心（010-59367028）联系

▲ 版权所有 翻印必究

北京市哲学社会科学规划办公室资助出版

北京蓝皮书编委会

总　　编　王学勤

副 总 编　周　航　许传玺　赵　弘

《中国社区发展报告》
（2016~2017）

主　　编　于燕燕

副 主 编　宋　梅

序

夏建中*

在当前的城市生活中，社交媒体的角色功能和影响正在逐渐扩大，各种来源的数字化数据越来越容易获得，这些正在发生的社会变化引起了城市决策部门的重视。社交媒体提供着前所未有的信息总量，通过微信、微博、QQ等，每个社交媒体用户都在参与城市社区信息的处理过程，他们对城市的体验、认知将通过社交媒体快速发布和传播出去。如何将社交媒体中传播出来的"碎片化"信息收集起来，对其快速分析、反馈并将其运用到社区的管理、规划与设计过程中，意义重大。

虽然在传统的社区研究中，传统的数据采集方法，诸如调查、访谈、问卷调查都能对城市社会生活进行非常有意义的观察，但传统的社区调查和民族志式报告已经不能满足当代社会的信息需求，因为它们需要大量的时间和金钱资源，并且它们经常固定在一个特定而有限的时间内（调查期），因而不能完全满足信息时代政府部门迅速、有效地做出应对决策的需要。

巨量信息的涌现为快速收集社区信息提供了来源，也为理解社会生活和社区组织的内在动态提供了新的手段。社区居民可以通过如平板电脑、手机和类似电子设备来贡献信息，以自下而上的方法实现本地知识的共享。作为日常生活的一部分内容，他们通过贴图来检验具体位置和共享地理坐标。越来越多的人正在创建包括他们如何生活、如何使用和感知城市空间的可获得信息。在城市生活中，越来越多的信息是由市民自身生成的，他们可能是非专业人士，与专业机构生产信息恰好相反，市民通过"社交媒体"生产和

---

* 中国人民大学社会与人口学院教授。

共享本地信息。社交媒体通过创建信息、共享信息、交换信息实现了人与人之间的互动,并且这一过程基本都在虚拟社区和数字化的网络中完成。目前最受欢迎的社交媒体平台有微信、QQ、新浪微博、知乎等,社交媒体的使用量正迅速增长,并已经发展成为我们日常生活的一部分,社交媒体的互动已经发展成为一个全民现象。但如果我们仅将社交媒体视为一种社会互动的工具,并且假设这是年轻一代喜欢的活动,那么这种判断是错误的。尽管在16~24岁的年轻人中,社交媒体的使用率是非常高的,但最近研究表明,25~45岁这个年龄阶段的人使用社交媒体的数量反而是增长最快的。一方面人们越来越多地关注自身隐私,另一方面越来越多的人认为社交网络既是他们私人生活的重要组成部分,也是他们获得专业信息的高效工具,人们使用社交网络带来的好处战胜了他们对隐私的担心。相当一部分人通过照片、视频或在社交媒体上对他们的个人文件进行简单地数据更新,实现共享,数据共享比以往任何时候的经验分享都要多。市民正将越来越多的电子设备连接到社交媒体上,而平均花费在社交媒体上的时间也变得更长。

社会学家和经济学家一直在寻找当代城市的网络和信息流的表达方式,诸如在当代城市的讨论中,阿帕杜莱的"媒体景观"和格雷厄姆的"信息景观"概念都是必不可少的。传感技术、无处不在的计算和用户自身信息的生产都在重塑城市经验和舆论中发挥着重要作用。建立在社会存在、地理空间和智能机器基础之上的"软城市"视角正在将物理的和数字化的维度紧密关联起来,成为当代城市社区研究的重要组成部分。这些新的城市社区研究方法最核心的思想就是将城市体验与多层的、碎片化的、瞬间的数据与信息"捆绑"起来。数据的生产可能是集体,也可能是个人;可以是聚合式的,也可以是离散式的;有些数据是公开的,有些则是受保护的。这些数据解释和描述了人们在特定时空坐标下的具体行为模式,从而又成为城市社区研究的新观察点。在这种时代背景下,城市社区研究的挑战来自整合虚拟数据库与传统数据,从而捕捉城市实践中正在发生的各种变化。信息技术的发展,无处不在的 Wi-Fi 连接和互联网用户的及时参与,使社区互动重新定义、收集和分享第一手信息成为可能。传统的城市观察与调查方法需要新的方法加以补充，因为短暂、多层、重叠的信息需要新的模式去加以整合。

城市社区动态信息分析不仅需要对物理和社会环境进行定义和可视化处理，还需要融入个体和集体的叙述。部分由市民自身处理的信息将超出专业社区研究者的经验，从而形成一个多层次的经验。城市社区的研究需要通过地理信息和数据可视化的方法来捕捉城市中社区人口、信息的流动与生产，并且快速采集到静态和动态的城市信息图像，从而为城市社区服务、流程设计和策略实施提供新的视角。

摘　要

　　社区是居住在某一地域里的居民结成的多元社会关系和社会文化的总和,《中国社区发展报告（2016~2017）》从社区实践层面对中国8个具有代表性的城市社区进行了大规模的问卷调查和个案研究，展示了社区组织结构的变迁和社区治理模式的创新，反映了社区文化的新内容和社区居民的新偏好，提出了社区环境的承载压力和社区绿色发展的新方向。在社区发展理论层面，本报告也从社会学、城市学、环境学等多个学科的角度提出了社区发展过程中存在的新问题和新思路。

目 录

Ⅰ 主报告

B.1 中国社区发展：新模式与新挑战…………………………… 于燕燕 / 001

Ⅱ 理论探讨与新挑战

B.2 社区治理行政化：问题与对策…………………………… 焦若水 / 011
B.3 城市社区居民活动的组织与递进过程分析 …………… 冯　猛 / 027
B.4 社会创新与"公共善"的理论与实践
　　………………………………………… [日] 今里滋 著　俞祖成 译 / 041
B.5 绿色社区建设评价体系研究 …………………………… 赵　清 / 053
B.6 从提供服务转向社区营造：对一个"村改居"社区的研究
　　………………………………………… 郑中玉　梁本龙　高云红 / 063
B.7 门禁社区的兴起及其社会文化成因分析 ……………… 宋　梅 / 082

Ⅲ 地方实践与经验篇

B.8 北京市网格化社会服务管理体系建设的回顾与思考 …… 殷星辰 / 091

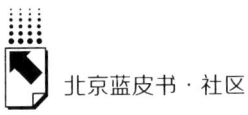

B.9　北京市资源环境承载压力与社区应对策略分析 ………… 杨　波 / 101
B.10　北京老旧社区环境建设模式研究 …………………………… 冯　刚 / 112
B.11　社区党组织党务公开工作调查问卷数据分析
　　　——以北京八里庄街道为例 ………………………………… 于燕燕 / 120
B.12　城镇社区居民自治的现状研究
　　　——基于北京市昌平区的调查分析 ………………………… 谭日辉 / 144
B.13　街道统筹下"居站分离"的新型社区治理体系探索
　　　——北京西城区月坛街道的实践 …………………………… 马晓燕 / 172
B.14　社区实惠性服务与社区文化活动参与度之关系
　　　——以北京东城区建国门街道为例 ………………………… 张　宁 / 182
B.15　农民市民化后的社区管理
　　　——基于北京市大兴区的调查 ……………………………… 李顺华 / 199
B.16　北京新城社区公共服务设施优化研究 ……………………… 袁　蕾 / 213
B.17　需求发现和公益创投：推动社区社会组织成长的
　　　"三社"模式 ………………………………………………… 马丽华 / 222
B.18　创新社区治理，缔造海沧样本 …………… 厦门市海沧区政府 / 228

Abstract ……………………………………………………………………… / 234
Contents ……………………………………………………………………… / 235

皮书数据库阅读 **使用指南**

主 报 告
Primary Report

B.1
中国社区发展：新模式与新挑战

于燕燕*

  2016～2017年的《中国社区发展报告》试图赋予社区发展一个更为崭新且具包容性的概念。邻里团结和空间治理作为一个历史过程，一直伴随着中国市场经济、市民社会与工具理性概念的崛起而演进，中国社区发展的实践作为一种现代社会中的居民对市场经济的积极反应模式，已经凸显"社区"概念在理论上与实践中的不足。大量的社区概念和与社区发展相关的实践体现了社区发展的活力，但它也很快暴露一些问题。社区发展的多元化理论已成为压倒性的力量并催生许多更窄的社区发展概念，特定领域的社区发展定义（如经济增长或城市/基础设施发展）虽然极其宝贵，但过于专业化的社区概念削弱了研究者和从业人员之间的彼此理解，不同专业之间的连接也难以建立起来。同时，多元的社区发展概念缺乏一个整体的视野或概念

---

* 于燕燕，北京社会科学院城市研究所研究员，研究方向：社区党建、社区治理。

基础，因而难以为社区发展提供总体指导。中国社区发展的实践表明，微观层面的"社区"越来越需要学术领域对社区发展的概念重新加以界定，对社区发展的主要形式加以概括，针对社区发展过程中面临的挑战进行总结，提出社区未来发展的方向，以更好地服务于研究者与实践者。

一　社区发展概念的重新界定

什么是社区发展？社区发展的重新定义为什么在当代中国社会变得如此重要？这些问题关系中国社区发展的实践以及研究者未来的学术努力方向。事实上，来自全国各地的社区调查报告已经反映出"社区发展"的概念在中国实践与研究中的混乱与模糊，如有将"社区"等同于"地方"的倾向。空间边界是社区概念一个不可分割的部分，但在社区开发者和社区工作者的意识中，社区工作是经验的、松散的、零碎的，社区研究者也在社区研究中随意抓取部分居民对某个社区或某类型的社区发展特征的看法并加以理论化。

社区的空间边界被社区开发者定义为在近似的空间中进行社会交往，近似的空间包含工作场所、商业场所、娱乐场所和睡眠场所，而在实际生活中，即便职住日益分离、交通越来越便捷，空间的接近也并不一定会发生社会交往。尽管社区研究者并不确定社区的空间边界该如何界定，但通过各种问卷调查，笔者了解到社区的空间边界被操作化为对各种服务场所、职住距离和社交场所的心理认同。事实上，这种基于"共同体"意义上的社区心理认同预设了社区的空间边界，这种空间边界的设定的最终结果就是社区中生活的主要群体是老年人和儿童，年轻人开着车可以去更远的地方购物、娱乐、进行社会交往。这种界定的后果就是严重妨碍了社区发展的包容性，妨碍了年轻人参与社区建设的积极性，（即计划干预）如改变他们的经济、社会、文化和环境状况等。

总之，在目前的社区工作和社区研究中，"地方"、邻里、场所或空间都处于混乱、互换使用的状态，甚至有学者指出，社区发展是可以自行定义的，谁都可以根据需要添加，"社区是一个集体，在地理上可以识别，有共同的目标使他们可以一起行动"。这种开放、没有界限的定义导致了"社区"的概念在社会中的使用格外宽泛，微观意义上的"社区"包括特殊利益集团、村庄、乡镇、网络群；宏观意义上的"社区"又覆盖了城市、地区、区域国家、国际联盟乃至全人类，这些微观、宏观意义上的"社区"概念在本报告中都可以发现。

那么是不是社区发展是不可定义的呢？综观目前社区发展的已有概念，可以发现社区发展领域吸收了不同的价值观、信仰、目标和发展方法，所有这些都旨在改善社区的状况，但其是否真正有助于改善社区并非由学术或专业人士来评价。社区发展需要定义，而定义就要有所限制，限制条件有两个：一是社区发展必须有它的目的和方法；二是它必须有适用范围，它必须适用于所有类型的社会形态：城市或农村、前工业社会或后工业社会、常住人口社会或流动人口社会。因此，社区发展的任务是构建一个明确的参考点，以指导社区发展活动，并确定哪些活动运行在社区发展的轨道之上。"社区发展"概念界定的目的不是解释，而是阐释、构建某一种社会秩序的愿望和构建某种社会秩序的方法。在本报告中，有很多这样的案例，利用一定的方法实现了社区发展的目的。社区发展是一个非常独特的领域，目的与方法必须具体到每一个社区之中，但实施这些方法的工具不需要如此具体，甚至整个人类的知识和文化都可以作为实施社区发展方法的潜在工具。

二　社区发展的三种模式

根据前一小节所建立的社区发展定义，可以将"社区发展"理解为一个提供愿景、制订计划、明确方向、协调行动的过程，居民可以按照他们想要的生活方式建立社区，共同制订社区的发展目标，运作相应的社区资源，努力改善社区条件，满足居民的日常需求和提高他们的物质文化生活水平。

由于中国社区的发展涉及多个利益相关主体，在社区发展过程中，谁来使用和管理社区资源，会产生不同的社区发展结果。基于社区发展动力来源、为社区带来的便利、主要利益相关者、领导社区发展过程、居民投入、参与和学习的程度及居民的成果,目前中国社区发展主要分为三种模式:强制型、自助型和导向型发展模式。

（一）强制型社区发展模式

在社区发展的强制型模式中,占主导地位的观点有:社区服务和生活便利是社区生存和发展的主要功能,通过改善社区的基础设施和生活设施来促进社区的发展。这种形式的社区发展往往依赖于设备的更新和技术的进步,推动者往往是与房地产开发有关的企业或政府机构。社区开发者热衷于为社区提供一系列使社区生活变得更便利的硬件配套设施,比如道路,使交通变得便捷,并提高居民的出行效率,但这种强制型的社区"硬件"建设是相当专业性的任务,涉及金融、科技、文化、体育、规划等工作,需要专业的技能和判断作指导,政府部门和开发商就在不寻求居民参与的情况下,完成了社区的硬件建设,在这种类型的社区发展模式中,居民既没有学习到相关的社区发展技术知识,也没有与政府、开发商一起工作,发现当地的资源。

（二）自助型社区发展模式

自助型社区发展模式的主要观点是社区作为一个人们相互交往的场域,建立有意义的社会关系对社区的生存与发展至关重要,社区是由相互之间存在联系的个人所形成,而不是由社区所具有的功能决定的。自助型的社区发展模式注重居民之间的互动,体现了居民对发展社区事务的热情。在这种社区发展模式中,社区居民往往是促进项目或活动的主要利益相关者,社区居民参与和投入的程度非常高。比如社区广场舞,在社区周围发现合适的集体活动空间,满足了居民的健身需求,形成了居民之间的有效互动。当然,自助型的社区发展模式主要解决社区发展中的一些"软问题",这些"软问题"的解决,可以丰富居民的物质文化生活,引起学术界和大众媒体的广泛关注,社会科学研究者从多个角度对自助型的社区发展模式加以肯定:密切了社区居民之间的关系,提高了居民的参与度,加强了政府对社区组织的控制，培养了社区的自组织能力，提高了社区的凝聚力，形成了社区认同，完成了一定程度的"地方赋权"等。

自助型社区发展模式虽然将发展重点放在建立社区发展机制方面，但并不忽视社区发展结果。自助型社区发展模式的主要贡献在于社区居民为本社区的日常事务和社区发展方向改变负责，通过促进居民之间的互动，提高了社区内部居民的自组织能力。

（三）导向型社区发展模式

导向型的社区发展模式是强制型和自助型两种社区发展模式的结合或折中。这种社区发展模式的主要观点是提供社区服务，满足居民日常生活需求这一主要功能，但是，社区发展的重点不应仅止于此，而是应立足于需要创造有意义的社会关系方面，因为"社区"是一个具有相似的地域性特征的术语。

与强制型社区发展模式不同的是，导向型的社区发展模式侧重于社区发展的过程由社区居民参与并进行民主决策，政府或社区内的一群利益相关者提出社区发展的相关方案，并要求社区全体居民提供反馈意见，然后基于居民的建议，对社区发展项目进行修正。这种社区发展形式的最大优势在于密切联系居民，促进居民之间的互动。实际上，当政府或社区邀请居民参与决策社区的发展，一般不会导致社区发展项目或活动发生重大变化，更多地体现出一种象征性。让居民参与社区的发展，不管其参与程度如何，一个最大的优点就是为社区居民提供了一定数量的社区信息，也使相关部门聆听到了社区居民对社区发展的不同声音，比如物业公司邀请居民对社区内的道路维修或水泵改造进行投票时，居民就可以了解到社区发展过程中遇到了哪些问题，是否需要动用公共维修基金来解决。

社区发展的目标是寻求改善社区的生活条件和提高居民的生活质量，基于不同形式和不同背景的社区，自助型社区发展模式可能由于当地居民参与热情不够而无法推动，但这种发展模式可以为社区带来更多的成果。

三种社区发展模式对改善社区生活至关重要，但发现和理解三种社区发展模式的差异，对满足居民不同的需要和愿望，解决资源、利益相关者之间的矛盾和合理规划社区发展流程同样意义重大。

三 社区发展面临的挑战

（一）社区的团结性被侵蚀

快速的经济发展和全球化进程，正将全体中国人卷入一场前所未有的市场竞争中，社会正发展成为市场的附属品，这在中国几千年的历史长河中尚属首次。在市场经济成为主导地位之前的年代，经济系统是中国社会控制和威权控制的附属品。随着市场经济地位的确立，复杂的社会关系网被突破，社会发展成为有独立竞争力的个人集合体。整个社会都在专注于提升生产力，导致其更重视竞争的价值、自利的追求与需求的刺激。反过来就意味着安全感的下降，共享的社区关系和安全扎根的地方及生活方式变得越来越不稳定，为了弥补安全感的缺失，中国人越来越渴望拥有更多的东西，传统价值观的衰落也加剧了人们的危机感，等等。因此，人们越来越追求增加物质财富，依赖物质产品来提高生活幸福感指数达到前所未有的程度。

同时，从学术研究的角度来看，哲学、经济学乃至社会科学方法论上个体主义的盛行，孕育出一种新的社会意识形态：团结与文化情结（伦理系统、情感、信仰）被视为传统的、落伍的，经常与社会改革发生矛盾，功能失调，快速的经济变革也经常阻碍团结和传统文化的优化行动，市场主导、经济嵌入、孤立的个人在市场中寻找价格与价值的统一，正是这种历史性的转变为社区发展提供了重要的背景，社区中的团结性遭到了严重侵蚀。日渐微薄的社会资本，削弱了集体行动的潜力。

（二）居住隔离的加剧

随着城市化进程的加速，城市社区数量迅速增加，以陌生人为主的城市社区，面临的不仅是社区居民对于家庭、财产安全的焦虑，同时社会贫富分化的加剧在城市社区中表现为部分老旧社区环境恶化、部分社区高端化,这种两极分化的局面正阻碍着中国社区建设部门按照整齐划一的步伐推动社区的发展。社区与社区之间的差距既来自建筑主体建成年代的差异,也来自社会再分配领域的失衡。

收入、地位较高的人群倾向于居住在建成年代较近的住房中,而收入较低的人群则居住在建成年代较久的住房之中。居住隔离可能是社会分层的重要表现形式,它放大了收入和财富的不平等,住房的选择会影响居民获得许多公共和私人服务、就业机会的能力。市场经济条件下的住房选择过程,实际是在创造和维持社会与空间的划分,通过受教育机会,社会关系网络、就业机会和安全性、隐私性、物业成本的差异性将社区与社区之间区别开来。

新房子通常有更好的社区规划,有聚集、组团式发展,有高档商业配套,其社会隔离效果十分明显,特别是在20世纪90年代后期建成的社区,往往是封闭社区,物理边界的划分造成一个非常严重的居住隔离后果。而这种居住隔离可能会导致教育机会获得的差异和住房参与实质性收益分配的差异,从而导致更长远的社会隔离和社区排他性。

每一个家庭都有选择居住环境的权利,甚至可以选择与自己类似爱好和特征的邻居,但是在高房价的中国大城市中,住房的选择对于大部分工薪阶层来说,是一件非常奢侈的事情。即使在住宅市场化的条件下,实际的选择也很少存在。住宅市场选择的决定性因素是财富,目前来看,居民家庭有限的财政资源不允许大部分居民行使住房选择权。

四 中国社区未来发展的方向

(一)促进居民团结

社区发展是需要对社区历史进程中的问题进行有效而积极的回应,社区的团结性和传统的社区遭到了前所未有的侵蚀。社区的团结性是社区发展的重要组成部分，威权主义的解放和没有"不必要的支配"是增强凝聚力的关键。社区的团结性要求每一个居民感受到他人、国家和全社会的关心，实际上这就意味着通过集体的努力，增强社区的团结，维持一个充满爱心的社会。减少社区治理中的威权主义，威权主义意味着社区权力的行使服从于某个人或某个机构，居民对待上级不允许对话，不允许询问，只有遵守的义务。社区发展可以由第三方机构来主导推动，但必须免于不必要的限制，资源的获取更为多元开放，尊重居民意志，尊重居民不同的喜好和文化生活方式。

（二）构建学习型的社区实践共同体

社区实践共同体不仅仅是一个朋友俱乐部，或者一个熟人人际关系网，它更是一个共享"地域"。社区成员意味着对一个"社区"地域的承诺，有一定的共享能力和服务义务，区分于社会其他成员。

社区居民为了维护本社区的利益，联合起来一起活动，共同讨论，互相帮助，分享信息。社区成员之间的这些互动是必不可少的，促使社区发展成为实践共同体。此外，社区作为实践共同体，不仅是一个利益共同体，还是一个资源共享载体。共享的资源有经验、故事、工具乃至解决问题的方法，收集并记录他们学到的技巧和经验，并将其应用到知识库中。

社区团体往往不称为社区组织，而是被赋予各种名称，如学习网络、专题小组或技术俱乐部。只要社区成员在共同学习，实践共同体就已经存在，在家里、社区中，在学校里，在人们的爱好中，成员都属于社区共同体中的一分子。社区中的学习是一种熟悉的经历，常常使人们无法注意到。然而，当社区被作为一个学习的空间时，它就可以成为一个角度，帮助社区成员更好地了解世界，学习新知识、新技能。

（三）推动社区可持续发展

中国的社区要实现均衡的、可持续的发展非常不容易，这需要显著改变我们的思维结构、认知态度和价值观。社区可持续发展的关键不在于使居民更具有竞争力,而是让社区成员更敏锐,更能意识到自己拥有什么,需要什么,以及短期选择什么,长期后果是什么。

中国经济三十多年的高速发展,已经使得大部分城市居民直观地感受到经济的继续增长并不能带来更大的幸福感,为什么物质财富增长带来的乐趣会迅速消解,这是因为在人们的生活水平提高到一定程度之后,真正重要的已不是物质财富的增加,而是心灵上的"富裕"。而现实中人与人之间越来越"陌生化"的关系和经济人的理性约束,都在不同程度上阻碍了人们享受生活。

社区发展的挑战是探索一个可持续发展的方向,并找到一个新的美好社区形象来"隐喻"它。可持续发展社区是社区研究者和实践者对社区未来的设想,这不仅是一种为减少能耗的选择,更是为了获得一个更好的社区生活而做的努力。可持续发展的社区并不意味着社区中的居民变得更少,更多的是思考社区发展的新机会。可持续发展的社区理念,不仅需要对社区服务点进行有效干预,还要鼓励整个社区乃至整个社会一起学习,社区可以调动社会走可持续发展道路的积极性。积极的社区学习试图通过社区发展来改变社会行为,这不仅可有效地防止一系列与环境相关的社区问题,还可以创造健康、可持续发展的社会,使居民更愉快地居住在他们的社区之中。

总之,2016~2017年中国经济的快速发展,使居民在生活质量方面得到提高和更多的保障。在中国,无论是城市社区,还是农村社区,都需要一定的制度和资源保障,以解决居民在社区中的各种需求。通过社区发展推动社会发展,社区发展在推动社会知识实践方面具有独特的地位。三十年的社区发展历史和实践表明,社区发展是社会发展的重要组成部分,它将继续发挥这一作用,推进社区发展的实践。

而随着新媒体的快速普及,社区实务工作者必须使用最新的媒体,尽可能有效和快速地为社区服务者提供信息服务和培训。社区工作者正在采用电子媒体作为他们信息的主要来源,互联网和社交媒体也为社区的发展提供了更多的信息。社区工作者基于社交媒体数据,快速改变社区服务方式,推动社区发展方式的转型,将是社区发展推动社会发展、加强团结的重要方式,社区工作者可以利用小型的社区网络研讨会,沟通社区发展方式,推动社区实践,提高社区服务质量,准确提供社区服务信息和社区动态。

中国社区发展的目标是以坚持居民自助为原则,以追求地域的团结和空间治理为理念,发现居民的实际需求,鼓励居民参与社区自治和发展活动。

理论探讨与新挑战

Theoretical Discussion and New Challenges

B.2
社区治理行政化：问题与对策

焦若水*

摘　要： 社区治理的行政化问题是我国基层社会治理创新的重要议题，现有法律法规模糊界定居委会权责，行政改革滞后，使社区居委会行政事务多、检查评比多、会议台账多、不合理证明多等问题长期难以解决。本文基于社区治理行政化全国范围案例考察，提出从公共行政现代化和社区治理化两大维度出发，基于社区需求导向设计公共服务流程，促进政府公共服务专业化转型，引入社会组织专业力量，适时修订相关法律法规政策，建立适应国家治理体系建设要求的社区新型治理格局。

---

* 焦若水，兰州大学社会学与人口学研究所副教授，研究方向：社区研究、城市社会学、全球社会学研究。

关键词： 居委会行政化　公共行政现代化　社区治理

新时期城市基层社会治理创新是在中国社会"五化两转"（市场化、信息化、工业化、城镇化、国际化和经济转轨、社会转型）的战略调整背景下展开的，社区居委会是社区管理体制创新的中心，社区又是国家治理体系与治理能力现代化建设的基石。中共中央办公厅、国务院办公厅于2010年专门出台《关于加强和改进城市社区居民委员会建设工作的意见》，明确了社区居民委员会是社区居民自治的组织者、推动者和实践者的新角色定位，指出要以社区居委会为中心完善群众自治制度，突出城市社区居民委员会在社区自治中的作用。为了有效解决治理创新新形势下社区居委会建设行政负担过重的问题，民政部、中央组织部又于2015年7月联合出台《关于进一步开展社区减负工作的通知》，但从新近相关调查来看，社区居委会的行政化问题仍然没有得到结构性的解决。从基层治理的整体生态出发，从公共行政现代化和社区治理化两大维度出发，更好地理解社区行政化的内外动因，逐步形成基于社区需求导向的公共服务流程，促进政府公共服务专业化转型，引入社会组织专业力量，适时修订相关法律法规政策，最终建立适应国家治理体系建设要求的社区新型治理格局。

一　国家治理基础单元的历史结构挑战

自1990年以来，中国就以每年1万平方公里的速度扩展城市建成区，仅2009年，城市建成区面积就达到了29091平方公里。这些数据揭示的是全世界范围都罕见的社会结构挑战，在历史上很难找到如此规模社区治理的先例与经验。政府在社区建设中尽管投入大量的物力、人力，如仅在2006~2014年的几年间，我国的社区服务机构就由12.5万个增至31.1万个，相应的社区服务中心、社区服务站的数量也有较大增长（见表1）。

表1 2006~2014年社区服务机构分类统计

年份	2006	2007	2008	2009	2010	2011	2012	2013	2014
社区服务机构(万个)	12.5	12.9	14.6	14.6	15.3	16.0	20.0	25.2	31.1
社区服务中心(个)	8565	9319	9873	10003	12720	14391	16306	19904	23088
社区服务站(个)	—	50116	30021	53170	44237	56156	87931	108377	120188
便(利)民网点(万个)	45.8	89.3	74.9	69.3	53.9	45.3	39.7	35.9	30.9

资料来源：民政部社会服务发展统计公报（历年）。

社区服务机构数量的快速增长和整个城镇化的结构性变化是一致的，但社区建设中政府主导的管理服务机构的增长，除了基本的公共服务之外，已经很难解决基层社会共同体的培育和形成问题。政府巨大的财政与人员投入不但没有解决社区发育的问题，而且往往被认为其以"行政化"抑制社区自组织能力而广受诟病。同时，这些短期内由政府主导集中建设的社区服务机构背后实际上隐藏着两重挑战。其一，社区服务机构的建设恰恰揭示的是城市空间的急剧重组，这一过程正是对社会原有生态格局以及长时期形成的熟人社会网络的破坏，短期建设的社区基本上面对的是一个巨型的陌生人社会，这将进一步挑战政府在"单位制"和传统熟人社区中进行有效管理与服务的能力；其二，社区建设本身是一种治理性行为，就是要通过社区发育，形成社会的自组织能力，而我国现有的城市社区建设基本上沿袭的是单位制思维下的政府主导方式，多元主体的参与不足，政府介入往往既体现为政府越位，也体现为政府缺位。所以，在社区服务机构数量扩张的表象之下，我国城市社区治理已经进入一个全新的阶段，必须重新审视社区治理的行政化问题，以新的治理系统思维实现对治理体系最基础单元的重建。

（一）城市社区治理体制局限日益凸显

虽然国家在基层社区服务设施建设上投入巨资，但是现有的整体管理服务设施及其制度都是围绕相对封闭条件下的户籍人口设计的，如何在这样一个复杂程度极高的社会中实现有效的行政管理和公共服务，是一项极具挑战性的任务。在现行的城市管理体制下，党的基层组织建设的社会化、社区化机制尚处于成形阶段，空转现象较为严重。党和政府的公众响应机制单一，渠道狭窄。基层治理出现的问题都和传统形成的全能全控集中化的国家管理模式有关，这种管理模式直接影响经济社会发展的活力，使改革创新的动力不断衰减。[①] 所以现有的基层治理中虽然建设了社区服务中心等机构及"两代表一委员"等制度，但是议事、决策、服务、管理的分离，以及现行管理体制、理念滞后等问题，使得现有的党和政府自上而下动员的方式并不能很好地发挥效能。一方面，行政管理体制难以有效取得突破；另一方面，地方政府又面临着城市规模不断扩大、流动人口大量涌入、社会矛盾错综复杂、社会成员需求多样化等问题，各级政府及其部门通过层层下派的方式，将这些远远超出基层社区能力范围的职责通过自上而下的方式派入社区，通过所谓"横向到边、纵向到底、单元全覆盖"的行政管理方式，以及"零事故、零发案、零投诉"等各种完全不合理、不现实的考核方式，强压式下沉，导致基层城市社区自治组织的高度行政化，明知不可为而为之，行政化的困境问题也就不难理解。不堪重负的基层政府虽然通过努力建立政府部门职责下沉街道准入制度，逐步实现权随事转、人随事转、费随事转等"三随一转"，但由于现行的政府科层体制过于强大，人、财、物同步下放的实际可行性很差，实施效果有限。这说明现有基层社会治理创新的难点表面上是改变不合理的街居制制度，而实质上是要通过这一改革，推动深层次的基层政府运行方式改革与真正的政府治理创新。

（二）街居制下行政整合能力几乎达到极限

街道办事处是历史发展和社会条件的产物，其体现的是国家对整个社会包括社区进行统管的模式，突出表现为党政不分、政企不分、政社不分，这种体制在集权式低度分化的社会结构条件下，可以通过管控化的方式，依托单位制体系对所有社会事务和社会活动全面覆盖。但这种体制在社会转型过程中受到越来越多的挑战，特别是2009年6月第十一届全国人大常委会正式废止《城市街道办事处组织条例》，实施五十多年的制度退出历史舞台，

[①] 何增科：《理解国家治理及其现代化》，《马克思主义与现实》2014年第1期。

更使得对街道办事处进行反思批评的声音日渐增加。旧的制度虽容易废除，但新的制度的建立还需时日，中间的制度转换及其转型效应更不能忽视。即使是上海通过社区党工委和社区大党建扩容式创新，通过街道层面来整合条、线资源的体制载体和机制创新也基本走到尽头，以街道办事处为核心的单一行政力量提供基层管理与服务，很难有延续性。可以肯定的是，随着治理任务的增加，行政力量协同与整合的成本和代价急剧增加不可避免。

同时，基层政权难以轻易放弃对社会组织的科层化控制惯性，特别是在原有社会管理控制思维的影响下，基层政权对社区自组织的控制还有任务执行和责任目标考核的压力，因此更倾向于发展自己容易掌控的组织系统。同时，社区社会组织的发展必然挑战和改变现有的社区规则，这是原有的基层政权以维稳为第一要务所最为忌惮的现实，行政管理的刚性压力化体制，使得基层政府失去对各类社区组织在角色、职能和责任方面进行结构分化改革的动力。①

（三）社区发育与社区自组织能力不足

我国政府主导推动的社区建设，力图通过发挥社区居民委员会这一组织的功能，夯实政府在基层社会的基础。截至 2013 年底，我国有城市社区居委会 94620 个，比上年增长 3.8%（见表 2）；居民小组 135.7 万个，比上年增加 2.2 万个；居委会成员 48.4 万人，比上年增长 3.2%。

表 2　2006~2015 年社区自治组织数量

单位：个

年份	2006	2007	2008	2009	2010	2011	2012	2013	2014	2015
居委会	80717	82006	83413	84689	87057	89480	91153	94620	96693	97000

资料来源：民政部社会服务发展统计公报（历年）。

可以发现，2006~2015 年的 10 年间，城市社区居委会增加了 16283 个，其中大部分为新建商品房社区。从社区发育的意义来看，这些社区基本上是

---

① 王巍：《社区治理精细化转型的实现条件及政策建议》，《学术研究》2012 年第 7 期。

陌生人社区，社区发展面临的任务非常繁重，在大部分居民规模在1万人左右的社区中，单单依靠居委会完成现有的工作任务在理论上已不可能，而且居民因年龄、教育文化程度、职业等带来的差异化需求就更非单纯的政府社区建设所能解决的。政府主导的社区建设本身已经导致广为诟病的居委会行政化问题，当前城市基层治理的关键性问题就在于行政化膨胀，政府与基层的协商对话机制不足，政府公共事务执行与居民自治两种有冲突的机制共同融合于居委会，导致居委会的行政化与社区代理人角色弱化，居委会的日常工作只能是竭力完成政府下派的各类行政事务，难以有效推动群众自治和进行社区服务。另外，社区是国家实施基层社会管理控制的基本载体，本来有助于提高贯彻国家社会治理与公共服务政策的有效性，稳定的财政支持和工作队伍都是复杂社会基层管理的有机组成部分。但社区工作人员待遇偏低、缺乏向上流动通道导致社区难以吸引优秀人才，社区人才流失率很高。

同时，在新型社区中除传统的社区居民委员会之外，还有业主委员会、物业公司、社区社会组织等新的治理主体，社区治理面对的问题也与传统的社区管理不可同日而语。社区居委会不再是社区自治的唯一主体，而是需要发挥社区自治组织者、推动者、协调者等多重角色的作用，社区治理的行政化问题日益凸显。

二 治理背景下的行政与去行政化论辩

（一）何谓社区治理行政化

社区治理包括政治性事务（党务）、行政性事务（政务）和居民事务等三类事务，行政性事务主要指各级政府及其部门通过行政命令逐级下派行政管理工作；居民事务主要指回应本辖区居民基本需求，利用公共资源处理和解决与居民切身利益相关的具体服务工作。这三类不同的事务都需要由政府、社区自治组织、社会组织、物业企业、社区居民、辖区单位等多元主体的参与，其逻辑也相应表现为公共利益→市场原则→社会认同混合的过程，所以社区治理除了结果导向的考核外，更加强调协商谈判、资源交换、协调互动等过程。所谓的社区治理行政化，通常指政治性与行政性事务在社区公共事务中所占比例过高，行政化逻辑压制社区自治与治理逻辑，影响社区治理过程与机制的正常化运转。具体表现为社区工作中行政事务多、会议台账多、检查评比多、不合理证明多等问题。

现行的《居委会组织法》对居委会的权责仅做了六项条文三大类的规定，相较于庞杂的居委会事务，显然过于笼统和简单。从现有研究来看，居委会实际承担的事务从104项到300项不等，中部地区某地经过梳理发现，社区所承担的职能竟然有558项之多，研究中分类标准的不一可能导致最终数据有出入，但都明确指出政治性事务的比例过大，而对居民服务的事务比例过小。同时，这些从各类政府条块部门下派的事务，在具体的社区执行时往往会演变成一系列的工作任务，通俗来讲，体现为一块牌子=多项工作任务+多个资料台账+经常检查+加班加点（见表3）。

表3 居委会事务分类分项统计

工作事务	政治性任务	行政性任务	居民事务
法律规定的职责	宣传宪法、法律、法规和国家的政策；维护居民的合法权益，教育居民履行依法应尽的义务；爱护公共财产；开展多种形式的社会主义精神文明建设活动	协助维护社会治安；协助人民政府或者派出所机构做好与居民利益有关的公共卫生、计划生育、优抚救济、青少年教育等多项工作	办理本居住地区居民的公共事务和公益事业；调解民间纠纷；向人民政府或其派出机构反映居民的意见、要求和提出建议
实际履行的任务	包括党建党务、检查评比、上级精神传达、领导视察、学习文件、领导慰问、代理上级慰问、道德教育、"五城"创建、妇女工作等，共计22项工作	包括社区社会福利工作、社会治安工作、计划生育（流动人口）工作、社区出租屋管理工作、社区消防工作、社区文化工作、社区老年工作、社会科委科协工作、社区侨务工作等共61项工作	包括儿童疫苗接种、开具医疗证明等社区卫生工作；社区卫生、道路保洁、垃圾清理、社区周边环境等，各类证明出具等40项
相应的资料台账	社区党建、社区道德文明讲堂等专项台账	计划生育（常住人口）、计划生育（流动人口）、社区民政、社会保障、社区再就业、最低生活保障、社区妇联、社区残联、社区关爱新一代委员会、宣传文体、人口普查、经济普查、社区志愿者、社区团组织、社区统战、社区流动人口	城管爱卫、社区综合治理、社区养老、社区科普等专项台账

根据上海市民政局的统计，居委会承担的所有工作中行政性事务占85%以上，行政事务占据了居委会成员的绝大部分工作，一个普通社区居委会平均每天承担30多项各类行政事务，每年要接受40多项上级政府的不同考核。由于要应对不同政府部门的考核要求，有的社区每年记184本台账，许多服务内容要绞尽脑汁变换三四种写法，不合理的考核方式完全主导了居委会的工作。类似的情况在全国城市中具有相当的普遍性，如珠海在2010年时的调查发现，社区居委会现行承担130项工作任务，其中应由街道（镇）或政府职能部门依法完成的工作占到41项，而应由社区居委会完成或居委会协助政府完成的61项工作中有28项都是可以通过委托管理由政府购买完成。除此之外，在城市社会快速变迁进程中，政府部门无限下派工作任务还导致行政执法上的挑战与难题，将清理占道经营、食品安全检查、人口密集场所安全防范、电梯质量安全检查等应该由具有行政执法权的部门完成的工作下派到社区，导致居委会陷入"执法无据、群众误解、上级不满"的尴尬境地。

另外，社区承担的行政化相关工作是开具各类证明。社区居委会承担着向工商、公安、银行、学校、社保、房产、民政、安检、保险等部门出具证明的职责，这项工作也被社会公认为远远超出社区的权力职责范围，且被指责为行政化最严重的领域。不但如此，也给社区居委会带来诸多法律风险。

如果城市开展全国文明城市创建等国家、省市级的大型活动，社区将承担更多阶段性的工作任务。正是在这种情况下，民政部、中央组织部于2015年7月联合出台《关于进一步开展社区减负工作的通知》，从依法确定社区工作事项、规范社区考核评比活动、清理社区工作机构和牌子、精简社区会议和台账、严格社区印章管理使用、整合社区信息网络、增强社区服务能力等七个方面出发，对开展社区减负工作提出全面明确的要求，力图从制度上解决社区过度行政化的问题。

（二）社区治理行政化的三维视点

一是政府公共服务与管理的张力。需要看到的是社区行政化背后的正面效能，那就是政府提供的公共服务不断扩展和下沉，社会治安、社区教育、社会保障、劳动就业、公共卫生、社会救助、优抚救济、计划生育、文化体育、社区矫正等政府公共服务职能不断下沉到社区，以及在新的形势下迫切需要政府提供的居家养老、社区学习、社区创新创业、幼儿教育、家庭服务、法律援助、社会保障、文娱体育等多样化的公共服务都逐渐下沉到社区，大大提升了居民获得公共服务的可能性和便利性。政府各类公共服务的下沉对推动政府公共服务改革也有着重要的意义，特别是显著减轻政府负担、降低服务成本、提高服务效率、提升居民满意度等。但是在这一过程中政府在路径依赖的状况下只能通过行政化的方式输送服务。同时，政府在考核和输送公共服务时是在复杂的科层制体系中进行的，权力是行政管理的生命线，在现行的科层化体系中，各种行政管理机构都会通过斗争获得更多的政治权力。所以在各种不同的政治体制中，政治组织都有不断扩展的冲动，政治组织持续向立法机构、执行机构、下属团体、社会公众施加影响力，争夺有限的权力资源。① 政府投入人力、财力、物力建设社区，首要目的是巩固基层政权。社区自治会导致权力集中和政策执行上出现空白，这种观点在基层政府官员中普遍流行。所以居委会的行政化问题，根源不在于居委会，而是政府的缺位。再加上基层政府及其部门长期沿袭行政管理化的工作思维与方法，很难在短时期内以新时期社会治理的理念和思维来适应新的社区治理工作。更为严重的是，在层层下派工作的过程中，政府部门的官僚主义、形式主义、懒政思维逐渐出现，一些"条"上单位将自身不愿做的工作推给了"块"，并掌握了考核"块"的权力，"块"也只好将这些压力层层下压。所以，解决居委会的行政化问题决不能像"泼脏水时连同洗澡的孩子一起泼出去"那样，完全"去行政化"可能导致居委会再度"边缘化"，所以要用建设性的思维解决，那就是从国家治理体系与治理能力现代化的顶层设计出发，系统性地规划社区治理问题。

---

① 彭和平：《公共行政管理》，中国人民大学出版社，1995。

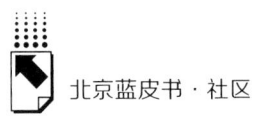

三 社区自治能力的优势与局限

居委会的成立"是要实现社会和政治的稳定,并反对从政府的角度来看会影响稳定的任何事情;另外就是保证政府下达的各项任务的顺利完成"。[①] 这种强烈的行政导向,伴随着行政环境的日益复杂,其路径依赖效应也日益明显。从历史和现实情况看,作为最具中国特色的基层群众性自治组织,居委会沿袭了我国历史上深入基层社会的组织体系,比"妇联"、"工会"等群团组织更具综合性,与西方社会组织和社区组织有着显著的区别,特别是经过历次运动之后,居委会作为国家政权的延伸,其角色不断强化,成为城市基层政权的重要依靠力量,发挥着党和政府联系群众桥梁和纽带的重要功能。当前社区治理创新的迫切任务,就是通过基层治理的社会化扩展,在党和政府的领导支持下,逐步建立健全社区党组织和多层次多维度社区自治组织,突出社区社会组织的服务性、互助性、公益性、社团性、群众性、中介性、行业性等特性,激活社区工作中自治的、自律的、民主的、志愿的、市场的等多种更具开放性、包容性的方式方法,真正培育社区的自治能力。

不过,社区自治面临的难题在于,法定的社区自治组织——社区居委会、社区社会组织、业主委员会等三种社区自治体系的自治功能都没有得到充分发挥。

居委会拥有的人力、财力、权力等资源严重短缺,居委会所能发挥的协管能力严重不足,只能通过现有的"上面千条线,下面一根针"的倒金字塔式格局,"选择性应付"来自政府的超负荷压力。街道办事处与居委会形成了紧密的资源相互依赖关系。在自下而上的行政管理体系中,市、区政府下派的各种任务目标通过其派出机构——街道办事处集中下拨,所以对街道办事

---

① 李景鹏:《城市社区建设中的目标选择与"行政推动"》,《北京行政学院学报》2001年第1期。

处下辖社区居委会高度依赖。而社区居委会的经费、人事、场地等关键性资源都受制于上级政府，这也导致居委会只能选择依附于街道办事处的生存方式。然而，这种由上而下压力型工作体制，最终并没能实现工作的有效执行，不堪重负的居委会在实际工作中通过造假、搞形式主义等方式应对工作的现象普遍存在，最终损害的是社区居委会、党和政府的形象还有居民的实际利益。

社区社会组织与社区居委会更是发育不足，功能发挥有限。即使是发达地区的社区社会组织，也面临着组织体系不健全、运行经费不足、自治职能不够的挑战。调查发现，苏州横塘街道3个社区拥有26个社区社会组织，其中文体健身类有14个，占绝大部分，体现社区自治能力的管理、调解、环保等社区社会组织只有1个，联谊、学术等3类组织空白，这些社区社会组织绝大部分没有活动经费，在活动场地和经费支持上高度依赖社区居委会。[①] 社区社会组织的社会影响力、自治能力、活动能力、持续发展能力都严重不足。即使是由物权逻辑驱动的社区业主委员会，也因为国家规制体系和居民参与的不足，严重抑制其功能发挥。据上海房管局统计，截至2014年12月，上海城区有8205个小区成立业主委员会，以83%的组建率居全国之首，但已成立的业委会仅有12.3%能正常运转。

四 社会化治理的机遇与困境

当前社区治理的行政化倾向的内部动因在于政府部门的不断向下延伸，而凸显行政化问题的外部因素则来自社区层面体现出来的社会化治理挑战。

我国城市社区基本上是在商品房开发主导体制下形成的，市场力量完全主导了社区物理空间的建设，但是现行的社区规制体系难以将其纳入管理视野，导致政府和社区承担了许多本该由市场主体担负的责任，特别是在全国社区中普遍存在的冲突，更是体现出普遍性的法律法规建设滞后问题。而已

---

① 丁宪浩、龚菊卫：《发达地区城市社区管理体制双重化转型实证研究——基于对苏州社区管理体制的调查》，《改革与战略》2013年第1期。

建成的社区，因为有开发企业和物业公司之间千丝万缕的关联，在法律上造成更多的空白，导致社区物业问题成为社区治理中最为棘手的问题。从法理上来看，物业公司依据《企业法》和委托合同将不利于自身管理的问题全部规避，并在许多社区问题上和居委会、业主委员会形成尖锐对立，社区居民委员会、业主委员会、物业公司三者分别从行政管理逻辑、物权维护逻辑、企业管理逻辑三个不同维度出发，从"自利"的角度主导制定小区管理规则。

新的时期，政府将通过购买公共服务、委托经营等方式，逐渐把更多资源与服务职能外包给社会组织和公共服务机构，并逐渐形成一个在政府基本服务之外的庞大公共服务市场。外包导致居委会与居民的社会网络虚化，居委会作为政府与群众之间的桥梁功能不断减弱。在调查中，甚至出现社会工作服务机构因为服务态度比社区居委会更好，而被居委会驱逐的事件。如何通过制度创新实现公共服务市场有效运行，如何通过社会化竞争提升公共服务组织的专业化水平，如何使公众需求与公共资源有效对接，① 如何实现政府对公共服务的规制，真正实现政府由"兼任运动员和裁判员"转变为"只任裁判员"，这些都是迫切需要解决的问题。

五 社区去行政化探索的得失

（一）以上海、北京为代表的特大城市社区治理改革

以上海为代表的特大城市基层社会治理创新改革，很大程度上代表着1986年社区建设开始以来基层社会体制调整建设的新阶段，上海出台的标志性文件——"1+6"政策，将在一定程度上对各地进行社会治理精细化改革带来很强的示范效应，并逐渐改变原有强调服务经济和行政推动的基层社会治理模式，形成以民生为导向、向下负责的基层公共服务体系，最终通过引入多元共治，更大范围地激发社会活力，建立新型城市基层社会治理模

---

① 黄晓春：《直面当代中国治理转型的瓶颈》，《文汇报》2015年1月7日，第5版。

式。北京现在的城市社区改革是在原来街道摘牌换名的基础上完成的,社区和街道的职能仍然划分不清,社区基层管理机构的行政色彩也十分浓重。各级政府在社区治理体系中放权不足,政社不分、统包统揽现象依然普遍存在,许多街道、居委会依旧是社区治理的主要参与者,多元主体的社区治理能量还未被有效组织和发动起来,在一定程度上限制了社区居委会和居民参与社区治理的积极性。城市社区工作者缺乏有效健全的教育培训与激励机制,社区治理人才队伍建设薄弱。[1]

广州、深圳等地则是政府在社区治理中推动购买公共服务的代表。政府对广州家庭综合服务中心三年累计投入达 9.56 亿元,广州近年来在社区设立家庭综合服务中心,从最初的 20 个试点扩展到 155 个,2013 年社工机构已达 217 个,承接超过 7.7 亿元的政府购买服务,服务方式也从"政府配餐"逐步向"群众点菜"转变。广州市向社工机构购买 165 项公共服务覆盖本地居民、来穗外国人和广州农村居民,服务项目包括 153 项家庭综合服务中心公共服务项目,以及社区救助、残障康复、社区矫正、社区戒毒等 12 个专业项目。2015 年,深圳市出台关于政府购买服务的"1 + 2"文件(《关于政府购买服务的实施意见》《深圳市政府购买服务目录(试行)》《深圳市政府购买服务负面清单(试行)》)规范政府购买服务,并明确了政府购买服务的采购、租赁、委托、承包、特许经营、战略合作、公共私营合作制(PPP 模式),以及资助、补贴或补助、贴息等多种方式,这种通过政府购买公共服务并引入专业机构提供社区服务的方式,推动了社会组织的发展,提升了社区服务的专业性,催生了一个庞大的公共服务市场。但是需要警惕的是,中国历史传统形成的早熟国家,使普通民众对"国家"的认同度远远高于其他国家,简单通过市场化方式将公共服务推向社会组织,有可能影响国家与社会建立有机联系的能力。[2] 现阶段以购买服务方式将公共服务推向市场,推动社会自组织建设,会削弱国家与社

---

[1] 程留恩:《去除居委会行政化恢复城市社区的自治性》,人民网 – 北京频道,2015 年 1 月 24 日。
[2] 项飚:《普通人的"国家"理论》,《开放时代》2010 年第 10 期,第 117 ~ 132 页。

会的有机联系，如何重构国家与社会之间在多个层面上的有机联系，是目前不可忽视的议题。

（二）中小城市的去行政化改革

如果说北京、上海等特大城市的社区去行政化改革因其规模、特性影响，大大限制了其模式的推广复制的话，那么全国多个城市开展的社区去行政化改革则提供了更为多元化的经验启示。

珠海对社区居委会现行承担的 130 项工作进行重新划分，分为"社区居委会依法完成（38 项）"、"社区居委会依法协助完成（23 项）"、"镇街、职能部门依法完成（41 项）"和"实行政府购买或委托管理（28 项）"四类。社区居委会应依法完成的事项和协助完成的政府公共服务，统一交由新成立的社区公共服务站承担；由镇街、职能部门依法完成的事项，则通过街道层面新成立的社区政务服务中心完成；政府购买或委托管理的事项，按照政府购买服务的方式，通过契约外包或按费随事转方式委托社区公共服务站办理。①

苏州提出推动以社区居委会为主体的社区主要管理服务机构实现"准事业＋准自治"的双重化转型方案，同时履行公共管理服务和组织社区自治两种职能。明确社区居委会（或者下设的社区服务中心/站）兼具事业性质，如果将来基层政府组织机构改革减撤管理层级，社区居委会职能增加，则为其提升事业、待遇及同步调整预留空间。② 提出机构设置梯次化、职权分解明晰化、重要岗位职业化、一般事务社会化、考核监督立体化的操作思路。

南京出台了《深化街道和社区体制改革实施方案》，通过全面取消街道GDP考核，取消招商引资、财税等经济指标考核，建立社区工作准入制、公共服务外包等方式，立体化解决社区减负问题。在具体的实施中，南京将街道社区体制改革和提升政府治理能力有效结合起来，严格的准入机制和督

---

① 《社区居委会"去行政化"的思考》，《珠海特区报》（网络版）2013 年 3 月 28 日。
② 丁宪浩、龚菊卫：《发达地区城市社区管理体制双重化转型实证研究》，《改革与战略》2013 年 1 月。

察机制从源头上控制住社区负担重的问题，从而倒逼职能部门转变职能。通过街道"去经济化"和社区"去行政化"双措并举，将原由社区承担的民政、人社、计生等8类119项服务回归街道，治理服务经费全面向街居下放，以综合服务中心为载体，通过公益创投项目，引入社会组织承担社区服务，形成"三社联动"和"四位一体"的新型社区治理方式。在新的社区体制中，源头控制和终端考核都得到有效保障，街道社区年度考核中居民满意度大幅提升到70%，政府对工作的考评降到30%。还有更多的中小城市通过改革传统的"街居制"，撤销街道办事处，减少行政管理层级来解决社区行政化问题，但具体的成效有很大差异，实施效果还需要较长时间的观察。

总体来看，现有的社区去行政化改革都是在行政管理体制没有实质性配套改革的背景下展开的，改革的实质效果并不明显，需要在国家治理体系与治理能力现代化的整体设计中系统化设计。

结论：行政化与专业化辨析

适应现代复杂性社会的政治体系是在平衡中形成的，其中国家能力、法治和民主问责三者之间的互动平衡至关重要。[1] 我国是历史上最早形成现代国家体系的国家，悠久的历史孕育了强大的国家传统，由传统的政府管理体制向现代治理体制转换，将是一个长期的历史过程。社区去行政化牵涉街居之间行政压倒自治、部街之间条条牵制块块、基层组织之间相互推责而又争权夺利、基层组织与居民之间若即若离又互不担责等一系列问题。[2] 我们在肯定居委会由原来的居委会大妈形象向现在的专职社区工作队伍转变的积极意义的同时，也需要看到这种转换的时期非常短暂。而且现有的居委会仅仅实现了职业化，离专业化还有相当的差距。在这一转换过程中，居委会大妈

---

[1] 〔美〕弗朗西斯·福山：《政治秩序的起源》，毛俊杰译，广西师范大学出版社，2012。
[2] 陈朋：《权责失衡的社区治理——基于上海市的实证分析》，《国家行政学院学报》2015年第5期。

在地化的重要意义更是被完全忽略，其发挥的积极作用，如她们所维护出的"世界上最安全的城市"，以及织就的稠密的社会网络和社会资本、社会互助等当下社区发展的核心功能被忽略。

实际上，我国基层治理不断向下延伸的根本原因还是政府公共服务发展的需求，公共服务不是太多而是太少，所以需要大力推进政府主导的公共服务的发展，如果从专业化的角度来看，我国政府提供基层公共服务的行政化能力实际上不是过度，而是不足。社区在新的时期需要实现由单一自治组织角色向综合性公共服务角色转变，社区的民主制度运行，既是一种民主实践，更是一种民主训练。必须真正立足社区推动国家治理能力与治理体系现代化的整体要求，系统治理社区行政化痼疾。

参考文献

杨爱平、余雁鸿：《选择性应付：社区居委会行动逻辑的组织分析——以G市L社区为例》，《社会学研究》2012年第4期。

卜万红：《社区行政化成因的制度经济学分析》，《社会主义研究》2011年第2期。

向德平：《社区组织行政化：表现、原因及对策分析》，《学海》2006年第3期。

焦若水：《建设中国特色社区规制体系研究报告》，《国家社科基金研究报告》。

B.3
城市社区居民活动的组织与递进过程分析

冯 猛*

摘　要： 社区活动不仅贯穿于社区事务的各个方面，而且是社区建设和社区治理的主要依托载体，开展社区活动是撬动社区发展的第一步举措。本文在经济社会学视野下，通过划分社区活动的准备、发动、运作与持续等阶段，结合实证调查，对社区活动中的相关现象进行整体性解释。笔者认为，首先，在社区活动启动阶段，居民作为一个理性行动者，在是否参与、如何参与社区活动上根据效用最大化原则做出选择。社区成员意识到社区活动的意义和效用激励，能够为社区活动提供准备，社区活动得以启动。其次，在社区活动运行阶段，不同参与者在社区活动中互动与博弈，分工与合作，发挥相对优势，建立集体行动准则，社区活动得以平稳运行。再次，在社区活动的走向上，社区活动受正式制度与非正式制度的双重约束，制度与行动的"互构"规定了社区活动的走向，通过导向常规化路径，社区活动的瓶颈制约可以有效化解，保证其持续开展。

关键词： 社区活动　活动过程　社区动员　居民参与

---

* 冯猛，上海师范大学副教授，博士，研究方向：从事经济社会学、社区发展、地方政府。

社区活动是与社区相伴相生的社会现象,社区活动发生在社区空间内,社区的生长发育离不开社区活动的组织与开展。调查反映,小区居民大规模入住一年之内,就会聚集起以打太极、跳舞等为代表的群体性活动,无论是传统社区还是商品房新社区,都或多或少存在着各类社区居民活动。① 如果说社区建设的作用是发现并强化社区功能,社区治理的作用是定义社区公共事务规则,那么,社区活动则发挥了联结社区日常生活实践的功能。社区活动不仅贯穿于社区发展始终,而且是社区建设和社区治理的主要依托载体,开展社区活动是撬动社区发展的第一步举措。居民通过开展社区活动,形成社区文化和社区认同,社区得以存在和延续,成为共同体意义上的社区。②

在社区实践中,我们也看到了社区活动表现出各种形态,其发育和发展的差异性是非常明显的。从社区活动的历程看,为什么有的社区活动能组织得起来,有的却组织不起来?为什么有的社区举办社区活动较为活跃,有的却不太活跃?为什么有的社区活动能够持续开展,有的只能维持短暂时间?已有研究指出举办社区活动的意义,描述分析"国家与社会"、"专业与民间"在社区活动中的动员过程,并给出立足社区、实践为本、协调合作、树立批判性地方意识等经验建议,③ 但专门以社区活动为主题的系统性研究还不常见。本文尝试借鉴经济社会学研究范式,结合笔者在北京、上海、苏州等地的实证调查,提供一个有关社区活动准备、发动、运行、持续、衰退等过程的整体性分析框架。

一 社区活动的界定与分析框架

(一)社区活动的内涵界定

社区活动是指社区成员依托社区,为满足特定需求,以居民为主体

---

① 〔美〕特里·克拉克:《社区社会组织发展模式研究》,夏建中译,中国社会出版社,2011。
② 吴莹:《社区何以可能:芳雅家园的邻里生活》,中国社会科学出版社,2015。
③ 焦若水:《社区社会工作本土化与社区综合发展模式探索》,《探索》2014年第4期;庄雅仲:《五饼二鱼:社区运动与都市生活》,《社会学研究》2005年第2期。

组织并参与的集群性行动。从定义出发，社区活动具有以下内涵：①社区成员包括居民、居委会、业委会、物业公司、社会组织、企事业单位等各种行为主体，其中居民是社区活动的主要参与者，在社区活动中不可或缺。②依托社区包含两层含义，其一，社区活动集中发生在社区空间内，且与社区事务相关，通常以小区为单位，但不限于单个社区；其二，社区活动嵌入社区结构之中，并时刻受到社区社会文化的结构性制约，因此具有社区属性。③举办某项社区活动的目的是要满足具体的居民需求，如文体需求、公益需求、维权需求、服务需求等，不同的社区活动所回应的居民需求不同，聚集的社区成员也不尽相同。④社区活动是由众多社区成员共同参与的集体活动，社区成员分饰组织者、参与者、旁观者乃至"不在场者"等多个角色，在活动中建立联结，塑造社区活动的集体属性。

（二）本文分析框架

本文使用经济社会学分析框架研究社区居民活动的组织和递进过程。经济社会学主张从基本行为假定出发，探讨社会结构约束下的行动者行动，认为：①人们在各个备选方案中进行选择时，倾向于选择给他带来最大满足感的方案；②社会交往中的他人状况直接影响个人效用；③个人在遵循社会准则的同时，保有效用最大化选择的行动空间；④人们的经济活动既受到资源和需求约束，也受到制度约束。[1] 借鉴经济社会学的研究范式和分析框架，笔者认为，社区活动中，居民作为一个理性行动者，在是否参与、如何参与社区活动上根据效用最大化原则做出选择。不同参与者在社区活动中互动与博弈、分工与合作，建立集体行动准则。社区活动受正式制度与非正式制度的双重约束，制度与行动的"互构"规定了社区活动的走向。

---

[1] 刘世定：《经济社会学》，北京大学出版社，2011。

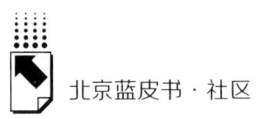

二 社区活动的意义

举办社区活动对社区发展具有三重效果,即任务型效果、过程性效果以及延伸效果。让社区成员认识到社区活动的意义,吸引他们关注、了解社区活动,是社区动员的首要工作。

(一)社区活动的任务型效果与过程性效果

任务型效果是指满足具体实质的需求,或解决一些特定的社区问题,如社区中的书画社、舞蹈队、唱歌队等开展的文体娱乐活动,其目的是让社区居民抒发生活兴趣,维护身心健康,活动顺利完成,任务型效果也就达到了。① 过程性效果是指伴随活动而生出的效果,具体内容包括:改善邻里关系,建立社区网络;居民认识到参与的重要性,并愿意承担责任;居民对社区更加认同及投入等。② 社区活动作为一个动态过程,必然涉及决策、协商、动员、资源分配等行为,一旦活动以积极组织的形态运转起来,必然会带来某种能力、意识、规则、价值关系的变化。③

(二)社区活动的延伸效果

社区活动的延伸效果是指在活动中产生的积极效果扩展至其他社区工作,以及延伸到接下来的社区其他活动中,延伸效果至少包括三个方面:居民议事参与能力的提升,居委会与居民合作关系的维护,居民间社会网络的构建。

其一,中国基层社区从社会建设迈向社会治理的一个障碍是居民对议事

---

① J. Rothman, "Three Models of Community Organization Practice, Their Mixing and Phasing," in *Strategies of Community Organization*. edited by F. M. Cox etal. 4th edition; Illinois: F. E. Peacock, 1987.
② D. N. Thomas, *The Making of Community Work*. London: George Allen and Unwin, 1983.
③ 焦若水:《变迁中的社区权力与秩序》,中国社会科学出版社,2015。

规则和参与技能的陌生，不掌握治理的手段，便无法达到治理的效果。而社区活动的一项延伸功能就是让居民在参与过程中练习并学会如何议事、如何协商，通过社区活动的实际操练，跟进开放空间、展望未来论坛、社区行动工作坊等社区参与技术的引导，用好深入普通民众日常生活的、有切己感的"微技术"和"微智慧"，解决好普通民众日常生活中的"微问题"、处理好他们日常生活中的"微事情"、满足他们日常生活中的"微心愿"，从而实现社会日常生活的"微治理"，将有不同需要的人群组织起来，形成有序的参与及表达，从而加速社区全面治理时代的来临。[①]

其二，我国的社区发展过程中，居委会长期担任主导者角色，事必躬亲，以至于形成"社区的事儿就是居委会的事儿"的局面。但以居委会的人员配置根本完成不了繁重的工作任务，只能发动居民参与协助，但如果每次动员都采取事件式介入方式，将很难建立社区工作的长效机制；而要维持一个正式的组织运作，以备随时开展社区行动，则需要大量的社区资源投入，居委会将无力承担，这是社区动员面临的悖论。[②] 社区活动时刻在社区内发生运行，通过经常性活动维系成员关系，并保有随时行动的能力，更可以降低居委会人力、财力、管理资源的投入，因此，社区活动成为居委会开展社区工作的重要抓手。

其三，通过社区中的社团活动，社区居民参与网络更容易建立，居民持续性的交往和沟通，能够唤起有助合作的价值观念，创造群体身份共识，发展人与人之间的互信与互惠。[③] 目前社区中最受欢迎的活动是"亲子活动"，一些年轻父母表示，通过开展活动，除了彼此分享交流育儿经验，还可以交到投缘的朋友，经常聚会、组织家庭旅游等，从而将在社区活动中结成的熟人关系扩展到日常生活实践中。

[①] 包先康：《治理的处境化诠释：话语、政策与意识形态》，《西南大学学报》2015年第4期。
[②] 甘炳光、梁祖斌等《社区工作：理论与实践》，香港中文大学出版社，1994。
[③] Putnam, R. *Bowling Alone: The Collapse and Revival of American Community*. New York: Simon and Schuster, 2000.

三 社区活动的启动与居民参与

在社区实践中,社区成员意识到了社区活动的意义,但仍可能无法组织起社区活动,其原因在于,一方面,社区活动的效果出现在社区活动举办之后,如果活动成效不高,社区成员没有切身感受,社区活动则难以持续;另一方面,社区活动的三重效果更多是使社区而非参与者本人受惠,参与者个人的收益不佳,自然会抬高社区活动启动的"门槛"。而社区活动能够得以启动,得益于社区动员中让参与者个人意识到自己能够从活动中得到真正的"实惠",收益越大,启动成本越低,社区活动就越容易被发动起来。

(一)社区活动参与者的收益

社区活动往往由多种类型的社区成员共同参与,为方便讨论,本文按照类型划分,分析不同类型社区成员的收益,这些成员包括居民、居委会、社会组织、企事业单位等。居民参与社区活动可以直接获得各种服务,满足身心健康需要,收获朋友、伙伴,扩展社会交际;处于核心地位的成员亦可以体现其组织能力,获得居民认可。居委会通过举办社区活动,既可以搞活社区,亦可以完成各类社区任务,应对上级考核;更重要的是,通过与居民共同策划参与社区活动,居委会可以拉近与居民的联系,为其他事务的社区动员做准备。社会组织通常以开展项目的形式出现在社区活动中,而项目的主要载体就是开展各类社区活动,从履行合同的角度看,社会组织可以从举办各种社区活动中获得经费用以支持组织成长,提升专业化能力。企事业单位主要是社区共建单位,参与社区活动能够体现它们的社会责任,营造经营管理的友好氛围,在社区参与中得到政府和居民的认可,亦可以获得意料之外的"广告"效应。

笔者对苏州新区一些社区的实地调查发现,社区中最早的居民活动多为居民发起并参与,居委会并不介入;后来居委会发现开展社区活动较多的社区能够在街道对其工作考核中提升排名,由此居委会开始积极参与社区活动并逐渐成为常态。可见,在社区活动参与过程中,参与者只要能够获得收益,就有动力发起活动,参与者的收益越大,参与社区活动的积极性越高。当社区成员普遍意识到组织参与社区活动的收益大于成本时,社区活动启动的可能性会大大增加。

(二)影响社区活动参与的因素

显然,增加社区成员参与社区活动的效用体验(通常意义上所讲的"获得感"),可以促使他们将策略选择从不参与调整为参与,实现福利改进。而在现实的社区活动过程中,影响社区成员参与程度的结构化因素包括以下方面。

其一,社区活动中参与者的成本-收益不容易分离,作为集体行动,社区活动中参与者投入精力和所获收益不能完全对应,监督参与者行动过程的成本相对较高,容易造成"出工不出力"的搭便车行为,严重的"搭便车"行为将导致社区活动无人参与。之所以在某些社区能够组织起社区活动来,可能是因为这些社区中存在的熟人关系、居民信任、日常实践规范等社区社会资本克服了"搭便车"现象,形成社区成员积极参与社区活动的效果。

其二,社区活动的启动成本远高于活动运行期成本。启动时期参与者的获得感较弱,常规运作以后,由于成本分摊、过程操作熟练,活动成本下降,社区成员的效用会增加。由此可见,社区活动开展繁荣的社区,活动会越来越繁荣,而社区活动开展不顺利的社区,社区活动启动时遇到的阻碍会非常大,导致其迟迟组织不起来社区活动,甚至陷入无活动开展的境地。

其三,社区活动密切交往中的"回报"逻辑发生作用。在长期社区交往中,居委会与居民等社区成员形成互惠关系,基于回报逻辑,无论哪一方发起社区活动,都能让对方认识到参与活动后效用增加。如果缺少互惠联系,无论是哪一方发起活动,另一方都会选择抵制或者缺席,社区成员间长期缺少互动,社区活动也就难以开展,终致陷入僵局。

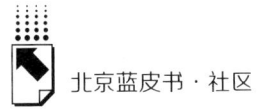

（三）发挥社区活动领袖的作用

由于社区活动启动成本过高，社区成员对社区活动的参与意识不足，无法形成参与活动的有效激励，此时，社区活动领袖的作用就凸显出来。在笔者接触的大多数案例中，社区活动领袖不仅带头参与社区活动，更在各参与方之间发挥联系枢纽作用，当社区活动遭遇困境时，往往是社区活动领袖的表率作用在"有意"和"无形"之间化解了这些困境。[1] 之所以社区活动领袖能够发挥关键作用，是因为其具备如下特质：一是公益性，社区活动领袖具有对社区公共事务的奉献精神，能够主动承担活动成本；二是权威性，社区活动领袖通常具有一定的社会声望，能够成功动员居民参与活动；三是合作性，社区活动领袖在社区活动中能够与居民合作，共同组织开展社区活动。

考察当前社区领袖的发掘状况可知：其一，居委会掌握了年长的社区活动领袖的情况，如退休党员、退休干部、楼组长等社区骨干群体，这些群体中通常有许多出众的社区活动领袖。在发掘并动员他们承担社区活动的组织工作上，居委会有充分工作经验，社区中亦不缺少这样的社区活动领袖。其二，对年轻社区活动领袖的发现和培养，尚未形成一套完善有效的制度。不过通过居委会的主动发掘，仍然可以发现有潜力的社区活动领袖。只要看到年轻的社区活动者在活动中展现才华，居委会便可以跟进，动员他们在社区活动中发挥示范作用。其三，近年来在社区活动中引入或使用了一些新方法，如项目化运作、社区营造、议事规则培训等，为社区活动领袖的成长提供了更多支持。

四 社区活动运行中的分工合作

相对优势理论指出，社会分工中的每一个主体都可能拥有多种资源和功能，一旦在某种资源中是某个主体占优势而其他主体相对较弱时，这便是该

---

[1] 冯猛：《城市社区治理的困境及其解决之道》，《甘肃行政学院学报》2013年第5期，第15~27页。

主体在交易中具备的相对优势。① 在社区动员过程中，要发现每一个成员握有的优势资源，激发他们在活动中贡献资源并相互补充，共同促成社区活动，现实经验表明，融合不同主体相对优势的社区活动效果良好。

（一）社区成员相对优势

按照社区成员类型划分，政府的相对优势在于提供制度边界，即确定哪些活动允许举办，哪些活动应得到鼓励等。居委会作为政府在社区的唯一延伸，相对优势在于提供合法性，即认可社区活动，创造并提供社区活动的合法性空间。社区居民分为活动负责人与普通居民两类，前者的相对优势在于发挥组织、协调与示范作用；后者的相对优势在于提供参与活动的人员。企事业单位作为共建单位，相对优势在于拥有支持活动的硬件资源，如资金、场地、活动用品等。社会组织进入社区开展专业化服务，相对优势在于提供参与技术、议事规则、项目执行等专业技能。②

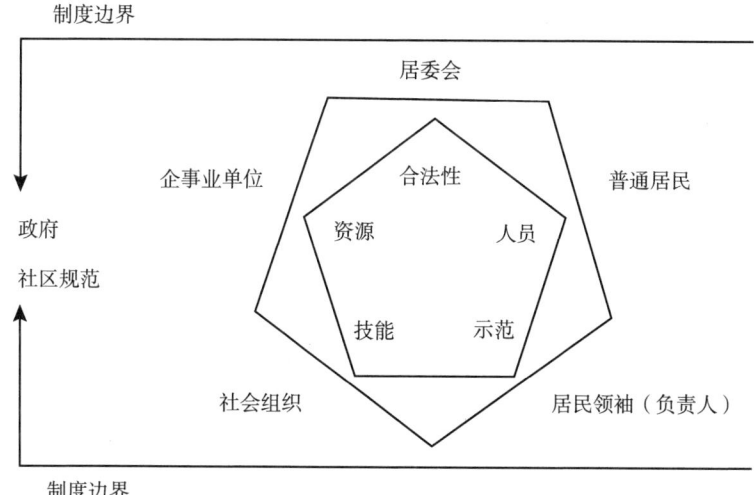

图1　社区活动的构成要件及其社区成员的相对优势

---

① 杨小凯、张永生：《新兴古典经济学与超边际分析》，社会科学文献出版社，2003。
② 冯猛：《城市社区服务的供需匹配：模型构建及其应用》，《福建论坛》2016年第2期。

笔者所做的一项调查充分说明社区活动中相对优势的发挥及其积极效果：2013年春，浦东新区洋泾街道某社区"全职妈妈"金女士自发在小区内组织了一场幼儿义卖活动，反响良好。之后金女士找到居委会，想在后续的活动中以居委会名义宣传，居委会意识到这是一次很好的居委会与居民互动的机会，答应了金女士提议。后来幼儿义卖活动规模扩大，居委会协调社区共建单位——洋泾公园，提供了更宽敞的活动场地。2015年，居委会将金女士事迹上报到区妇联，金女士被评选为社区典型。在案例中，金女士发挥了较强的组织能力和示范作用，居委会为活动提供合法性，社区共建单位提供活动场地，社区居民积极参与其中，政府以树立典型方式支持和鼓励活动开展。由此，参与该社区活动的不同主体各自发挥了相对优势，实现了双赢，最终促成了社区活动的持续繁荣。

（二）分工不当的表现及其问题

良好的分工合作体系按照相对优势原则，各社区成员在社区活动中贡献资源与发挥功能，形成互补，在共建共享中提升参与效率，增加成员福利。但在社区活动实践中，经常存在违反相对优势原则的做法，比如，其一，某社区主体提供过多的资源与功能，如居委会包办社区活动，居民"单枪匹马"组织社区活动等。其二，某社区主体承担其不具优势的任务，如让居民寻找资源，企事业单位人员亲身参与活动等。其三，某社区主体未承担本该发挥优势的功能，如社区领袖未受到重视，不注重发动居民参加活动等。其四，多个社区主体重复承担同样的功能，如在社区活动中政府与居委会过多干预居民自发活动，与居民分工不清晰等。以上四种情形体现在社区成员的职责任务上，分别构成承担负荷、承担错置、承担缺失、承担拥挤等问题，这些问题导致社区活动效率低下甚至难以为继。

（三）分工合作中的社区成员地位

社区活动的组织过程中，参与活动的各方主体地位应该是平等的，此时相对优势的发挥才会减少摩擦，活动效果才会良好。但在实际的社区活动中，各社区成员地位存在差异，由此才出现了居委会对社区活动的过多介入干预，特别是当居委会掌握着活动资金、场地、合法性等垄断性资源时，其话语权会更大。实地调查发现，社区成员中存在的地位差异容易导致社区活动开展不畅，但这不是社区活动组织不良的根本原因，因为社区活动中的地位差异是一个普遍现象，为什么有的社区活动运作良好，而另外一些社区活动运作不良。笔者认为，原因在于社区成员对地位差异的认同态度与程度，如果认同地位差异，并依据自身地位发挥独特优势，社区活动仍可以运行良好；相反，如果不认同地位差异，发挥不出相对优势，社区活动则很难良性运行。进一步说，"地位"也是社区成员拥有的相对优势，政府与居委会应该利用好"地位"资源，在社区活动中发挥"兜底"功能，在居民无力进入的领域、居民无法解决的问题上发挥主导作用，而不是在所有社区活动上实施介入和干预。

五 社区活动的持续开展

社区活动经过意识准备、激励发动、资源运作等环节，进入平稳运行阶段，但也时常面临陷入衰退甚至瓦解的境地。将社区动员转化为常规化运作，实行社区成员责任共担，有利于维持社区活动中各项职能可持续运行。

（一）社区活动的常规化

（1）社区活动项目化

上海浦东新区一些街道正在探索"项目进社区"的社区活动举办模式，一种模式是将社区中现有的居民活动申报为"自治金"项目，以项目的形式运作全年的社区活动；另一种模式是政府购买专业社会组织的服务，由专业人员以项目活动形式进入社区为居民开展服务。观察发现，项目化运作给社区活动带来了三个新变化：其一，社区活动有了稳定的资金保障；其二，社区活动严格依照需求调研、规划、申请、执行、监测与评估等项目流程进行；其三，活动开展更加注重规范性要求。

(2) 社区活动组织化

社区活动的组织化是指社区成员的个人活动凝聚为集体活动,组织过程从无组织到非正式组织再到正式组织。浦东新区洋泾街道退休知识分子联谊会自 20 世纪 90 年代初成立,最初只是社区文艺爱好者聚集起来"吹拉弹唱",在二十多年发展过程中,联谊会形成由理事长、副理事长、秘书长组成的领导核心,分设五个活动团体,并建立定期改选制度和团队合作制度。相比其他没有团队的社区爱好者活动,正是有了组织化程序,该联谊会的文艺团队及文体活动才得以坚持下来。

(3) 社区活动制度化

社区活动的制度包括正式规则、非正式规则以及实施的形式,其作用在于为人们提供日常生活的准则,减少不确定性。① 在上海公益招投标工作中,专业化社会组织在社区开展活动较多依赖正式制度,活动更加规范,而社区居民自组织的活动更多依赖非正式制度(社会规范),与正式制度相比,非正式制度拥有较强的变通空间,但执行力和约束力较弱。正式制度与非正式制度具有同等作用,在社区中若不遵守制度规范,社区活动必定受挫,其持久性更会受到削弱。

(二)常规化路径优势

常规化路径具有以下优势:其一,能够帮助社区活动获得资金资源。以上海等地开展的社区活动项目为例,项目资金是社区活动获取资金资源的重要来源。而项目申报的基本条件是有项目团队和负责人,活动规划详细有序,活动记录严格规范,报账制度完善无纰漏。项目化运作、组织建设和制度规范,恰恰达到了上级部门对社区活动的要求,也确保其获得项目资金。

其二,能够形成对社区活动主体的行为约束。项目化运作要求项目执行过程必须遵照事先确定好的项目规划执行,便于杜绝在没有强制约束下"想办活动就办活动,不想办就不办"的情况。组织化使得社区成员明确参

---

① 刘世定:《经济社会学》,北京大学出版社,2011。

加活动时的组织身份，并被赋予角色承担功能，如果社区成员在活动中能够正常履行职责，则可以得到组织认可，如果不能正常履职，将受到组织惩罚，由此形成活动参与的规则制度。制度的作用在于确定社区成员的行动边界——哪些事情可为、哪些事情不可为，社区成员按照规定行事，社区活动不至于运转失灵。

其三，能够使社区成员明确行动预期。项目化确定社区活动的流程，组织化明确社区成员的职责分工，制度化为社区活动提供行动边界，依照清晰的流程，明确的职责分工，严格的制度边界，社区成员在参与社区活动时便具有了明确的行动预期，共同确保社区活动持续下去。建立在常规化运作下的社区活动分工合作体系，使社区成员无论在何种情况下都明晰自身及他人的职责职能，支撑起配合连贯、持续运行的社区活动。

活动资源、行为约束和行动预期，是社区活动得以持续开展的三个基本条件。在常规运作下，社区活动如果有新的资源纳入，可以按照常规体系规定发挥作用；同样，如果有旧的资源退出，社区活动也可以依照常规体系找到新的替代资源，继续进行，从而保证社区活动持续性开展。

结论与建议

本文采用经济社会学分析框架，对社区活动的准备、发动、运作与持续等阶段相关现象给予了整体性解释。按活动推进步骤分析可知：首先，社区成员意识到社区活动的价值和意义，从而为社区活动做足准备；其次，社区成员从社区活动中获得效用激励，有动力发动社区活动，社区活动能够启动；再次，社区成员分工合作，发挥相对优势，社区活动得以平稳运行；最后，导向常规化路径，有效化解瓶颈制约，保证社区活动持续开展。

依据经济社会学分析框架，本文总结社区活动动员的三个原则：其一，要坚持效用最大化原则。社区资源动员的越多，给社区带来的收益会更明显，但是资源动员是要投入成本的，至少包括动员成本、协调成本、防范风险的成本等，资源动员越多，所需成本也越多。因此，社区动员要坚持成本收益最大化原则，将资源动员数量设定在最大效用的范围内。其二，要注重结构化影响。按照制度规定和社区规范确定社区活动的合法性边界，注重分工合作体系以及社区成员博弈格局对社区活动的导向，发挥社区活动流程、组织、制度规范等结构性约束作用。其三，要保持社区动员的连贯性。社区活动具有历程性特点，每个阶段都离不开社区动员，要保持社区活动可持续推进，必须将社区动员渗透于活动过程中并保持其连贯性。

为增强社区活动活跃性，以活动促进社区发展，笔者建议：第一，增进对社区活动意义和价值的认识，宣传举办社区活动对社区成员和社区共同体的积极效果，做足开展社区活动的准备工作。第二，强化社区成员在社区活动中的获得感，降低社区活动的启动成本，调动社区成员组织参与社区活动的积极性，找准机会及时发起社区活动。第三，建立社区活动的分工合作体系，依照相对优势原则，鼓励社区成员贡献优势资源和功能特长，减少政府与居委会对社区活动的不当介入和干预等"越界"行为。第四，发现和培育社区活动领袖，发挥他们在社区活动中的示范引领和组织协调作用，注重社区成员的参与能力建设，营造社区活动中的共建共享格局。第五，推动社区活动的常规化运行，利用项目运作、团队建设、制度规范等常规化路径，化解由于社区活动关键主体缺失带来的瓶颈制约，促进社区活动可持续开展。

B.4 社会创新与"公共善"的理论与实践

〔日〕今里滋 著 俞祖成 译*

摘　要： 作为存在于奇迹之星——地球上的人类，理应承担起创造可持续发展的社会以及追求人类普世之善的义务。为了切实履行这一义务，我们唯有努力践行以"秉持良心追求普世之善的人类本性"为根源性动力的社会创新。这种社会创新将致力于消除有碍于维护或提升人类社会"公共善"的不利因素。在某种意义上，人类史可被视为社会创新的连续史。迄今为止，人类通过制度、科技以及价值这三种手段展开社会创新活动。尽管在"大政府时代"，政府通过实施公共政策垄断了大部分社会创新活动，然而进入20世纪90年代后，随着政府力量的退出，以社会创业和社会化商业为代表的市民力量重新崛起，从而引发了新时代下的社会创新之潮流。作为对社会创新潮流的回应，近年来笔者曾在社区营造、环保公益、有机农业以及政治选举等领域展开一系列的社会创新调研活动。

关键词： 社会创新　公共善　社会创业　可持续发展

---

* 今里滋，日本同志社大学政策研究教授，研究方向：社会政策、社会发展；俞祖成，日本同志社大学博士，研究方向：社会政策、日本社区。

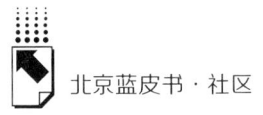

一 社区创新:人类的永恒课题

(一)地球与人类

我们常说:"地球是颗奇迹之星。"诚然,地球充满千姿百态的生物并且孕育出像人类一样的高智能动物。然而,在宇宙中还能产生类似地球的行星之可能性,就像"将精密的钟表拆解得支离破碎后投入水池,然后再通过自然水流将其重新组合起来"的可能性一样,微乎其微。此外,地球通过与其他天体的碰撞,巧妙地将其轴心倾斜至约23°26′,从而演绎出地球的四季轮回。与此同时,作为与地球有着紧密关联的月球,以其引力推动地球潮涨潮落并使得大海波澜壮阔。更为奇妙的是,地球上适度的二氧化碳存量将大气平均温度维持至约15℃,从而使作为人类生命之源的水得以保持在液体状态。

众所周知,在地球这颗奇迹之星中,存在诸如"人类为神之造物"、"人类为猿猴之进化物"等学说。暂且不论这些学说孰是孰非,首先需要承认的是,在地球环境下确实衍生了具备高等智慧并且能利用自身智慧创造和延续人类社会的我们人类自身。据考证,人类的直系祖先猿人在距今约19万年前出现在非洲大陆,并经由中东和近东将其子孙扩散至世界各地。然而,这些猿人开始筑造高度文明的时间大约是在5000年前。很显然,与地球的60亿年寿命相比而言,这个5000年几乎是微不足道的。尽管如此,在不计其数的星球中,人类在地球上缔造出自然界前所未有的璀璨文明,这无疑是宇宙中的奇迹之奇迹。

然而,在极短的时间尤其在18世纪中叶的工业革命之后,人类通过发展高端科学技术,推动生产和交易活动日趋活跃并促使人口数量呈现几何级增长。更让我们颇感诧异的是,截至1960年仅有30亿的地球人口在2012年竟然突破70亿。此外,伴随人口数量的飞速增长,世界工业和农业俨然验证着沃尔特·罗斯托(W. W. Rostow)所提出的经济发展阶段论,即生产规模迄今仍在急剧扩张,人类每天消耗大量资源并向大自然排放大量废弃物。与此同时，人类所发明的被称为"货币"的这一怪物，为了寻求利润而反复增值，并以此不断助推所谓的"成长"和"开发"。其结果是，正如地球"温室效应"和核武器所昭示的，人类自身的存在及其活动导致地球环境日趋恶化，甚至导致包括人类自身在内的许多生物面临灭顶之灾，进而印证了蕾切尔·卡逊（Rachel Carson）的断言，"在短短的20世纪内，人类这一族群已获得惊人力量，并正利用这一力量肆无忌惮地改造着大自然"。

基于前述，笔者极力主张作为人类一分子的我们每一个人至少应承担起两大义务：第一，对于其他生物和他者而言，应承担创造可持续发展的环境与经济社会之义务；第二，正如日本代表性哲学家西田几太郎所一语道破的，作为被宇宙所选召而存在的人类，应承担起追求"与宇宙本体相融合"的人类普世之善的义务。

（二）社会进化论与社会创新

所谓"Social Innovation"，字面直译即为"社会创新"或"社会革新"。据考证，"创新"一词最早源自约瑟夫·熊彼特在其《经济发展理论》一书中所提出的概念，意指"创造出前所未有的新财物或新服务，以及使用全新的方法再造已有财物或服务"。换言之，"前所未有的'新'"是"创新"这一概念的要点。进而言之，社会创新意味着使用前所未有的新方法推动社会朝向更加美好的方向演进。在这里，"推动社会朝向更加美好的方向演进"，即为笔者在不同场合所提及的"努力让社会接近天堂"。所谓"天堂"，亦可理解为"极乐世界"、"神之国度"或"理想之乡"。正如"千辛万苦"（日文表述：四苦八苦）所描绘的那样，人类世界总充斥着各种苦难和灾难。而"天堂"——由于笔者迄今从未到访过，所以也无法得知它究竟是否为幸福乐土——被诸多宗教学说描绘成一个脱离世间苦难并洋溢着欢乐的净土。而与之截然相反的"地狱"，则被描绘为遍地充斥着苦痛与绝望的恐怖世界。在某种意义上，我们的世界不正是介于"天堂"与"地狱"这两者之间吗？

以上述认识为前提，假如我们每个人都无所行动，那么人类社会很可能就会日益偏向"地狱"。为阻止这一危险倾向并推动人类社会朝向"天堂"发展，我们需借助"社会创新"这一人类的创意。毋庸置疑，人类的历史或多或少可被视为社会创新之连续史。那么我们不禁疑惑的是，人类究竟为何要如此努力地致力于改善自身所处的社会？对此，"社会进化论"向世人做出了合理性诠释。例如，社会进化论的代表性论者赫伯特·斯宾塞在阐释了作为大自然（涵括宇宙）一部分的人类社会的存在方式（其观点与笔者相通）之后，提出"为提升人类的幸福度（human happiness），作为有机体的人类社会将不断实现其进化"之观点。此外，认为"社会进化是必然现象"的代表性理论还包括黑格尔的"基于理性的历史支配"以及马克思的"历史唯物论"。而在本文中，笔者试图将社会创新的根源定义为"秉持良心追求普世之善的人类之本性"。

（三）作为"人类职责"的社区创新

如前所述，我们可将社会创新的根源性动力追溯为人类的良心及其善性。如此一来，我们必须做出解释的是，致力于社会创新的个人行动"为什么"以及"如何"与作为有机体存在的社会行动相联结？依笔者之浅见，能够充分诠释该问题的代表性理论首推"辅助原则"或"补充原则""补助原则""附属原则"（the Principle of Subsidiarity）。这个早在亚里士多德及其之后的托马斯·阿奎那时代就已被提及并一直流行于欧洲大陆的理论，通过罗马教皇比奥十一世于1931年所发布的《社会秩序的重建》（其意图之一在于对抗当时正在兴起的法西斯主义）而被世人所熟知，并成为"二战"后日本所推行的地方分权改革的指导性理念之一。该理论的核心在于"人类之尊严"，即每个人都拥有不被任何人侵犯的人格价值。这点恰好与日本同志社大学的创始人新岛襄的名言"每一个人都应当被珍惜"不谋而合。然而，人类无法依靠一己之力实现这个价值。正如亚里士多德的名言"人类是政治性动物"所揭示的那样，人类因特定"公共善"（bonum commune）的存在而被统合为某个共同体的成员。在此境况下，人类唯有通过互惠性、互为责任的关系，即所谓的"人人为我，我为人人"关系的构建，方能促进自身人格的形成并演绎出更加精彩的人生。

于是乎，人类就有可能基于其本性自觉履行维护与提升自身所属社会的"公共善"的义务。不过，这里所谓的"社会"，其范畴是可变的，小至一个家庭，大至整个地球。每个人在其所处的不同社会中都应该承担起维护和提升该社会"公共善"的义务。其中，我们可以将"致力于消除有碍于维护或提升某社会'公共善'的不利因素的行动，尤其是使用前所未有的新方法所展开的行动"称为社会创新。在此意义上，社会创新将旗帜鲜明地站在共同体主义（社群主义）一侧，并倡导作为"地球人"的每个人应积极开展社会创新活动。

二　社会创新之潮流

（一）社会创新的历史性展开

不难发现，社会创新曾普遍存在于人类及人类社会之中。据笔者之管见，迄今为止的社会创新手段大致包括三大类：制度、科技以及价值。

首先，人类基于规范和管理社会活动、维持社会秩序、提高生产效率以及强化军事力量等各种目的，灵活创造并有效运用了诸种"制度"。例如，为了确保商业交易的公平性、社会生活的公正性与精确性，人类发明了度量衡和历法，制定出诸如罗马法和伊斯兰法典的司法制度，建立起政治、行政和土地所有制、社会保障制度以及金融制度。类似的制度创新不胜枚举。

其次，"科技"的发展在近代化之前（尤其在军事领域）具有举足轻重的地位。众所周知，经由种子岛传至日本的铁炮不久便投入量产并由此改变日本的战争形态，之后经过前锋集团的组织改革最终改变了武士的土地所有制和都市构造。此外，造船技术和航海技术的发展拉开了全球化和世界贸易之序幕，并推动产业资本家登上历史舞台。另外尤其值得一提的是，正如安东尼·吉登斯（Anthony Giddens）和尤尔根·哈贝马斯（Jürgen Habermas）所指出的，通过活版印刷技术的普及，基于阅读的知识传播得以迅速扩散并促使男女关系和夫妻关系发生质变，进而推动诞生于却有别于亲密领域的公共领域之形成。

最后，纵观历史，我们不难发现，比起前述两种手段，"价值"（意识形态）或许更加激烈地改变着我们的社会。例如，宣扬只要信仰便能实现升天或成佛的宗教教义的扩散及其制度化，或好或坏地引起包括人类精神生活在内的整个社会构造的变动或固化，甚至往往其本身也成为创新的对象。此外，诸如文艺复兴、宗教改革以及思想启蒙等精神世界所发生的创新活动，经由各种革命形成诸如共和政治或民主政治的新统治体系。时至今日，人们对残障人的看法也发生巨大转变，从消极且带有歧视性的看法逐渐转变为积极并带有正能量的看法，例如日本社会正努力将残障人视为"社会之宝"或"挑战者"，并努力推动残障人的社会参与以及无障碍设计的推广。简而言之，社会价值的变化已然成为引发制度变迁的独立变数。

（二）社会创新的主体：政府力量的退隐与市民力量的崛起

基于前述我们不难发现，社会创新与人类史之间的关系犹如"车之两轮"的关系。然而，"社会创新"这个词语直到20世纪90年代才被广泛使用。也就在同一期间（或更早期间），"社会创业"（Social Entrepreneurship）以及"社会化商业"（Social Business）等用语悄然进入人们的视野。进入21世纪之后，之前对于志愿者活动或非营利活动毫无兴趣的权威商业期刊和大众媒体也开始纷纷报道社会创业家的故事。这种对社会创业家的关注曾因孟加拉国格莱珉银行创始人穆罕默德·尤努斯（Muhammad Yunus）博士被授予诺贝尔和平奖而一度达至顶峰。此外，美国名校斯坦福大学商学院于2003年创设"社会创新中心"并创办季刊《斯坦福社会创新评论》。2013年，阿育王（Ashoka）基金会的创始人比尔·多雷顿曾在该期刊十周年特集中撰文指出：在日新月异的新时代，所有组织渴求寻获创新者（Change Maker），为此我们必须倾注全力展开以培养具备共鸣（empathy）能力的年轻创新者为目标的新型教育。从多雷顿充满睿智的字里行间，我们不难感受到一种强烈的危机感，即社会创新的成败维系着世界可持续发展之大局。

毋庸讳言，直至晚近，社会创新的主体一直是那些掌握国家统治权力的人。当然，其中也不乏活跃于民间的社会创新家，例如日本奈良时代的高僧行基大师曾以其卓越的才能和惊人的意志创造出让人叹为观止的社会变革。尽管如此，在20世纪的大部分时间，即在所谓的"大政府时代"，许多社会领域的社会创新均是通过政府（尤其是国家）所实施的公共政策加以推行的。其结果是，"政策"逐渐成为政府的垄断物，而人们仅能通过议会制（投票选举）有限度地参与到政策形成过程中。在这种固化"常识"的支配下，前文所指出的"人人皆有维护和发展公共善之义务"几乎被忽视。

然而，进入20世纪90年代之后，上述情况骤然发生变化。普通市民和民间企业参与社会创新活动的案例与日俱增并引起世人的极大关注。在这一新时代背景下，正如苏珊·斯特兰奇在其著作《国家的退隐》中所强调的那样，财政危机和全球化业已造成国家和政府功能的衰退和萎缩。此外，经济全球化的演进推动跨越国界的人流往来日趋频繁，与此同时，互联网的普及促使各种信息被大规模地开放和共享。在此情况下，人类之间的共鸣力迅速得以提升，许多个人或组织无法再忍受那些通过他者的受损或不幸以获取自身利益和幸福的行为并开始展开变革行动。如此一来，前文所述的人类之本性在全球范围内开始得以复苏和回归。

（三）社会化商业的兴起

前述社会创新之潮流正冲击着美国的顶尖级大学。除前文所提及的斯坦福大学创办社会创新研究中心之外，哈佛大学亦从1999年起，在每年2月举办"全球社会创业大会"。由于受到来自世界各地的社会创新者的青睐，该大会盛况空前，并于2009年获得世界级经济期刊《福布斯》的如是评价："该会议是全球最具影响力且独具特色的管理者会议"。顺便提及的是，笔者曾有幸参加2012年度的"全球社会创业大会"，本人不但惊叹于来自世界各地齐聚一堂的数以千计的参会者人数之多，更折服于那些踊跃参与"事业提案竞赛"（Pitch for Change）的年轻人所具有的寻求社会变革的极大热忱及其超凡的项目创意。

此外，值得我们关注的是，在2012年度美国一流大学文科毕业生的就业愿望排行榜中，位居榜首的既非苹果公司，也非谷歌集团，而是一家名为"为美国而教"（Teach For America）的非营利组织。该组织由斯坦福大学在校生温迪·柯普（Wendy Kopp）所创设，其使命是"向所有孩子提供优质教育"。具体而言，该组织在获得各地教育委员会的认可后在全美范围内创办并运营中学和高中。有幸的是，笔者曾到访过位于纽约市康尼岛地区的"为美国而教"组织并亲自聆听了一堂课的授课全过程。在悬挂着标语"梦想之勇气，成功之决心"的教室里，各种肤色的学生正全神贯注地聆听授课。之所以能有这样的授课效果，完全得益于教师极为出色的授课技术以及精练丰富的教材内容。在大学升学率持续低迷的康尼岛地区，"为美国而教"所培养的毕业生相继考入美国一流大学。对于供职于"为美国而教"的精英大学生而言，通过这项需要接受极为严格的就职培训并能够赋予孩子们梦想和能力的工作，最终都能够获得卓越的领导能力和非凡的沟通能力，从而成长为任何企业都渴望获取的宝贵人才。这正是这个薪酬极为普通的非营利组织居然可以吸引如此之多的精英大学生的原因之所在。

当然，除了"为美国而教"这一组织，世界各地还陆续涌现出活跃于社会各领域的社会创业家。他们当中的许多人不再单纯地依靠慈善家的捐款和政府补助等外部资金，而是通过展开社会化商业活动以获取组织资金并最终实现某种社会使命。在这些杰出的社会创业家中，毕业于日本同志社大学商学部的世界级社会创业家——枥迫笃昌备受瞩目。1976年，本科毕业后的枥迫笃昌顺利就职于日本大型银行——东京银行并被派往中南美分行工作。在海外工作期间，枥迫笃昌亲眼看见了当地移民劳动者的艰辛生活。这些移民劳动者因无法在自己国家赚到更多的钱而不得不背井离乡前往美国打工，然后将辛苦赚取的血汗钱汇回国内。然而，由于他们当中的很多人无法在美国开设银行账号，只能通过手续费高昂的金融中介往国内汇款。面对这一残酷现实，内心颇受震动的枥迫笃昌决定采取行动。他充分利用在银行工作期间所掌握的金融技术，成功开发出快速、准确且廉价的国际汇款系统。

2003年，令人振奋的是，枥迫笃昌所开发的具有划时代意义的国际汇款系统最终被美国中央银行——美联储（FRB）所采纳。此时，枥迫笃昌毅然辞去待遇丰厚的银行工作并在美国华盛顿创设"国际微金融公司"（Micro Finance International Corporation's），以此向美国的海外移民劳动者提供国际汇款业务。与收取汇款额的百分之几十作为手续费并在营业柜台装上厚重的防弹玻璃的普通金融中介不同，枥迫笃昌的公司仅收取汇款额的百分之几作为手续费，并且从未在营业柜台上安装过任何防范设备。更为与众不同的是，枥迫笃昌的公司实现了瞬间汇款，并利用由于手续原因需滞留2周以上的汇款资金作为本金向汇款人的家人提供海外贷款业务，以此为契机，枥迫笃昌所开发的国际汇款系统迅速扩散至世界各国中数以万计的金融机构，惠及全球数亿名移民劳动者。可以说，枥迫笃昌的案例充分说明了公民个体的社会创新亦足以改变整个世界的金融体系。

三　同志社大学的社会创新教育与实践

（一）社会创新实践：笔者的挑战

从20世纪80年代开始，笔者在从事大学教员工作的同时，也致力于开展各种社会创新活动。其中较具代表性的社会创新活动主要包括以下四个方面。

第一，有关"社区营造"的社会创新活动。笔者曾将福冈市东区箱崎地区中对行政部门唯命是从的居民自治组织，改造为具有自主性和综合功能的地方经营型组织——"社区营造协议会"，并与本地居民一道致力于本地社会问题的解决。与此同时，还设立了名为"箱崎社区营造放谈会"的非营利组织，并投入私财3000万日元建起"民设公共空间：箱崎公会堂"。以这些组织为据点，笔者开展了以再造地域活力为目标的多项市民公益项目。其中值得一提的是，笔者曾通过发行股票的方式（每股5万日元，共计发行200股）成功创设一家名为"市内剧院·箱崎"的股份制公司，倡

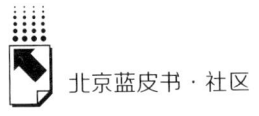

导以"秀"(show)的方式进行社区营造并引起社会各界的关注。

第二,有关"环保公益"的社会创新活动。笔者曾与福冈市政府、九州电力集团以及环境 NPO 等组织联手合作,在福冈市箱崎地区创设"拼车网络"(Car Sharing Network)。这项以 IT 技术和电动汽车技术为基础的社会化商业项目,成为日本国内首个以拼车为主题的环保公益创业模式。

第三,关于"有机农业"的社会创新活动。近年来笔者开展了以"联结生命、饮食与农业"为主题的公益创业项目。具体包括:在箱崎公会堂内开设有机食品餐厅(Organic Restaurant)、创设并推广以"打通城市消费者与农业生产者之间的沟通渠道"为宗旨的农业观光项目(Agri-Tourism)、在福冈市郊区的一个农园内开办"上山田农乐校",以此向普通市民传授有机农业耕种方法。

第四,有关"政治选举"的社会创新活动。为了反对福冈县政府在国家公园福冈县玄界海滩内建设新机场的计划,在获得多家 NPO 的全力支持下,笔者决定以"拒绝负债,守护海洋"为竞选口号参选 2003 年度福冈县知事选举,以此向新机场建设计划的主要策划者、时任福冈县知事麻生渡提出挑战。虽然笔者最终不幸落选,却成功迫使福冈县政府撤销新机场建设计划并守护了美丽富饶的海洋。通过这次政治选举,笔者深刻认识到,以 NPO 为根基的普通市民同样能够利用"选举"这一政治手段,与受到除日本共产党之外的各个政党支持的现任知事抗衡,进而寻求社会创新之机遇。顺带一提的是,为了参选知事,笔者辞去了九州大学教授一职,竞选结束半年后又有幸任职于同志社大学。

(二)社会创新实践:来自研究生院的挑战

笔者转至同志社大学后任职于研究生院综合政策科学研究科。2005 年,以笔者为中心的研究团队向日本文部科学省申报了"研究生院 GP(Good Practice)事业——魅力型研究生院教育前沿计划"并有幸被采纳。在这项教育项目的支持下,笔者主导创设了以"培养具备解决地域公共问题的实践能力和行动能力的研究者"为目标的社会创新研究硕博士课程。该课程不仅要求学生接受课堂知识的传授，还须就自身感兴趣的研究课题提出研究假设，并通过校外的社会实践证明该研究假设的妥当性。

举例而言，我们有位学生提出"通过有机农业方法使已走向衰退的偏僻农村地区重获新生"的研究假设之后，随即在京都市左京区大原地区的同志社农场和农业实践设施"农缘馆"展开有关有机农业的社会实践。通过一番努力，该学生不仅在大原村庄的农产品直销市场建立起销售点并成功开拓有机农产品的销售网络，而且还通过有机农业活动的展开使该村庄重新迸发活力，同时吸引大批年轻人进入该村庄从事有机农业。随着年轻农业生产者的增加，儿童数量也逐渐增加，最终使得已停止办学十几年的幼儿园得以重新开张。这位原本与农业毫无缘分的研究生最终成长为年收入高达上千万日元的"明星农民"。他以自身作为社会创新的"原料"，并通过社会实践证明了其研究假设的可行性。

此外，我们社会创新研究课程的一位博士生利用日本政府提出的"可再生资源固定价格购买制度"，成功开发出独具匠心的新型太阳能住宅，目前正在努力向日本社会推广和普及。截至2013年底，该博士生顺利建成三栋实验性太阳能住宅，并成功确认新型太阳能住宅的发电功率是普通太阳能住宅的6倍以上。如果这种发电功率大、抗震性能优异的新型住宅能够得到普及的话，那么将帮助那些难以获得银行贷款的低收入人群实现"拥有自己的房子"的梦想，甚至还有助于解决东日本大地震受灾人群所面临的住房难问题以及次级房贷问题。更为重要的是，该创新型项目的推广，将有助于减轻我们对核能发电以及化石燃料发电的依赖程度，进而对构建可持续发展社会这一人类重大课题做出贡献。

结　语

最后，作为本文的结束语，笔者殷切期待有更多志同道合的朋友投身于社会创新事业。唯有通过各领域的社会创新，我们才能消除存在于现实世界中的诸如苦难、障碍以及不公等消极因素，进而构建起舒心且幸福指数较高的可持续发展社会。在某种意义上而言，社会创新是我们人类社会所面临的永恒课题。当然，毋庸置疑，社会创新很难在某个特定的地区或国家取得完全成功。为此，笔者期待包括中日两国在内的世界各国能够携手共进，共同推进社会创新，以此不断挑战人类以及地球所面临的种种难题，进而创造出人类更加美好的未来。

B.5 绿色社区建设评价体系研究

赵 清*

摘 要： 绿色社区建设评价体系不仅可将绿色社区内涵转变为可操作目标，而且也可作为社区生态建设与管理的重要工具。本文基于绿色社区内涵、特征，从社区绿色制度、绿色环境、绿色文化三个系统维度，构建了包含7个准则层和22个指标层及其相应标准的绿色社区建设评价体系，将更有针对性地明确绿色社区建设的重点行动领域，从而以社区作为社会基础单元推动城市的可持续绿色发展。

关键词： 绿色社区 评价体系 社区建设

绿色社区作为连接绿色建筑和生态城市的中观尺度地表单元，在改善人居环境、降低建筑能耗、促进城市可持续发展等方面具有重要的意义。绿色社区同时也是城市环保公众参与机制的基层、基点和基础，其创建对建立完善环保公众参与机制具有举足轻重的作用。绿色社区建设评价体系不仅可将绿色社区内涵转变为可操作目标，而且也可作为社区生态建设与管理的重要工具。目前国内外针对绿色社区建设评价体系均开展了大量的研究，其中比较具有代表性的评价体系包括从绿色建筑角度构建的社区评价体系，比如美国 LEED 绿色建筑认证评价体系、英国 BREEAM Communities 评价体系、日本的 CASBEE for Urban Development 评价体系等，我国于 2001 年 9 月也出版

---

* 赵清，北京市社会科学院城市研究所助理研究员，研究方向：城市环境、绿色社区。

了第一部绿色建筑评估文本《中国生态住宅技术评估手册》；从社区公众参与角度提出社区评价体系，比如由首都精神文明办公室和北京地球村环境文化中心共同编写的《绿色社区指导手册》；从社区环境管理机制和环境污染防治角度提出的社区评价体系，如《全国绿色社区表彰评估标准》等。绿色社区建设是一个系统工程，然而目前从社区的制度、文化和环境等系统角度，同时涵盖社区硬件建设和软件标准构建的绿色社区建设评价体系的研究尚未形成。本文立足于绿色社区的基本概念，通过分析、解构绿色社区的制度建设、文化建设以及环境建设三个维度的具体内涵，构建包含以上三大系统的绿色社区建设评价体系。

一 绿色社区的概念

1976年召开的联合国首届人居大会首次提出的"反映可持续发展原则的人类住区"概念，可认为是绿色社区概念的雏形。国外关于绿色社区的研究起始于20世纪80年代，加拿大绿色社区协会的行政主管人克利福德·梅纳斯（Clifford Magnus）认为"绿色社区是建立在社区基础之上的非营利、多方合作的环境组织。绿色社区所反映的是当地人们的需求和态度，维护的是大家共同的利益，倡导的是绿色生活和绿色消费"。美国丹·鲁本（Dan Ruben）博士提出通过"系统性原则"构筑绿色社区发展体系框架，通过"美学原则"增加绿色社区的创造力和吸引力，通过"服务性原则"拓展绿色社区的服务范畴，通过"特色性原则"赋予绿色社区强大的活力。总的来说，国外关于绿色社区的研究起步比较早，理念比较成熟，但仍需进一步提升。国内诸多学者也提出了对绿色社区概念的不同理解。王汝华认为"绿色社区是自主建立并长期保持社区环境管理体系和环保公众参与机制的社区"；郭永龙认为绿色社区是"将人性化和生态化原则作用于传统社区，使得绿色理念贯穿于社区的设计、消费和管理的整个环节，既保护了社区环境，又益于居民身心健康，同时还有利于城市社会、经济和环境的可持续协调发展"；李久生认为"绿色社区是指符合可持续发展思想，具有很完备的硬件和软件设施的社区组织";陈建国认为绿色社区是指"具备了一定符合环保要求的硬件设施、建立了较完善的环境管理体系和公众参与机制的社区";王青山认为社区文化也有利于创造现代"绿色社区"的生活模式,这种生活模式不仅仅是"简单的社区物业升值和资金投入的市场行为",更重要的是要"打造一个有利于社区长期发展的、展示未来和希望的生活模式";丛澜等认为狭义的绿色社区是指"具备了一定的符合环境保护要求的设施,建立了较为完善的环境管理体系和公众参与机制的社区",而广义的绿色社区是指"实现了环境保护和可持续发展的社会生活共同体";于雷认为"社区环境状况对社区的发展具有促进和制约的作用,加强社区环境建设,充分利用和改善社区环境,对促进社区建设事业的发展和创建绿色社区具有十分重要的意义";国家环保部副部长潘岳提出了绿色社区建设的概括性主旨,即实现"人与自然的和谐共处"。

综合以上研究者的概念,笔者认为,绿色社区是指具备完善的绿色环境管理制度、丰富的绿色文化环境以及良好的生态环境,旨在实现社区人与自然可持续和谐共生的社会生活共同体。绿色社区建设应包含三个维度的内容,即建构一套完善的绿色社区制度;建设旨在促进人与自然和谐共生的绿色环境;营造充分调动公众积极参与的绿色文化氛围。绿色社区建设的目的即通过建设绿色社区的制度软件和自然环境硬件,推动社区绿色文化发展,增强社区绿色凝聚力,构建实现可持续生活方式的绿色文化共同体。

二 中国绿色社区建设实践

我国最早提出创建绿色社区是在原国家环境保护总局于2001年5月31日向全国各省区市发布的文件《2001~2005年全国环境宣传教育工作纲要》中提到的。该文件明确提出:"在47个环境保护重点城市逐步开展创建'绿色社区'活动,培养公众良好的环境伦理道德规范,促进良好社会风尚形成。各级宣传部门要把'绿色社区'的创建活动逐步纳入文明社区建设和精神文明建设的总体目标之中。绿色社区的主要标志是:

有健全的环境管理和监督体系；有完备的垃圾分类回收系统；有节水、节能和生活污水资源化举措；有一定的环境文化氛围；社区环境要安宁、清洁优美。"自此，全国各省市结合本地实际情况纷纷出台了有关绿色社区创建的主要活动内容、考评标准体系等。

北京市于2001年结合"绿色奥运"，发挥环保民间组织的积极性和创造性，在全市积极开展创建"绿色学校""绿色社区""绿色企业""绿色旅游""绿色商业""绿色单位"等活动，到2001年底，有10个社区被命名为"绿色社区"，39所学校被命名为"绿色学校"。2004年6月5日，世界环境日当天，全国绿色社区创建启动仪式在北京市西城区贞武庙社区中心广场举行，国家环保总局局长解振华、北京市副市长吉林到会。

绿色社区的创建是一个系统工程，广东省在整合各类资源、系统化创建绿色社区方面做得比较好。广东省在开展绿色社区创建活动伊始，就根据国家相关文件，配套出台《2001~2005年广东省环境宣传教育工作纲要》，从2002年起就较早开始在全省范围内广泛开展"绿色社区"创建活动，明确提出了创建绿色社区的主要目标、主要内容、基本条件、考评办法和活动内容，并配套出台了《广东省绿色社区考评标准（试行）》。该标准涵盖了"环境管理""环境治理""环境质量""环境美化""环境行为""环境特色"六大标准，具体包括24项指标及其考评要求、信息来源和评价标准。总的来看，这一标准主要考核的是绿色社区的环境方面，以及针对如何改善环境而应采取的管理、治理手段。参照这一标准，广东省于2003~2015年共命名了六批、总计226个绿色社区。同时每年配套活动还包括"绿色出行、低碳生活"环保摄影大赛、绿色社区创建活动先进单位、先进个人的表彰等。广州市也提出了《"绿色社区"考评标准》，该标准共包括七方面内容，分别是：监督管理、环境质量与污染控制、绿化美化规范化、自然资源保护、绿色生活、环境宣教与环境意识、特色加分，并进一步分解为涵盖环境管理体系、环境监督体系等23项指标的绿色社区考核标准。这一标准的构建仍主要基于对社区环境的考核，尚未系统地将绿色社区创建制度与创建主体——绿色文化的营造系统联系起来。

2015年，全国其他各省市在绿色社区创建方面也各有特色和优势，比如自然环境条件较好的云南省，截至年底共创建绿色社区530家，其中受国家表彰的绿色社区有7家、省级绿色社区有261家；西安市建设首个"绿色社区"项目，该项目由中国再生资源回收利用协会与陕西青年与环境互助网络合作推进，旨在通过互联网渠道助推城市废物分类回收体系的建立，完善环保NGO与居民共同参与的城市垃圾回收处理体系，实现居民足不出户就可通过网络回收垃圾。

三 绿色社区建设评价体系的内涵

根据绿色社区的概念和实践，笔者认为环境建设应是绿色社区发展的物质基础；制度建设是协调绿色社区各系统良性互动的重要保障；最后应归结为通过文化建设培育社区居民的绿色生态文明理念。因此绿色社区建设评价体系的内涵应包括以下几方面。

（一）社区绿色制度建设内涵

社区绿色制度指"为了维护绿色社区正常的运行，社区绿色发展各项工作正常开展，依照社区可持续发展相关政策制订的具有指导性与约束力的应用文"。社区绿色制度建设应包括绿色社区体制和机制两部分内容构建。具体而言，绿色社区建设体制应包括：第一，由"政府各有关部门、社区居委会和物业公司、绿色企业、民间环保组织"组成的联席会；第二，绿色志愿者工作体制；第三，社区中的"绿色家庭"占一定比例。

绿色社区建设机制包括：第一，"政府各有关部门、社区居委会和物业公司、绿色企业和民间环保组织"组成的联合工作机制，以有效协调绿色社区各相关方的合作，从而推动绿色社区建设；第二，社区绿色环境建设机制，包括垃圾分类回收机制、污水管理机制、油烟废弃管理机制、声环境管理机制以及绿色基础设施管理机制；第三，社区绿色文化建设机制；第四，绿色社区环境监督机制，通过积极发挥公众环境监督作用，疏通其环境权益诉求通道,为公众提供环保教育,组织相关活动,以公众为主体参与社区绿色建设。

(二)社区绿色环境建设内涵

社区绿色环境建设内容有三部分:第一,环境基础设施的补充与完善,这主要包括垃圾分类回收体系、社区污水处理利用体系、社区油烟污染处理体系以及社区声污染控制体系。第二,灰色基础设施的完善。这主要包括新建绿色建筑和绿色更新改造旧有建筑;还有从有利于社区绿色出行角度对社区功能组团的规划和调整。第三,绿色基础设施建设。社区绿色基础设施意指"社区内相互联系的绿色空间网络,包括社区的自然区域、生产性土地和其他受保护的开放空间",该网络因其自身的自然资源价值和对人类的效益而被规划和管制(马克和爱德华,2010)。社区绿色基础设施建设应不仅仅限于简单的绿化,而应基于社区整体,系统规划构建具有相互联系的社区绿色空间网络,其中包括建筑立体绿化系统、社区开放空间系统、社区公园系统等等。

(三)社区绿色文化建设内涵

社区绿色文化建设的主体包括社区居民和社会组织。其中社区社会组织通过开展各类绿色文化活动,实现对社区居民的绿色生态宣传教育。社区居民参与以上活动,他们既是宣传活动的主体,同时也是社区文化建设的"主要参与者"。绿色社区文化建设主要依托"社区公共服务体系建设"和"社区绿色生态文化建设"。公共服务体系建设的原则在于"以人为本",其目的在于通过提供公共服务引导社区"人"与自然和谐共处。比如可以通过政府引入环保产品质量过硬的企业,借助社区中介组织开展节能、环保产品推介会,向居民展示产品节能环保性能,对于购买者予以一定的优惠政策,从而以点带面逐步引导社区居民转变消费观念。绿色社区文化建设的最终目的在于"培育社区居民形成资源节约、环境友好型的绿色生活方式和消费理念",增强社区居民的凝聚力,营造社区绿色生态文明氛围。

四 绿色社区建设评价体系的构建

(一)绿色社区建设评价体系的构建原则

基于绿色社区的内涵以及指标体系构建的规律,绿色社区建设评价体系构建原则如下。

1. 理论性与实用性相结合的原则

绿色社区建设评价体系的指标选择和设计以绿色社区内涵和特征为依据,同时在指标体系构建时注重指标的可评价性和可操作性,指标的选择必须兼顾数据的可获得性,以及指标数据在时间上的一致连贯性。

2. 系统性与代表性相结合的原则

绿色社区是社区绿色制度、绿色环境以及绿色文化的复合系统,其指标应具有综合性,既全面反映绿色社区三个子系统的主要属性及其相互协调关系,又具备反映局部的、当前的和单项的特征。社区系统的复杂性,决定了指标体系只是对其极度的简化(关键因子的选取),但是抓住反映绿色社区中关键问题的代表性指标,从而构建简明完备的指标体系,可在一定程度上准确反映城市状态和发展水平,刻画出绿色社区的轮廓。

3. 定性与定量相结合的原则

由于绿色社区涉及的方面很多,有的变化可以用数量指标来反映,有的变化则难以通过数量指标反映,为此需要设计部分定性指标,来保证指标体系反映问题的完整性。

4. 共性与个性相结合的原则

绿色社区有其固有的一些特征,而对于不同社区来说,每个社区都会有自身不同于其他社区的特色,这些共性的特征和个性对绿色社区这一系统来说均缺一不可,因此在指标体系构建时应考虑充分共性与个性相结合的原则。

此外,由于向绿色社区发展转变本身是一个过程,衡量绿色社区的指标体系也应该是一个由易到难、由理论到实践、逐步完善的动态过程。对绿色社区的评价只能基于已有的资料,而在城市的发展过程中,可能还会出现一些未曾预料的新因素,对绿色社区的建设产生显著影响,这些因素只有在将来被认识并加以监测之后,才可能将其纳入未来的绿色社区建设评价体系中加以考虑。

(二)绿色社区建设评价体系的建立

按照本文提出的绿色社区内涵以及绿色社区系统性特征,建立绿色社区建设评价体系的三个系统层,即绿色制度、绿色环境和绿色文化。基于指标体系构建原则,本文进一步分解出7个准则层和22个指标层及其相应标准,从而最终构建绿色社区建设评价体系,如表1所示。

表1 绿色社区建设评价体系

系统层	准则层	指标层	指标标准
绿色制度建设	绿色社区建设体制	绿色社区联席会参与率	绿色社区的相关政府部门、民间环保组织、绿色企业、社区居委会和物业公司参与率达到90%以上
		绿色志愿者队伍比例	绿色志愿者人数占社区志愿者人数80%以上
		绿色家庭比例	社区每年评比绿色家庭一次
	绿色社区建设机制	绿色社区联席工作机制协调度	每季度举行绿色社区联席会议一次,议事制度完善,并有决策责任追究制。建立联席会议决议与绿色志愿队伍上传下达沟通机制
		绿色社区环境建设机制	绿色志愿者队伍每月定期对社区垃圾分类、污水排放、油烟排放以及噪声污染进行监督检查
		社区环境达标管理机制	生活垃圾日收集率100%;社区内水域水环境质量达标率90%;水喉水水质达标率100%;餐饮服务业的油烟经过处理达标排放;环境噪声达标区覆盖率100%;社区内定期杀灭鼠、蟑、蚊,无违规饲养家禽、家畜及宠物
		绿色社区文化建设机制	有社区文化场所管理制度、有社区绿色文化活动公约、有社区文化参与制度等,建有绿色文化活动资金保障机制
		绿色社区公共参与机制	社区居委会内设居民环境问题举报信箱;社区学校课程中每月安排一次居民环保教育活动

续表

系统层	准则层	指标层	指标标准
绿色环境建设	环境基础设施建设	垃圾分类管理设施	4~6个单元门配建一组垃圾分类箱；每个组团或300~1000户配置1处垃圾收集点，占地面积6~10平方米；建有再生资源回收站，面积50~100平方米；宜与垃圾收集站或基层环卫机构组合配置
		水环境管理设施	建设社区雨污分流排水体系，社区排水管网100%采用雨污分流排水体系；建立以生活用水为主要水源的社区中水循环使用的利用系统，社区中水利用比例逐年递增；公共场所节水龙头普及率100%
		社区环卫设施	环卫基础设施均规划于社区居民步行10分钟范围以内
		社区节能设施	公共场所节能灯普及率100%
	灰色基础设施规划与建设	绿色建筑	社区绿色建筑建设符合城市相关绿色建筑标准
		社区节能减排	多层楼座能充分利用太阳能节能，全部安装太阳能；社区住宅建筑敷保温隔热层比例达100%
		社区绿色交通	社区内公共交通道路面积预留不低于道路总面积的60%
	绿色基础设施建设	绿色设施便捷程度	社区绿地系统均规划于社区居民步行10分钟范围以内
		绿地系统建设	社区绿化覆盖率35%以上；社区人均公共绿地面积$10m^2$；社区林荫路推广率≥70%
		绿地景观维护	社区花草树木定期维护，根据树木生长规律定期浇水、修剪、防冻、喷洒农药等；雕塑或园林建筑小品，路灯、庭院灯、草坪灯等设施完好率95%以上；草坪整齐，无践踏或占用现象
绿色文化建设	绿色文化设施建设	绿色环保宣传设施	有宣传橱窗、警示牌，占社区宣传栏面积比例不低于20%，经常更换，及时发布环境信息；每隔300~500米于道路拐角处设置一个禁鸣标志
		绿色文化活动场所满足居民需求	绿色文化活动可占社区活动场所使用时长达30%以上
	绿色文化队伍建设	绿色文化志愿者	社区设有专门的绿色文化活动志愿者队伍
		绿色文化活动组织	社区每季度举行一次绿色文化活动；每年举行绿色环保宣传活动次数不少于2次

结 论

绿色社区建设包含社区的绿色制度建设、绿色环境建设以及绿色文化建设。作为绿色社区内涵的定量化表征，绿色社区建设评价体系可以评价绿色社区发展水平，从而为进一步的绿色社区建设和管理提供信息，成为绿色社区建设的重要管理工具。绿色社区建设主要通过社区绿色制度建设引领社区绿色环境建设和绿色文化建设，通过三者之间的有机良性互动，最终形成绿色社区协调发展的建设体系。绿色社区建设的最终目的是基于绿色制度建设软件和绿色环境建设硬件，打造社区绿色文化环境，培育社区居民的绿色生态文明理念以及资源节约、环境友好型的生活方式，创造出一种"与环境友好、邻里亲密和睦相处"的社区氛围，从而在社区这一基层层面回应整个城市生态文明建设，成为城市绿色发展的关键基础环节。

参考文献

首都精神文明办公室：《北京地球村环境文化中心》，《绿色社区指导手册》，2011。
王汝华：《绿色社区建设指南》，同心出版社，2001。
郭永龙、武强：《绿色社区的理念及其创建》，《环境保护》2002年第4期。
马克·A. 贝内迪克特、爱德华·T. 麦克马洪：《绿色基础设施：连接景观与社区》，黄丽玲、朱强、杜秀文等译，中国建筑工业出版社，2010。
李久生、谢志仁：《略论中国绿色社区建设》，《环境科学与技术》2003年第6期。
陈建国：《我国绿色社区建设研究》，硕士学位论文，清华大学，2004。
王娟娟：《城市绿色社区建设研究——以沈阳万科花园新城为例》，博士学位论文，辽宁师范大学，2008。
丛澜、徐威、郑捷等：《绿色社区创建指南》，中国环境科学出版社，2004。

B.6 从提供服务转向社区营造：
对一个"村改居"社区的研究

郑中玉　梁本龙　高云红*

摘　要： "村改居"社区研究的一个共识是，这种新的都市社区普遍存在基础设施和服务短缺以及社区工作者的素质问题。在对D社区的调查中，笔者发现最突出的问题已经发生变化，D社区拥有良好的环境、设施和具有管理经验的工作人员，但是它也面临一些新的问题：首先，社区服务过程中的"简单化"视角使社区工作者缺乏对社区居民日常生活复杂性的认识和同情；其次，基于"城市—乡村"二元对立逻辑，社区工作人员忽视人们日常生活因巨大变化所产生的代价与适应问题，忽视了传统文化与集体记忆有助于形成社区认同。"村改居"的社区治理应该从提供社区服务转向社区营造，思考如何基于传统文化形成新的社区认同与社区文化。

关键词： "村改居"　国家的视角　社区服务　社区营造

中国用30多年时间走过了西方一个多世纪的城市化历程。进入21世纪以来，中国进入快速城市化阶段，城市空间的迅速扩张产生一种伴生现象，

---

* 郑中玉，哈尔滨工业大学社会学系副教授，研究方向：都市政治与旅游社会学；梁本龙，哈尔滨工业大学社会学系博士生，研究方向：城市社会学；高云红，哈尔滨商业大学法学院社会工作系教师，研究方向：城市社会学。

即"村改居"社区。"村改居"社区主要是指城市周边的农村土地与人口在城市扩张中迅速转化为城市社区和城市人的状况。这个过程伴随着户籍制度（从村民到市民）和管理制度（从村委会转化为社区居委会）的变化。2015年初，课题组有机会对江苏省一个镇（以下简称"D镇"）的"村改居"安置社区展开半个月的调查。无论是已有研究，还是基于调查中社区管理者的立场，似乎都表明这种社区是一种"过渡性"的社区，这些被安置的原村民都被视为落后的、需要被"改变"和被"文明化"的对象，他们最终要成为城市社区的市民。但是，在调查中，笔者所获得一些启示却是，需要给予处于转变过程中的人们以更多的理解和尊重，在保留某些传统和集体记忆的同时促进形成新的社区认同和社区文化才是"村改居"社区的发展之路。"村改居"社区并不能被简单视为一种过渡状态，它是中国城市社区实现多元化的创新与实验。

一 社区基本情况：良好的物理环境和社区服务

D镇因湖得名，辖11个行政村、6个社区居委会；户籍人口2.5万、外来人口5.1万，合计7.6万人。1994年，D镇被国务院列入《中国21世纪人口、环境与发展白皮书》，成为中国小城镇规划和建设示范镇，此后又先后获得"国家卫生镇""全国环境优美乡镇""江苏省园林小城镇""中国民间文化艺术（戏曲）之乡""国家园林城镇"等称号。D镇天然的湖资源营造了优美的人居环境，良好的文化氛围沉淀了浓厚的历史文化底蕴。全镇居住、教育、医疗、文化体育、公共交通、餐饮商业等服务性设施健全，以戏曲为特色的群众文化活动丰富。

本次调查的D镇公园社区归属D镇社区居委会管辖，作为D镇最大的动迁小区，D镇公园社区规划建有四个动迁安置小区。2013年底，有两个小区完成交房，仅2014年交付的小区就涉及9个自然村的居民安置。最后的安置小区在2015年春季交房。目前，小区配套设施日趋完善，一万多平方米的市民活动中心包含日间照料中心、棋牌室、戏曲室、健身房等社区服务功能设施。学校、超市、体育公园等一系列配套设施的跟进，让这里的新居民拥有了功能基本完善的居住环境。

总体上看，这个社区的基础设施完善，社区整体环境优越。除了已形成的良好物理环境之外，结合 D 镇实际情况，该社区居委会也在思考将整合部门单位职能作为社区管理服务的切入点，将维护基层稳定作为社区管理服务落脚点，将化解社会矛盾作为社区管理服务的着力点，将解决民生问题作为社区管理服务的根本点，推出"12365"工作制度、"2＋X 社区共建理事会机制"和"二三二"社区管理服务工作模式。

"12365"工作制度以"1 年、12 个月、365 天，时时处处为社区居民提供快速、便捷、精细化服务"为理念，同时秉持"共建共管、共治共享"的原则，推出"2＋X 社区共建理事会机制"，确立以社区居委会与物业公司为管理主体，公安、城管、控违等相关部门单位和各大行政村共同组成的"物业公司＋社区居委会＋各行政村＋相关职能部门"的"四级联动"管理模式，以此来推动社区的不断建设发展。这些制度上的经验受到政府管理部门的认同，当然在与社区居民接触的过程中可以发现，社区的种种措施以及社区的基础物资建设总体上也得到了社区居民基本认可。例如，由于离菜市场较远，该社区自己建设了小区便民菜市场，六十来岁的于大爷常常去小区菜市场买菜，"大白菜 7 毛一斤，青菜 1 块 2，这里买菜挺实惠的，也比较方便"，于大爷坦言。自从住进 D 社区以来，不出小区就能买到新鲜又便宜的菜；下楼就能缴纳水电费、手机费等，居民不出小区就可以享受各类便民服务。

同时，该社区还以老年人为重点，推出社区助老亲情行动，打造"康乐寿"社区助老服务品牌。该社区创立为老人提供一日三餐的配送服务，解决了老人的用餐难题和子女的后顾之忧。在社区调查过程中，经常可以看到给老人送饭的三轮车。这项举措得到了老人的子女以及一些社区居民的高度评价。2014 年，该社区还成功举办首届"孝老文化节"。以"探寻照护秘方、聚焦寿星身边照料人、弘扬孝老文化"为主题，围绕孝老爱亲、邻里互助等内容，开展"让爱传承——孝老志愿服务亲情行动"；举行"孝老爱亲"主题道德讲堂、"魅力夕阳红——老年人风采展示"、"孝行感召 孝心传递——孝老文化主题活动"等一系列活动,将"孝德"文化延伸到社会各个方面。

二 社区管理中的问题:"国家的视角"与实践逻辑的矛盾

总体上看,该社区的基础建设比较完善,也得到了社区居民的一定认可,但是我们也应该注意到该社区存在的一些问题。同时,这些问题在中国整个城市化过程中的"村改居"社区中具有普遍性和代表性。

基于中国的城乡一体化建设规划,传统的乡村共同体在城市化的过程中发生了一系列非常规性变迁。这种城市化不是城市长期自然演进的结果,而是一个压缩式快速推进和规划的产物,进而形成了一种独特的"非城非乡,亦城亦乡"① 的复杂空间实践。"村改居"社区具有一般城市社区的基本结构、物质环境和主要特性,但是作为城市化过程中规划的产物,它也衍生出无法自我调适的大量问题。

(一)"村改居"形成独特的日常生活世界

1. 巨变的环境与延续的生活

"村改居"之后,无论是管理体制,还是居民身份,都被纳入城市街道的统一管理体制之中,从法律意义上而言"村改居"已经是城市社区的一部分。但是"村改居"社区是快速从乡土社会过渡而来的,在其转向现代城市生活方式的同时,仍然保有传统农村社区的诸多特点。城市和乡村的元素相互交织,在动态的过程中形成了新的生活方式。

相对于物理环境和体制的变化而言,面对快速的社会生活变迁,在生活方式和观念上的适应、转变与重构要更为困难和缓慢,而且在整个过程中会

---

① 蒋福明、周晓阳:《论"村改居"社区文化特点及其转型的价值目标》,《云南民族大学学报》(哲学社会科学版)2014年第1期。

产生巨大的调适成本、矛盾和社会心理层面上的痛苦与焦虑。这种滞后会使得已然身在城市社区的居民产生错觉，即他们生活的空间存在一种双重结构——农村和城市的特点都会有部分存在，但又不是这两者中的任何一个。相对而言，在学习、工作和生活环境等因素的影响下，年轻人会比中老年人更容易适应这种变化。

在这个物理环境意义上的城市社区中，居民的思维方式和传统的农村思维方式并无多大差别。在调查中，一位六十多岁的阿姨提及，她觉得"社区里的花园并无多大用处，还不如把花都拔了，种点儿葱和一些菜品比较好，至少那还能吃。"在她看来，花园基本上没有任何意义。① 同时，社区居民对社区管理体制也略有微词。村民反映，经常去居委会不知道找谁，工作人员"互相扯皮"。社区居民王大爷就认为，有时候去反映问题并不一定能够得到解决，感觉还不如在农村。从笔者的观察来看，社区居委会中的工作人员以中青年为主，基本上有过在机关事业单位工作的经历。在这个意义上，居委会与村委会的区别是，前者具有明显的官僚机构性质，而后者更多的还是保留着乡土熟人社会的逻辑。村民所熟悉的熟人社会的逻辑被官僚机构所替代，他们所拥有的知识与经验在全新的官僚机构系统里丧失了其有效性，这也造成他们对新生活环境的严重不适应。

居住环境的彻底变化也造成不适。原来村庄的空间结构和生活方式非常方便社区居民彼此的交流与往来。从开放式的农村居住空间转移到封闭的城市独门独户，他们还无法迅速习惯这种城市里的生活方式。很多人日常交往的仍然是"以前村里那些人"，和现在社区里的人没有什么交往。他们觉得，住进社区以后还是和以前一样，交往的范围并没有扩大。但是，由于居住格局的变化，居民之间相互串门的次数减少了。

此外，针对按时交物业费等问题，居民都颇有微词。此前住在农村的时候，根本没有物业费用这一说，但是在城市里，居民需要按时交纳费用，有

---

① 社区居委会的工作人员也曾经对调查者抱怨，认为漂亮的花园和绿化并没有得到居民的普遍认可。

少人表示有些不理解。除此之外，在社区里被安置的村民仍然保留着原来的一些乡土民俗，比如举办婚礼。这个社区中的家庭，仍然保留着在农村办婚礼的一系列仪式，包括婚宴。① 总体来看，D社区确实像很多"村改居"社区一样，保持着一种"非城非乡，亦城亦乡"、融合城市与乡村的混合样态。社区居民的生存环境虽然发生了巨大变化，但是其生活方式、习惯和观念仍然保持某种明显的延续性。

2. 复杂的社区："村民"、市民和外来移民

所谓"复杂社区"，学者最初指的是社区内治理主体的复杂性，商业化的物业、社区自治组织（居委会、业委会以及各种其他社区组织）形成的复杂社区关系。② 本文这里所指的"复杂的社区"则是指"村改居"社区在建设发展过程中，迅速从熟人共同体转向成一种来源和性质多元的复杂人群。D社区建成可入住的头两年里，随着大量外来人口③的进入，社区结构更为复杂，流动性也比较强。这种"复杂人口构成"也是大多数"村改居"社区的共有特征，即流动人口的比重大。④

在该社区的调查中发现，居民和社区工作人员反映，有1/5左右的外来租户，也有住户反映约有一半为外来租户。本地区工厂和外资企业较多，使得本地外来租户占有较大比例，不过他们很多人已经在此安家落户，这都使得社区居住人口结构复杂。外来租户反映，他们很少与本地人聊天或者联系，不过外来租户之间往往有很多交往。本地居民在平时都是使用本地方言，日常社区的主要成员多为原住民，且岁数较大，只有少部分能听懂普通话但不能说普通话，而外来租户与本地居民的地域和语言差异非常大，普通话水平也远远高于本地人。最终，语言和文化差异使得本地居民和外来租户联系较少缺乏互动。

---

① 社区的中心有一所二层楼的建筑，一楼大厅经常被作为婚宴的场所。
② 李友梅：《基层社区组织的实际生活方式》，《社会学研究》2002年第4期；李友梅：《城市基层社会的深层权力秩序》，《江苏社会科学》2003年第6期。
③ 通过市场的方式购买住房的市民以及大量的在D镇打工的外来人口及其家庭。
④ 黄丽敏：《社会资本视阈下的"村改居"社区治理》，《江西社会科学》2009年第9期。

应该考虑到，随着外来人员的日益增加，"村改居"社区中本地人口与外地人口可能会出现严重倒挂现象，由于相对较低的房租和生活成本，"村改居"社区吸引了大量的外来人员来此居住。与传统社区相比，"村改居"社区里大量流动性的外来人口会割裂社区居民之间的交往。社区内部不同群体之间界限分明，本地人与外地人之间、不同地域的外地人之间，无论其交往频度还是交往深度都比较低。在社区组织层面相关居民沟通交流机制和平台的缺乏，可能会造成社区公共空间的紧张和生活共同体意义的缺失。

居民之间缺乏交往也导致社区存在安全隐患，例如群租房、社区店铺之类带来的隐患等，反过来这种安全隐患使得社区居民更加不敢与外来人口多交流沟通，以免自己被欺诈。目前，本地社区居民和社区工作人员都倾向于将外来人口仅仅看作流动的人群，而不是社区居民。这种立场显然不利于社区居民的交往和社区意识的形成。

（二）两个故事："树太多了"和"晾被子"

D社区的复杂情况造就了居民和社区居委会之间的矛盾。这种矛盾来自彼此的不了解以及彼此缺乏认同，也来自两种不同的逻辑之间的抵牾。我们可以通过两个社区里发生的事件尝试呈现这种张力，在这种彼此不理解甚至紧张的关系中，我们很难轻易地确认谁是谁非。

一件事是社区工作人员向我们抱怨居民不理解他们的工作。居委会主任举了一个例子，居民抱怨"树太多了"。按照社区工作者的叙述来看，居民非常不理解城市的文明生活，也不能够理解社区工作人员为社区提供美好环境的初心。本社区内的绿化面积比一般的城市社区要多，且设计感更强。笔者通过简单的观察可以确认，社区居委会人员的这种评价表达了基本的事实。在这种状况下，居民向居委会抱怨"树太多了"确实让人难以理解，甚至发生过居民想要用热水浇死楼下树木这样匪夷所思的事情。另外一件事是工作人员反映，居民在窗户上晾晒被褥非常影响社区形象。居委会主任觉得，这么好的社区环境里，居民在窗户上晾晒被褥，"五颜六色的"，与社区整体氛围不符，"看上去不好看"。在这两件事上，居委会与居民之间难

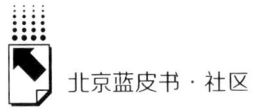

以达成一致。

居委会工作人员在向我们讲述与居民之间类似这样的矛盾时,表达的是一种无法被理解以及对居民无法摆脱"农民"和"农村"的观念与生活方式的苦恼。好像这是一个进步与落后、现代与传统以及城市与乡村之间文明化过程中的"成长的烦恼"。但是,事实并非如此简单,这种紧张至少部分来源于两种逻辑之间的内在矛盾。

(三)居委会:"国家的视角"与"改善的"逻辑

在城市化过程中,"村改居"社区在转轨过程中存在一些共同的问题,比如社区工作者的素质问题、社区基础设施不健全问题和公共服务提供不完善的问题等。[①] 但是,这些问题现在已经有所缓解,至少对于 D 社区而言,基础设施和社区服务比较完善,甚至社区环境和基础设施比普通城市社区还要优越。社区工作也不再由原来的村委会工作人员承担,部分工作人员接受过中等甚至高等教育,具有在一些机关事业单位工作的经历和经验。这和过去大多数的"村改居"社区工作人员结构有很大区别。大多数"村改居"社区工作人员通常就是直接由村委会转化而来。[②] 因此,在 D 社区里,社区工作人员的工作能力也不是主要问题。但是,社区工作人员的意识和观念仍需要改变,这是关键问题。

对于社区而言,社区管理者和社区居民视角有所不同。社区工作人员持有一种视觉秩序和极端现代主义的立场,也就是斯科特所说的"国家的视角"。所谓国家的视角,即"简单化和清晰化"的视角,它是一种"管道式视野",通过只关注少数特征使视野中心的现象更清晰,更容易度量和计算,得到总体和概括的结论,形成简化的知识,进而使得操纵和控制这些事

[①] 福建农村社区建设课题组:《福建农村社区建设的调查与思考——厦门市湖里区禾山镇实施"村改居"的调研报告》,《东南学术》2003年增刊;梁慧、王琳:《"村改居"社区居委会管理中的问题与对策分析》,《理论月刊》2008年第11期;顾永红等:《"村改居"社区:治理困境、目标取向和对策》,《社会主义研究》2014年第3期。

[②] 黄丽敏:《社会资本视阈下的"村改居"社区治理》,《江西社会科学》2009年第9期。

实成为可能。① 这种实用主义的逻辑被广泛运用于一切国家的管理与控制事务之中，如科学林业、土地制度、度量的统一、城市规划和对人口的管理等等。"简单化"过程是国家机器的内在需求，最终这种制造出的标准化事实和知识使得控制者可以对整体进行概括性观察，当然也就失去了对复杂事实多样性的认识能力。②

这体现在工作人员不认同居民在室外晾晒被褥、不理解居民对绿化率和路面的抱怨等方面。工作人员重点讲述居民对绿化表示不满，这种不满不是因为绿化率不够高，而是抱怨树种得太多。从表面上看，这种抱怨是基于一种落后的生活方式和观念，但是经过调查了解，笔者似乎对这种抱怨有了另一种解读。如果从真正日常生活视角出发，居民上楼以后，原有房屋面积减少，传统院落消失，阳光的需要显得更加迫切。但社区在建设过程中，在临近居民楼和窗口的地方种上了很多大型树木。目前，社区一楼居住的多为老人，他们本身对阳光需求就很大，大型树木几乎完全遮蔽一楼的光线，居民必然对此有所不满。

绿化是一件利民的好事，但是必须通过充分了解居民生活的真正需要来处理绿化问题，而不是仅仅以绿化率这个"标准化"和"抽象的"数据体现服务的质量。标准化的绿化率数据可以成为官僚制度重复使用的信息，也可以使得局外人（包括上级部门和媒体）轻易地观察这个样板式安置区的工作人员和设计者的工作业绩。但是，这种抽象的简单化信息无法体现，也就忽略了社区居民真正的生活感受与需要。同理，其他一些存在于社区工作人员和社区居民之间的争议实际上也体现为这种视角或立场的差异。晾晒被褥对于南方的气候和农村原有的生活方式而言是自然而然的行为，在南方和D社区所在市区的很多城市居民楼随处可见；小区内的理发店和小型超市非常便于社区内中老年人日常生活，但是从"国家的视角"出发，视觉的有序与整洁等同于理性的秩序本身。因此，晾晒被褥和社区内的小商店就可能

---

① 詹姆斯·斯科特：《国家的视角》，王晓毅译，社会科学文献出版社，2004。
② 詹姆斯·斯科特：《国家的视角》，王晓毅译，社会科学文献出版社，2004。

成为有碍观瞻和不文明的现象，会造成视觉上的混乱无序，不便于控制和管理。相对而言，似乎只有视觉上的清晰有序才会使得功能上协调和效率，但是这并不是真正的生活秩序。社区工作者需要从真正的生活秩序角度重新看待社区内的争议，而不是仅仅从"看起来很美"的"视觉美学"来理解与评价社区生活。

当然，除了这种"简单化"具有的局限性之外，不能忽视的是，在这种管理思维之中也包含着一种"改善"的逻辑。[①] 未经控制的自然与社会可能是复杂和纷乱无序的，并且抗拒国家某种狭隘的目标，因此就应该对其进行控制以及代之以更美好的状态。因此，很多现代大型社会工程，确实包含着为了更好地提供公共服务、为了更美好生活的初衷而实施的意图。这也就是埃利亚斯所谓的"文明的进程"以及鲍曼所说的"园艺文化"的逻辑。社区管理者倾向于认为，居民进入城市后必须快速抛弃传统的生活方式和习惯，转向一种文明的、先进的城市文化。言谈之中，工作人员就经常用"不文明""落后""胡搅蛮缠""需要教育"等词语形容这些居民，并且希望研究者告诉他们怎么让这些原来的农村居民快速成为城市市民。

尽管，社区工作者确实为居民提供了一些很好的服务，但是这种服务是建立在一种"改善"的逻辑和不平等的关系上的。居民是需要被教育和被改造的对象，而社区工作者则是教育者和管理者。他们倾向于忽视居民的传统、习俗和集体记忆的意义以及发生这种巨变所要经历的痛苦与适应所需要的时间。

首先，社区管理者缺乏对这种转变的同情和认识。由农村社区快速转化为城市社区并不是简单的体制上的变化。由于生存空间的彻底变化、生计模式的改变、生活方式的改变、社会关系及其规则的变化等都会给人们带来巨大的失落、迷茫和焦虑[②]以及一系列农民市民化过程中的"问题化"取向，

---

① 詹姆斯·斯科特:《国家的视角》，王晓毅译，社会科学文献出版社，2004。
② 吴晓燕:《从文化建设到社区认同:村改居社区的治理》，《华中师范大学学报》（人文社会科学版）2011年第5期。

比如生活成本的增加、邻里交往的隔阂、社会网络的中断等。① 社区管理者不能仅仅从一个城市管理者和局外人的角度看待这种现实，他们必须对此有充分的理解。其次，虽然农村社区转变成城市社区需要抛弃原有的一些东西，但是管理者应该考虑到某些传统的合理性与价值，从乡土社会转向城市社区并不是要否定和抛弃一切传统和文化。社区管理者应该认识到，城市化并不是一个"千城一面"的、同质化的社会变迁，而是中国本土化和民族化的文化与制度的转型。中国的城市化以及"村改居"社区发展不是完全否定和消灭农村和农民的文化、生活方式、集体记忆以及社会关系。管理者不应该仅仅将这些地方传统和文化视为转型的障碍，反而需要尝试推动这种本土文化融入社区集体记忆之中，形成一种"留得住乡愁"的新型社区文化。

三 社区营造与社区治理理念的转变

一方面，D社区不像大多数"村改居"社区那样，表现为基础设施、服务等方面的短缺，相反他们在社区环境建设和社区服务方面表现得很出色，居民也对居委会的社区服务给予了相当的认可，并没有一概而论地加以否定。另一方面，尽管在社区服务提供方面，社区工作者仍然基于一种"简单化"视角和自上而下的供给方式，无法充分理解居民的生活需要和情感的复杂性。而且，由于社区工作者没有意识到"村改居"巨变的适应和代价问题，没有意识到"村改居"人口结构的复杂性，没有将外来人口纳入社区建设视野，这些思维局限也使得社区工作者停留在提供服务的基本层面，把自己视为教育者而非推动社区认同形成的力量。新的社区治理阶段应该着重于锻造新的社区文化、打造社区认同等方面，也就是转向社区的营造（building community）。

---

① 文军：《"被市民化"及其问题——对城郊农民市民化的再反思》，《华东师范大学学报》（哲学社会科学版）2012年第4期。

（一）保留传统，培育地方化社区文化，增强社区居民归属感

"村改居"社区物理环境和人们生活水平的改善很容易使我们忽视这种生活的巨大转型过程中社区认同的衰落，①"村改居"社区的进一步建设需要充分关注对社区认同的培育。如何"形成共同的社区记忆，构建共同的文化语境，培育有独特气质的社区文化，将是形成社区认同的重要精神资源"。②

城市是相对于乡村而存在的，农村存在的意义也是文明多样性存在的意义。同理，"村改居"社区的建设也并不是一个简单的消除农民和地方传统文化的过程。也许不应该把"村改居"只视为一种具有"过渡性"③的社区和努力在其中增进"城市特质"④的问题，相反，应该从文化多样性和城市社区本土化立场出发，重新思考如何构建地方化和民族化的中国城市社区文化。

农业部部长韩长赋曾经在一次座谈中提到，再过20年，中国的城镇化率可能会超过70%，而届时中国仍将有大约4.5亿人生活在农村。城乡规划要统筹考虑，城镇化不是要取代新农村建设，搞所谓"去农村化"。合理的"并村"及撤村建镇是需要的，但要经历一个较长的过程，而且要有科学的规划、合理的规模。

在这种不断发展的过程中，我们应该坚持传统文化的传承与发展。"村改居"社区不同于传统农村社区，也不同于成熟的城市社区，可能确实面

---

① 文军：《"被市民化"及其问题——对城郊农民市民化的再反思》，《华东师范大学学报》（哲学社会科学版）2012年第4期；蒋福明：《"村改居"社区文化及其困境探讨》，《北京行政学院学报》2013年第3期。
② 吴晓燕：《从文化建设到社区认同：村改居社区的治理》，《华中师范大学学报》（人文社会科学版）2011年第5期。
③ 黄梅芳、蒋福明：《论"村改居"社区文化建设的基本原则》，《长春理工大学学报》（社会科学版）2011年第11期；蒋福明、周晓阳：《论"村改居"社区文化特点及其转型的价值目标》，《云南民族大学学报》（哲学社会科学版）2014年第1期；马广川、林聚任：《分割与整合："村改居"的制度困境与未来》，《山东社会科学》2015年第9期。
④ 蓝常高：《"村改居"和增进城市特质》，《社会科学家》2006年第2期。

对着文化的转型,具有文化的多样性和冲突性。① 但是,这种文化转型不能简单看作从农村到城市、从传统到现代的线性发展。因此应该警惕这种转型过程中的"城市文化中心主义"②。目前关于城市化和农民市民化的研究似乎有一种潜在的理论假设,也就是以"现代"和"城市"为进步的方向来理解与发展农村,无论是体制还是观念都形成一种"城市—乡村"二元对立的逻辑③。这种单一现代性的视角实际上仍然是基于线性进步的观念,最终会破坏传统的文化与生活方式,形成一种"无根的文化"④。如果我们能够转变这种对现代性的理解,"村改居"的转型就可能提供一个社区文化创新的良好机会。结合 D 社区的实际情况,社区工作者可以考虑一些具体的措施来保留和发挥传统文化元素,传承集体记忆以塑造社区新的集体认同。

首先,鼓励和支持居民积极开展地方化具有传统文化特色的社区活动。比如,本地被称为中国戏曲之乡,当地居民多喜欢沪戏,可以鼓励居民自发成立兴趣小组,开展多种多样的文艺活动。通过小组内部活动和以社区为单位进行的兴趣团体的比赛和联谊活动,居民协商和动员能力会得到提升,促进居民之间的横向联系。其次,可以和社区居民商定,由社区居民自己立项,内部协商组织,社区居委会出资金和场地,形成"居民出想法,部门出资源"的长期合作关系。社区居民的自组织经历和过程会提升社区文化活动的可持续性,减少仅仅由居委会制订计划、组织,而居民只是服从计划、接受命令的运动式和计划式社区活动。

从长远来看,要使居民参与社区文化建设的积极性保持下去,就必须将居民参与推向规范化、制度化,只有建立一个长期有效的机制,才能促使各

---

① 蒋福明、周晓阳:《论"村改居"社区文化特点及其转型的价值目标》,《云南民族大学学报》(哲学社会科学版)2014 年第 1 期。
② 姜立华、谷玉良:《农民工市民化:向度与力度——基于对城市文化中心主义的反思》,《中国特色社会主义研究》2013 年第 6 期。
③ 文军:《"被市民化"及其问题——对城郊农民市民化的再反思》,《华东师范大学学报》(哲学社会科学版)2012 年第 4 期。
④ 文军:《"被市民化"及其问题——对城郊农民市民化的再反思》,《华东师范大学学报》(哲学社会科学版)2012 年第 4 期。

种文化活动的长久运行。而且重要的是，要坚持社区需求本位原则，注重用共同需求、共同利益来调动居民广泛参与的积极性。应将社区居民的实际文化兴趣与需要放在首位，调动居民广泛参与的积极性。当居民能够自己决定和学会组织社区生活，频繁的社区参与必将有助于形成社区情感和社区认同，提高社区社会资本，最终提升社区组织与治理的效率。

2015年，习近平总书记在与各民族群众和基层领导面对面共商发展建设大计时指出："什么是城镇化？城镇化就是要让农村和农民享受和城市一样的（公共）服务。必须留住青山绿水，必须记住乡愁。什么是乡愁？乡愁就是你离开后还很想念。"这种乡愁，对社区建设者来说，就应该是使居民能够保留传统文化、生活方式和集体记忆，对社区产生归属感。D社区具有丰富的地方文化和传统资源，这都是可以利用的资源，有助于打造保留传统文化和集体记忆的城市社区，建立一种多样性的、具有民族化特色的社区文化。

（二）培育社区自组织和协商治理机制

"村改居"社区居委会应大力培育社区自治组织，提高社区单位广泛参与社区自治的积极性。社区自治组织主要是指居民自发组织，如志愿者协会、社区团体、业主委员会等，通过多种形式营造社区共建的氛围。还需要注意在不断探索、总结共建经验的基础上逐步构建企事业单位参与社区建设与社区自治的机制体系，逐步把"村改居"社区自治推向制度化的阶段。

这种社区自组织可以从各种兴趣爱好活动入手，例如组建羽毛球队、篮球队、家长与儿童的学习与游戏群体等等。尽可能以居民为主，居委会单纯提供服务和资源，不应当以居委会的行政命令或强制方式要求居民参与。同时，对社区的自组织进行改造，例如社区中原有的各种磨剪子或者理发的生活类公益活动，以及社区关爱老人活动，尽可能让社区居民自己进行管理和运行，逐渐减少行政方面的参与和控制。

日常社区治理层面上可以考虑尝试基于居民小组的协商治理。社区居民小组建设可以考虑从如下几个方面入手：①本着就近、便于自治等原则，将所有新老居民划分为若干居民小组，尤其要将新居民纳入居民小组。②新建的商品房、安置房、解困房等住宅小区根据人数多少可单独组建若干新的居民小组，也可编入已有的居民小组。新居民进入居民小组，更能获得居民身份的认同，找到归属感，也更有利于尽快融入社区。居民小组自己选择小组长，发挥居民积极分子在居民小组中的作用。③还可以发挥熟人或半熟人共同体信任程度较高、便于合作的潜在优势，探索开展门栋楼院、居民小组、住宅小区等微观层面上的居民自治，推动形成社区居民委员会、居民小组、楼院门栋上下贯通、左右联动的格局。

针对长期社区事务治理，参照人民代表大会制度可以建立居民代表大会制度。让每栋大楼内部的居民进行自主选举，实行任期制，以一年或者两年为任期，可以连选连任。居民代表大会和居民小组的工作内容可以不重合，居民小组更多的是日常的社区事务协商。在具体事务上，居民代表大会可以和居民小组成员合作、共同解决问题。虽然社区现在有相似的举措，但是访谈中提及的都是以党员为主，在社区真正的管理中，应当是以社区居民选举的代表为主，可以是党员，也可以是非党员。村内原有的民间精英、威望高的村民、德高望重的老人等都可以成为代表。通过他们，集中社区居民意志，成为居民与居委会之间的缓冲和联系纽带。

针对产生重大争议的社区事务可以建立长期有效的协商治理框架，例如社区事务与争议的听证制度，由社区普通居民选举出来的、有声望和影响力的居民、居民小组成员、与该事务相关的普通居民和感兴趣的普通居民参与讨论与协商解决问题。

一方面，社区自组织和协商治理能够集合尽可能多的社区居民意志，通过引入不同意见群体，让不同社区利益和意见在争议和协商中不断形成妥协与共识，借以避免社区居民和居委会成为社区治理中的对立双方，减少社区基层工作人员与社区居民的矛盾以及等级制结构造成的紧张与对立；另一方面，也符合党中央关于基层社区民主建设的方针政策。在政府强调政务公开和机构改革的同时，社区推进建立协商机制，有助于社区自治制度的创新。

(三)转变社区治理观念,实现从管理者、社区服务提供者到社区培育者的身份转变

上述一系列方案都在强调社区治理理念的改变,也就是如何使得社区管理者摆脱单纯的"管"和"官"的理念,把自己仅仅当成一个社区治理的参与者和协调者,促进社区自组织治理。目前,D社区试图将专业社会工作定位成提供社区服务,但其实质应该不止于此。社会工作进一步的引申应该是,将社会工作"助人自助"理念引入社区治理,通过培育社区自组织能力,保证社区居民变成组织者和参与者的同时,逐渐成为服务的生产者。在这个过程中,社区管理人员和社区居民成为社区治理的共同参与者,真正做到社区组织"取之于民,用之于民"。

"村改居"社区居委会作为公益型服务的主要提供者,应做好整体的规划,为社区居民服务。此外,鼓励社区居民开展互助性服务。"村改居"社区在这方面具有优势条件,原来的行政村拥有传统的宗族关系,居民间关系非常密切,可以以此设立社区治安联防队伍,由社区的失业居民担任,利用他们对社区的熟悉度,对社区的治安状况进行管理;还可以培育社区志愿团体,定期探访社区的孤寡老人,互相帮助照顾孩子、监督孩子学习、促进孩子们互帮互助结成学习与游戏的伙伴团体,形成孩子用品和学习用具方面的交换、馈赠和轮流使用的互惠机制等。通过这些方式,社区居民的横向参与网络得以拓展,形成互助的规范和习惯,通过整合社区自身资源提升居民的自组织意识与能力,加强彼此之间的联系。这样一来,社区居民就不仅仅是社区服务的接受者,而是成为社区服务的生产者,"自助"的同时"助人"。当社区自组织能力和自我服务与动员能力提高时,社区参与网络、互惠规范和信任等社会资本更有助于形成社区归属感和认同感,提高社区组织运行与合作效率。

(四)打破外来人员和本地人员的隔阂,建立和谐社区关系

目前,社区服务和管理的主要对象是本地市民,对外来人员的服务较

少。总体上来说,社区管理人员对外来人员更多的是一种"负面"看法,例如禁止群租房等规定的实行。社区管理者并没有从城市化的高度和社区营造的意义上来处理与外来人员之间的关系。

城市化不仅仅是本地农村和农民的城市化,而且也包括外来人口的城市化。从城市化的过程来看,城市化是农民不断进入城市社区,甚至是城市不断接纳外来人员成为城市社区居民的过程。因此,社区管理者不能仅仅是防备和控制外来人员,不能把社区外来人员当成是一种短暂停留人员。在D社区中,有很多外来人员及其家庭已经在本市买房、生孩子、定居,已经是事实意义上的城市社区居民。长期将社区外来移民排斥在社区服务和治理事务之外,将进一步造成社区内的社会排斥与隔离,不利于社区意识的培育和社区安全,损害外来移民的公民权利并阻碍外来移民的城市融入和真正的城市化建设。

考虑到社区外来人员的不断增加,社区应该尽量使社区内的外来人员不断参与进来,使得本社区和外来人员不断加深联系。同时,这种人际网络也会促进社区安全性的提高,促进社区整合和外来移民的城市融入。对于本地人员和外来人员,可以采取以下几种方式促进他们的交流发展。

首先,语言和文化差异既可能阻碍交流,也可能创造契机。既然本地人员和外来人员语言不太通,那么可以从语言入手,比如组织方言大赛,用本地的方言和外来方言进行竞猜和游戏,保证趣味性的同时也会增进本地人和外来者的交流沟通,促进社区居民关系的建设。或者可以考虑举办不同地区美食大赛和共享活动,让不同地区和人群加深彼此的了解和理解。

其次,孩子是个重要的联系纽带和交流的媒介。很多外来人群家庭都有学龄前后的孩子,因此社区可以与学校一起举办亲子活动,一户本地人和一户外来人组成队伍,进行游戏或者与孩子相关的智力活动比赛。这样在增强沟通的同时也使得双方的关系更加紧密。所有类似的活动可以提供一定的激励措施,比如居委会掌握的社区公共服务设施的免费或优先使用,提供一些学习用具和玩具作为奖品等。

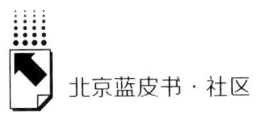

结　语

"村改居"社区面临的重要问题是社区治理理念和居民适应转型的速度远远落后于社区物理环境和基础设施，存在严重的社会与文化发展滞后问题。虽然 D 社区基层服务取得一定的成绩，但是仍然存在一些问题：首先，社区治理理念仍然停留在提供社区服务和行政管理层面上，缺乏对社区本质的充分理解以及对社区的培育意识；其次，基于现代化和城市文明的片面立场，忽视了"村改居"社区的历史特殊性，对地方传统和习惯缺乏尊重，对农民变成市民的转变过程缺乏耐心和理解，管理者习惯自上而下地从数据上而非从鲜活的社区生活和行动者角度观察社区，进而造成社区治理中的居民与基层社区工作人员之间的矛盾；最后，管理者缺乏从城市化的高度理解中国城市"村改居"社区的复杂性和重要性，无法理解城市外来移民进入城市正是中国城市化的重要步骤与体现，缺乏对社区租户和外来人口融入社区重要性的认识，无意中造成社区隔离及冷漠。

这些问题的解决需要社区基层转变治理理念，从社区管理者和服务提供者身份转向社区培育者身份，将社会工作"助人自助"的理念引入社区治理，着重培育社区自组织能力，使社区居民参与社区治理并成为社区服务的生产者；通过社区自组织过程培育社区归属感，促进市民与外来移民的互动和社区参与；培育具有地方文化和传统特色的而非单一的城市社区文化，形成习近平总书记所说的"留得住乡愁"的社区传统与集体记忆。

总之，社区根本的性质在于它是一种"休戚与共"的关系，而非简单的行政区划单位。如何形成社区感就是社区营造的最重要任务。其中的关键就是考虑如何打破隔阂，促进居民之间的沟通，在共同议题方面形成集体行动，进而形成社区感或社区意识。[①] 社区营造就是"经营"和"创造"社区感和社区意识而采取的一系列行动的过程。基于此，社区基层治理就要从

---

① 曾旭正：《台湾的社区营造》，远足文化事业股份有限公司，2013。

行政管理和服务提供转向社区的营造或培育，形成具有本地传统和文化特色的社区文化与归属，而非千篇一律的、单一的城市社区文化。这就要求社区基层治理要充分了解和理解社区本质，关注地方传统和文化的传承，促进社区自组织能力的培养，超越关于城"区"的"简单化"视角和行政管理视野来打造一种"共同体"关系。

B.7 门禁社区的兴起及其社会文化成因分析

宋 梅*

摘　要： 无论是在西方还是在东方，不同社会和民族共同体都曾有通过"城门"和"城墙"来实现隔离的历史，"墙"和"门"不仅是战争"堡垒"，更是一种安全符号，"门"和"墙"使身处其内的成员产生安全感。自20世纪70年代末开始，"门禁"——这种古老的城市防御形式在美国现代住宅综合体开始大量出现，随后在全球呈现出蔓延态势，那么门禁社区为何会成为一种文化图标而受到全球消费者的热烈追捧？门禁社区在全球蔓延的驱动力究竟是什么？门禁社区是否标志着邻里生活的本质发生了根本性转变？这些问题的解答既需要从历史与文化中寻找根源，也需要从全球化的影响与社区发展的政策转向来考虑。

关键词： 门禁社区　安全　生活方式

无论是在西方还是在东方，不同社会和民族共同体都曾有通过"城门"和"城墙"来实现隔离的历史，"墙"和"门"不仅是战略防御的"堡垒"，更是一种安全符号，"门"和"墙"使身处其内的成员产生安全感。自20世纪70年代末开始，"门禁"——这种古老的城市防御形式在美国现代住宅综合体开始大量出现，并发展成为一种越来越普遍的城郊住宅模式。"门禁"首

---

* 宋梅，北京市社会科学院城市研究所副研究员，研究方向：社区治理、社区感。

先被房地产开发商运用在退休住宅的规划与设计之中，后来它们既存在于农村的"乡村俱乐部"，也存在于城市郊区中产阶级家庭住宅之中。

20世纪80年代末以来，门禁社区的数量激增已成为一种全球性流行趋势，门禁社区的管理形式变得无处不在，既出现在高密度的城市地区，也出现在郊区的家庭公寓中，从美国到拉丁美洲、欧洲、亚洲，受到全球各地精英阶层的欢迎。在欧洲，门禁社区首次出现在沿地中海海岸的西班牙和法国。随后在20世纪90年代，马德里、里斯本、英国的郊区也建立了许多门禁社区。与此同时，它们也出现在维也纳、柏林、中欧和东欧的郊区住宅建设中。门禁社区的出现和全球蔓延的趋势是现代城市发展过程中一个不可忽视的新现象，"门禁"为何成为一种文化图标而受到全球消费者的热烈追捧？

"门禁"社区对于当代城市的发展究竟是利大于弊还是弊大于利，尚无定论，但它已经引起政府、社会和媒体的广泛关注，并产生了相当大的社会争议。对于那些生活在"门"之内和那些反对通过"门"形成隔离的人来说，门禁社区的主题是一个令人不安的社会问题。基于当前社会的现状，从居住在门禁社区之中的居民来说，门禁社区为他们提供更安全的社区环境，但这也进一步表明了人们对脆弱的社会结构和经济结构的深深不安。

不少建筑学家和社会学家试图从居住空间隔离与社会分异的角度来探讨门禁社区数量在全球迅速增长的内在原因。门禁社区的发展确实带来了一种新形式的住宅隔离，社区的"大门"是用来排斥外界的一种信号，借以维持"门"之内人的地位和威望，为生活在大门以内的人提供了一种安全感，防止陌生人进入社区制造安全隐患、破坏社区环境。门禁把社区分割成一个封闭的、私有化的空间，以前属于公共服务的部分变成私有化、专属化区域，并保持了人与人之间的社会距离，这对现代城市的空间、组织和制度秩序形成了巨大的挑战。

一 门禁社区的定义

根据研究学科的不同，门禁社区可以从不同角度加以定义和分类，但在现有的文献资料中使用较多并达成基本共识的定义是"为保障居民隐私与安全,限制'陌生人'的访问,对出入口进行管制的住宅区"。

二 门禁社区兴起的驱动力

(一)安全保障

从定义中不难看出"安全性"是门禁社区发展背后的首要推动力。"门禁社区"这个词容易让人联想起豪华的住宅和隐蔽的生活方式,在社区门口站着门卫,以防止所有非居民或不请自来的人进入社区。许多学术文献将它称为"封闭的社区",更是促进了这一观点的成立。

门和墙是物理屏障,是门禁社区的重点所在。在进入这些门禁社区之前,来访者需要出示自己的证件以及来自居民的授权,自愿搬进封闭社区的居民是选择了以自我为中心的生活方式,并渴望排斥外部世界的一切干扰。

门禁社区内部的道路形态呈现出循环曲折的,并有死巷的典型特征。这样的设计具有心理学意义:曲折的道路和死巷限制了谁来使用和谁可以进入该地区,作为一种威慑力量,针对所有非居民而设计,同时也使试图进入社区的罪犯更难以逃脱。此外,墙壁和门还可以提供视觉分离,遮蔽社会某些成员的好奇目光;城市中最富有、最有权力的群体,广泛使用围墙和戒备森严的大门来制造视觉障碍,从而与广大的市民隔离开。

门禁社区管理的方方面面都是为了加强对外部的警惕、防范。为了远离暴力的伤害,社区装置安全设施,例如,自动门窗锁、牢不可破的门、视频监控、私人监控、社区巡逻员,设置所有安全装备和保护人员的目的就是保护居民的人身和财产安全。有些生活在封闭社区中的居民担心自己的生活受到打扰,又加装了一些安防系统。这就是"门"和"墙"的蝴蝶效应,大部分生活在其中的人难以逃脱。

但总的来说,同一区域的门禁社区住宅价格相对于开放社区来说,有着10%以上的溢价,有证据表明,这主要是由于物业管理部门对社区环境的控制行为，从而降低反社会活动在社区中发生的概率。门禁社区的居民对社区的满意度集中在低犯罪率、有保障的停车位、平坦干净的社区内部道路和低水平的睦邻友好关系。虽然门禁社区的居民不重视参与社区公共生活，但他们注重建立友善的邻里关系。

（二）供需驱动

不仅富人出于隐私保护、财产安全选择了门禁，而且不少中等收入家庭也呼吁政府使用"门禁"、封闭的形式来管理社区，因为"门禁"可以释放出比"没门禁"更安全、更舒适的信号，而且可以更好地保护社区的物业价值，在一定程度上提供一套更为细致的管理社区内部事务的设施和服务，这正是需求驱动的主要观点。房地产开发商和地方政府为具有经济优势的社会成员提供门禁社区所需的服务和商品，当然，其他因素也助长了门禁社区的日益普及，如经济因素（经济的全球化导致贫富分化加剧）和社会因素（对犯罪的恐惧和社区公共生活的衰落）。房地产开发商作为投资者在门禁社区的传播中也发挥了重要作用，他们使用各种复杂的方式为其客户创造需求。开发商是门禁社区发展中最重要的"运动员"，通过承诺创造一种更安全、更隐蔽、更具有社会地位的住宅形式来刺激社会对新住宅的需求，"供给驱动"的主要方法就是房地产商开发"门"来制造居住隔离，从而创造人们对"门"的物理空间、经济安全、社会地位等多重功能的想象。

开发商是这样来凸显门禁社区的优势的，他们总是有相同的观点。他们赞美一个独特的、自由的生活方式，而不必面对城市的任何拥挤与限制。他们利用高收入阶层的保守思想，以及渴望按照自己的价值理念生活的心理，这种渴望来自世界其他地方表达的现代城市生活——俱乐部文化。

修剪整齐的绿色大草坪，豪华轿车停在院子中央的道路，打扮入时的女主人微笑着从门中走出来，电视、电影中会将富人的美好生活场景这样呈现给观众，虽然电视、电影往往会有虚构现实的成分，但这种生活方式确实存在。在中国乃至全球的大城市郊区或优美的公园附近存在着这样的住宅区，为了寻找安静的居住地，厚厚的隔断墙使他们与城市的其他地方完全分开，这些住宅区被处理为高档的门禁社区。经济条件允许的居民在选择住房前，会为了得到一个舒适的环境而增加住房成本投入。

（三）社会声望

门禁社区是社群主义的极端体现，旨在聚集同一社会阶层的人居住在一起。随着贫富差距的日益扩大，门和围墙作为不可逾越的障碍，将穷人和富人分开，门禁社区中的"门"是对富裕家庭社会地位的肯定，并提供了一种方法来排斥陌生人的干扰。

门是对不可预测的外部世界的警示和提醒，象征性地把社区从外部世界中区分出来，虽然居民居住在门禁社区中实际上可能并不是最安全的，但根据对门禁社区的居民调查报告来看，他们认为他们的邻居比其他社区更令他们感到安全，门禁社区为这些高收入家庭提供了心理上的安全感，并暗示了他们不愿意和低收入家庭居住在同一个社区之中。高收入阶层总是有钱购买高档门禁社区，使他们远离穷人。但是，通过环境控制，富人在生活环境上与社会孤立、隔离，很可能会导致高收入阶层更加偏执地不喜欢"贫穷"的邻居。因此，各种社会阶层之间的共存将越来越具有挑战性。寻求隔离和独立的社区可能引发社会分裂乃至崩溃，同样会导致公共生活出现巨大灾难。

在某种意义上，我们今天所生活的世界与以前历史上的世界相比，今天的世界是一个单一的世界，拥有整齐划一的经验框架，但与此同时，也创造出各种新型的分殊和裂变。现代制度的全部内容在于创造行动的环境，秩序的保证依据是现代性自身的动力学，而它切断了与外在标准的联系。

三 社会隔离与俱乐部管理

在现有的研究文献中，"门禁社区"的发展大部分以高度否定和批评的形式提出，因为这些文献都基于一个共同的假设：门禁社区会导致社会隔离。在大量的学术研究中，门禁社区的增长，都被看作贫富分化加剧的一个重要指标。

"门禁"创造了富人和穷人之间新的鸿沟，甚至有学者用"城市之墙"来加以概括。关于封闭社区的破坏性影响，学者一般将其归结为通过加强安防设施和技术创新，虽然提高了个人主义生活方式的可能性，却破坏了睦邻友好的传统社区关系，导致社区凝聚力下降。

但也有学者将门禁社区提供的服务和设施视为一种俱乐部产品，如购物中心、商业区、高尔夫球场和壁球俱乐部。俱乐部的优点既不是传统经济学意义上的"私人所有"，也不是"公共所有"。相反，它构成了一个混合体，其中自我选择的门禁社区共享了一系列的好处，使用其定价机制和会员要求，降低了公共产品的成本和"拥堵"程度，自发形成了权利和义务的捆绑，家庭愿意为维护他们的居住环境而购买公共服务，因为门禁社区为住户提供了一系列相对稀缺的产品，如安全、生活方式和社会声望。

同时，门禁社区可以促进更广泛的社区成员参与社区安全和社区财产的维护，改善社区内部环境，增进社区凝聚力。"门"可以作为社区居民参与改善内部环境的起点，为社区居民找到一个更安全、更好的家园环境，而不仅仅将"门禁"视为"孤立的个人主义"或是消费主义至上的象征，住房规划部门和决策部门都需要重视居民的参与和居民的实际需求。由于现代社会变得支离破碎，人与人之间的关系、人与环境的关系都发生了变化，门禁社区代表了一种排除他人的选择，但作为一个俱乐部的优势，它也可能发展成为一种更积极的住房发展模式。

公共空间中的社会关系和社会交往从根本上取决于居住市场和社会分配范围内的住房成员。住宅区位的分布和居住者的喜好不是一个随机事件，而是复杂的社会、经济和政治发展的产物，住房市场化过程中最重要的后果是住房消费模式会导致空间分化和社会隔离，但在大都市的门禁社区内部一定是居住着高度同质性的人群。

四 恐惧文化的建构与避险方案

门禁社区真正的问题不在于实际的"大门"和"围墙",而是为什么越来越多的人觉得需要它们。围墙和门究竟挡住了什么?答案是外部的恐惧。其实,恐惧并不总是有负面特征的。16世纪的英国哲学家托马斯·霍布斯认为恐惧是个人和文明社会必须有的意识,霍布斯甚至认为恐惧可以看作对新事件和大变化的一个相当合理的反应。

在21世纪的群体意识中,恐惧发挥着关键作用。媒体似乎越来越热衷于叙述各种令人产生恐惧的事件和社会问题,社会学者纷纷把21世纪的社会定义为"高风险社会"或"焦虑的时代"。焦虑、恐惧充斥着日常生活的社会空间,恐惧和焦虑与各种各样的社会问题有关:①对城市环境的恐惧;②对犯罪的恐惧;③对他人的恐惧;④对疾病的恐惧;⑤通过媒体放大令人恐惧的事件。恐惧作为一种独特的话语,成为一种文化,影响了人们的心理和选择。

恐惧是由人们对自身的情况和周围的环境做出的判断,但在一定程度上,恐惧心理也是社会建设的产品,恐惧的产生取决于自我,以及自我与他人的互动;它也塑造了一个文化脚本,指示人们如何应对安全威胁。因此,不应该将门禁社区居民的内心恐惧视为一种不言而喻的情感、一种想当然的观念,而是应该探究与恐惧有关的含义以及支配恐惧的经历,评判大众应对恐惧的方式需要对文化的影响进行评估。

人们对特定情况的反应是通过文化规范来引导的,宣传媒体与教育部门会告诉人们当他们面对威胁时,对他们的期望是什么,他们又应该如何回应和感受。随着特定的恐惧被培养出来,恐惧文化也被定义得越来越清晰。

媒体报道的犯罪事件是市民恐惧文化的一部分,而选择门禁社区则是市民应对的策略之一,摄像机、密码锁、防盗门和其他物理障碍都起到"封闭空间"的效果。正是恐惧将高收入阶层推向门禁社区这种类似于古代堡垒的居住形态。

商家也从这种恐惧文化中受益匪浅,越发热衷于与媒体一起制造"恐惧文化",并暗示各种应对策略。保持社区居民的同质性,公共空间的私人化、运动娱乐设施的俱乐部化都是开发商提出的"避险"方案。

实际上将门禁社区置于当代全球恐惧文化的背景之下,可以看出"门禁"并不是一个单一的文化现象。在宏观层面上,它反映了贫富两极分化加剧的社会现实,高收入阶层基于有限的设施,寻找社会隔离的空间策略(包括保护隐私和交通管制)。在微观层面上,虽然门的出现原因各不相同,甚至呈现出令人难以置信的多样化形态,但从社区物理形式对恐惧文化的应对角度来概括门禁社区的类型与功能会发现,研究门禁社区至少需要考虑八个因素:封闭功能、安全功能和设置障碍、便利设施、使用权类型、位置、大小、类型、政策背景。

门禁社区本不应是最有吸引力的居住地,但得益于21世纪恐惧文化的成功构建,门禁社区在全球获得了巨大成功,中国在建的新小区中将有1/3以上会建成门禁社区,有3亿以上的人将会居住在这样的社区,居住者选择门禁社区的最主要动机是出于安全的需要和对犯罪的恐惧。门禁社区实际上将会成为21世纪"恐惧文化景观"的重要组成部分。

当代社会处于人类有史以来最安全,也是最可怕的时代,在过去的几十年里,这个悖论在当代大城市的空间后果就是住宅的自动隔离及设防、空间的私有化、阶层的极化等。因此,门禁社区也受到不少批评,因为空间的私有化可能会威胁到公共服务的均等化。

空间的私有化,影响了当地政府为其他居民提供的公共服务,门禁社区在政策配套方面,是有一定问题的。首先,大城市的整个城市规划是没有充分考虑这种类型住房发展的配套措施,社区内的交通限制可能导致外来车辆完全无法驶入、停泊;其次,门禁社区可能还会导致一系列的次要问题,在考虑城市更新的背景下,老旧小区的改造不仅改变了住房的外立面,也将原来单位分配的"老公房"封闭了,物业管理和管理费的收取与支出标准也难以得到老业主的同意。

参考文献

Blakely, Edward J., and Mary Gail Snyder. 1997. *Fortress America: Gated Communities in the United States*. Washington, DC: Brookings Institution Press and Lincoln Institute of Land Policy. pp. 197 – 199.

Sanchez T W, Lang R E, Dhavale D M, "Security Versus Status? A First Look at the Census's Gated Community Data," *Journal of Planning Education and Research*, 2005, 24（3）: 281 – 291.

Manzi T, Smith-Bowers B. "Gated Communities as Club Goods: Segregation or Social Cohesion?," *Housing Studies*, 2005, 20（2）: 345 – 359.

Blandy S, Lister D, Atkinson R, et al, "Gated Communities: A Systematic Review of the Research Evidence," *CNR Paper*, 2003, 12: 1 – 65.

Furedi, F, "The Only Thing We have to Fear is the 'Culture of Fear' Itself," *American Journal of Sociology*, 2007, 32: 231 – 234.

地方实践与经验篇

Local Practice and Experience

B.8
北京市网格化社会服务管理体系建设的回顾与思考

殷星辰*

摘　要： "十二五"时期北京市网格化社会服务管理体系初步建成，同传统的社会服务管理手段相比，网格化服务管理适应了新形势、新任务的要求，更加积极、主动、自觉，具有权责范围清晰化、信息资源共享化、力量资源整合化、服务管理高效化、社会效益综合化等突出特点，但也存在着认识模糊不清、法律法规滞后、监督评价机制不健全、网格管理员的业务素质不高、社会组织和社会单位参与不够、在信息系统建设方面缺乏全市统一的标准等问题，下一步

---

* 殷星辰，北京市社会科学院首都社会治安综合治理研究所所长、研究员，研究领域为社会治理、社会稳定、社会治安。

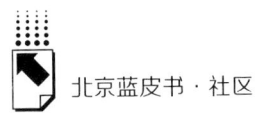

应重点抓好创新理念、加快相关的立法进程、创新监督评价体系等项工作。

关键词： 网格化 社会服务 社会管理

2015年是北京市"十二五"规划收官之年，2011年制定的《北京市国民经济和社会发展第十二个五年规划纲要（2011~2015）》在深入推进社会服务管理创新方面提出的目标是："把健全基本公共服务体系、促进基本公共服务均等化作为社会管理的重要基础，完善社会管理格局，创新社会管理机制，加强城乡社区建设，充分发挥社会组织作用，积极推动社会参与，逐步建立与中国特色世界城市目标相适应的社会管理体系"。笔者收集了近五年来北京市在网格化社会服务管理体系建设方面的主要资料，并对一些重点创新项目做了实地考察和调研，在此基础上对北京市网格化社会服务管理体系建设进行了分析和思考，形成相关论点。

一 北京市网格化社会服务管理体系建设的实践及特点

从党的十六届四中全会提出"构建社会主义和谐社会"的目标以来，北京市委、市政府就积极响应党中央的号召，把加强社会服务和创新社会管理放到重要位置来抓，在全国率先成立了党和政府负责社会建设的专门机构，2010年召开北京市社会服务管理创新推进大会，确定了以网格化社会服务管理为重点的社会服务管理创新综合试点。2011年制定的《北京市"十二五"时期社会建设规划纲要》明确提出，要"按照'城市管理网格化、社会服务精细化'的要求，在加快推进社会服务管理创新试点的基础上，全面推广网格化社会服务管理模式"。为落实该《纲要》的要求，2012年北京市召开了网格化社会服务管理体系建设推进大会，出台了《关于推进网格化社会服务管理体系建设的意见》，计划用一年左右的时间，初步建立起网格化社会服务管理工作体系框架。

各区县按照市委市政府的统一部署,在推进网格化社会服务管理体系建设过程中,既形成了各自的特色,也有许多共同之处,比如普遍的做法是充分利用现代信息技术,把网格化社会服务管理的过程划分为信息收集、甄别立案、任务派遣、任务处理、处理反馈、检查结案等阶段,各个阶段环环相扣,成为一个整体,并明确各阶段的基本任务、岗位职责、完成时限,将社会服务管理事项中的发现、分析、执行、监督四种权力分开,四者相辅相成,初步形成了网格化社会服务管理的一般工作模式。比如,东城区研发并上线了区、街、社区、网格四级信息系统,分门别类建立动态数据库,为每个网格配备移动终端,实现各类信息的及时上报,实现"人进户、户进房、房进网格、网格进图"的动态化管理。根据辖区的不同特点和服务管理对象需求的差异,将"网格区分为住宅类、商业商务类、商住混合类、机关企事业单位类、人员密集场所类、其他类等六种类型,并按照社会管理秩序、治安环境状况,将所有网格划分为日常管理、一般防范、重点关注和综合治理四个等级",[1] 实行分级精细服务和管理。"西城区建立'全响应'社会服务管理平台,实现行政服务、社会服务、城市管理、社会管理四个功能的有机整合。朝阳区建立全模式网格化社会服务管理系统,形成了'信息报送、受理立案、任务派遣、任务处置、处置反馈、核查结案、监督评价'七步闭环工作流程,建立了信息采集维护、高位监督评价和任务协调处置等工作机制"。[2] 密云县学习借鉴城市网格化管理的先进理念和成功经验,结合本县地域辽阔、山区多、人员居住分散的实际情况,探索建成了"一网建设、两级指挥、四级服务管理"的网格化体系框架,在全市率先将网格化服务管理由城市延伸到了农村地区,将20多个部门的250多项服务管理职能融入网格,实现了对县域内城乡人、地、物、事、组织的服务管理全覆盖,有力提升了基层社会管理和公共服务水平。截止到2015年底,北

---

[1] 熊炎:《北京市网格化社会服务管理体系的推广与完善》,《北京行政学院学报》2013年第3期。
[2] 熊炎:《北京市网格化社会服务管理体系研究》,《江西警察学院学报》2013年第2期。

京市各区县均成立了城市管理指挥中心，对所辖行政区划分了网格，建立了网格化社会服务管理体制机制，《北京市"十二五"时期社会建设规划纲要》提出的"全面推广网格化社会服务管理模式"的目标基本实现。

同传统的社会服务管理手段相比，网格化管理适应了新形势、新任务的要求，更加积极、主动、自觉，具有以下几个鲜明特点。

第一，权责范围的清晰化。按照"一网建设、两级指挥、三级平台"的网格化运行体系，搭建起网格化社会服务管理信息平台，构建了及时发现问题并快速处置的信息化指挥系统。本着方便群众、易于管理的原则，科学合理划分基础网格，每个网格都以特定的地理区域和服务对象为管理单元，将基层社会服务管理终端由传统社区（村）向前延伸到网格；网格责任人主动开展日常例行巡查、上门了解需求、发现事项上报，将"事后介入"变为"事前掌控"。

第二，信息资源的共享化。充分运用电子地图和现代信息技术，通过建立社会服务管理基础数据库，将收集整理的各类信息分门别类地录入基础数据库，将各相关职能部门的社会服务管理职能融入网格，确定各类事项的主责部门、办理标准和办理时限，实现按照职责、权限，共享、共用社会服务管理信息数据。

第三，力量资源的整合化。以居民需求和社会管理需要为核心，建立统一的资源调度和协调机制，以制度化的方式整合各部门相对分散的社会服务管理人员并将其融入网格中，使之共同构成了社会服务管理的执行主体。同时，以区域化党建为统领，以网格为载体，广泛开展共驻共建活动，为社会力量履行社会责任、社会组织提供公益服务畅通了对接渠道。

第四，服务管理的高效化。通过在网格化信息系统中实时记录每个环节的责任单位、时间节点，实行全程智能化闭环管理，事项的上报、分析、分派、处理、反馈等很多中间环节都实现了扁平化和信息化，既可以通过进入网格的职能部门，及时为群众提供快捷、便利的服务，实现动态化、可溯源、有时限的社会服务管理，又可以更加精确、及时掌握基层发生的各类事件和不稳定因素，提前采取稳控措施，实现动态过程中的"底数清、情况明"，做到社会服务管理的精确、快捷、高效和全时段、全方位覆盖，提升了服务和管理的效率。

第五，社会效益的综合化。网格化社会服务管理反映和解决的都是关系人民群众切身利益的问题，这些问题的及时解决让广大群众切实感受到政府务实、高效、为民的工作作风。通过广泛运用新技术、新手段，各部门服务管理职能融入网格，各类社会管理力量高度整合，初步实现了科学配置管理人员，走出"人海战术"的怪圈，节约了大量的沟通成本和人力成本，广大群众反映"社会服务管理方面的渠道变得越来越快捷、通畅"，在一定程度上提高了他们参与服务管理的积极性和主动性，有利于实现群众和政府的良性互动，进一步体现了群众的主体地位。

二 北京市网格化社会服务管理体系建设存在的主要问题分析

虽然北京市的网格化社会服务管理体系建设取得了一定的成效，但与党的十八大报告提出的要求相比，与北京市建设中国特色世界城市的目标相比，还有比较大的差距。

（一）对实行网格化社会服务管理的认识模糊不清

网格化社会服务管理模式是信息化时代应运而生的新生事物，人们一时还看不透其实质和重要意义。有些管理者本末倒置，把这一模式仅仅看作"管人"、"管事"的新手段，有意无意地忽视这一模式的核心和实质是为人民群众提供更优质、更精准、更富效率的服务。有些管理者犯有严重的路径依赖症，对技术进步给社会带来的深刻变化认识不够，对人民群众日益增长的物质文化需求估计不足，对传统公共服务提供方式和社会管理模式的缺陷认识不清，对信息化手段在当前及未来社会服务管理工作中的重要地位和作用认识不足，认为自己对现有的服务方式和管理手段得心应手，搞网格是自找麻烦，平白无故增加了许多不必要的工作量，没必要搞这种所谓的创新。

还有些人面对新生事物产生了畏难情绪，面对网格化社会服务管理模式运用的现代信息技术和手段惊慌失措，出现了"本领恐慌"，却又缺乏迎难而上、奋起直追、克服困难的勇气和毅力，主观地排斥和阻挠网格化社会服务管理模式的推广和运用。

（二）相关网格化社会服务管理的法律法规滞后

网格化社会服务管理必须以依法行政为基础，即通过建立和完善相应的社会服务管理法律法规支撑体系，通过法制手段来规范、制约、调整和克服立法不足以及某些方面存在的执法随意性等问题，逐步解决社会管理法规规定的执法程序简单、抽象、可操作性不强和处罚手段单一、强制力不足的问题。梳理并及时废止过时或可操作性不强的法律法规，逐步解决目前政府部门立法分散、适用法规混乱而导致的相同行政违法行为却有不同处罚结果的混乱局面。

（三）网格化社会服务管理的监督评价机制不健全

当前对网格化社会服务管理模式的考核监督评价更多的是通过网格化社会服务管理信息平台的有关数据资料和相关制度形成内部考核监督评价，缺乏动态、实时和阶段性的横向比较评价，也缺乏来自外部，特别是来自服务管理对象的监督评价，存在着"自我监督多，外部监督少；柔性监督多，刚性监督少"的情况，需要进一步建立完善内部评价和外部评价相结合的考核监督评价体系。

（四）网格管理员的业务素质不高

当前，处在基层一线的网格管理员的主要来源是各类协管员和公益性就业岗位人员。在管理体制上，基层镇街作为网格管理员的实际用人单位，由于没有招录权、辞退权和考核权，存在"用人的不管人、管人的不用人"现象，难以实施有效的日常管理；在工作职责上，同一地区的不同部门协管员由于岗位不同，存在着工作量和管理宽严度不一的现象。网格管理员原有职责和现有职责相差较大，实现工作职责由条向块转变，需要加强业务整合和技能培训。

（五）社会组织和社会单位参与不够

社区自治功能不强，社区居委会在人员报酬、工作经费、绩效考核等方面在很大程度上受制于基层政府及其派出机关，承担着大量的行政事务，自我管理、自我教育、自我服务的能力不强。社会组织发育不充分，数量少、规模小、专业化程度低、结构不合理，为社区提供的服务有限，没有形成有效的社会动员与社会参与机制。驻区单位资源开放有限，没有承担起辖区内共驻共建的社会服务管理责任。

（六）在信息系统建设方面缺乏全市统一的标准

各区县信息平台建设试点过程中过于强调要符合自身实际，造成各自特点突出，但共性不足，为全市今后实现信息资源共享造成一定的技术障碍，给信息资源整合带来了一定的困难。

三 进一步完善网格化社会服务管理体系的几点思考

进一步完善网格化社会服务管理体系，必须坚决贯彻落实党的十八大、十八届三中全会、四中全会和五中全会提出关于社会建设、社会治理创新的一系列新精神，重点在以下几个方面取得新进展、新突破。

（一）创新网格化社会服务管理理念

创新理念决定网格化社会服务管理模式发展的方向，在实践中要切实树立三个理念：一是树立服务至上的理念，政府所做的一切不是为了把人管起来、把社会管起来，而是为了提供更好的服务、更好地服务群众，要坚决摒弃管制思维，从重管理、轻服务向以人为本、服务为先的思维转变，重视社会管理在改善人的生存和发展环境中的重要作用，以服务促管理，通过强化政府部门的公共服务职能，实现对社会管理方式的变革、手段的创新和水平的提升。二是树立以技术创新引领社会服务管理模式创新的理念。目前互联网技术和信息技术已经深刻地改变社会的运行方式和模式，在一些社会领域已经实现颠覆性的变革，政府要跟上社会变革的步伐，就必须重视对新科技的应用，以技术创新引领社会服务管理模式的创新，通过不断地吸纳新技术而不断地改进、完善社会服务管理的方式、方法和手段，以此来满足社会和群众不断变化的各种需求。三是树立终身学习的理念。当前我国仍以领先世界各国的高速度在向前发展，祖国的面貌日新月异，知识更新的速度超过人类有史以来的任何时期，不学习则退步，就有可能被时代的列车抛弃，因此政府的各级工作人员必须树立终身学习的理念，要永不停歇地以科学的理论和先进的技术知识武装自己的头脑，唯有如此才能解决"本领恐慌"问题，做好本职工作。

（二）加快与网格化社会服务管理模式相关的立法进程

要坚决贯彻落实党的十八届四中全会提出的建设法治政府的新要求，首先"实现立法和改革决策相衔接，做到重大改革于法有据、立法主动适应改革和经济社会发展需要"，加快与网格化社会服务管理模式相关的立法进程，确保网格化社会服务管理模式在法治的轨道上运行。突出强调人民群众在社会管理中的主体地位，将法治保障与社会协同、公众参与有机结合起来，通过行政程序立法，依法保障群众知情权、参与权、表达权、监督权，动员组织群众和社会组织依法理性有序参与社会服务管理，积极探索群众和社会组织参与社会服务管理的有效途径，力求做到有法可依、健康发展，使这一模式不断走向成熟规范。

（三）创新网格化社会服务管理监督评价体系

建立健全内部评价和外部评价相结合的网格化社会服务管理监督评价机制，科学合理设计内部评价模型和指标体系，根据网格化信息平台自动记录的有关数据资料，实时生成内部评价结果，做到日常工作考核标准量化。同时，让社会公众参与到网格化社会服务管理中，由有关人员和第三方机构通过走访、电话询问等不同方式征求群众和有关方面的意见，进行主观评价。及时向各级平台和广大群众公布有关评价结果，接受相关部门和广大群众的监督。防止因缺乏有效的监督跟踪反馈机制，群众反映的问题得不到及时有效解决，挫伤群众的积极性，损害政府的公信力。

（四）加强网格化社会服务管理体系建设的顶层设计，推进服务管理职能有序融入

网格化社会服务管理工作模式深刻地改变了政府的运行模式和工作流程，城市管理监督指挥中心的人—机信息系统已经承担信息收集、甄别立案、任务派遣等环节的主要任务，相关部门的职能主要是提供服务和解决问题。这就要求对政府的现行工作模式进行调整，这就需要加强网格化社会服务管理体系建设的顶层规划设计，加强工作的组织领导和财政投入，逐步推动区县级网格化指挥中心与应急、非紧急救助、综治维稳中心融合，依托非紧急救助服务热线，将现有的城管热线、社区服务热线、质量监督热线、工商热线等各类公共服务热线整合为统一的市民服务热线，丰富扩展服务功能，实现网格事件的自动转办和回复。镇街级网格化指挥中心与便民服务中心、综治维稳中心融合，将社区（村）社会服务管理站作为基层服务管理平台，利用开放性的信息服务平台系统，以整合服务管理职能为核心，加强网格管理员的业务培训，逐步推动与民生密切相关的社会服务管理职能融入网格，使服务管理职能融入的速度与网格管理员业务能力的提升相适应，逐步实现社会服务管理的网格化、全覆盖、无缝隙、精细化。

（五）创新完善网格化社会服务管理模式的社会参与机制

完善社会组织培育扶持和管理政策，通过合同外包、政府补贴等机制，培育发展各类服务性、公益性、互助性社区社会组织，鼓励引导社区社会组织和各类志愿者参与社区管理服务。通过区域化党建、联合党委等党建模式和驻区单位联席会议等议事决策机制，树立社区服务驻区单位和驻区单位服

务辖区居民的意识,引导和鼓励驻区单位参与网格化社会服务管理,科学有序开放单位资源,承担社会责任,缓解停车管理、活动场所不足、老年人就餐难等热点难点问题。充分发挥社区的自治功能,将居委会承担的行政事务移交社区网格化社会服务管理工作平台,推进社区居民依法民主管理社区公共事务和公益事业,切实保障居民知情权、参与权、决策权、监督权,增强社区居民的认同感和归属感。充分发挥社区居委会成员、居民代表、楼门院长等网格管理员联系群众的桥梁纽带作用,引导社区居民自觉参与网格化社会服务管理,为网格化社会服务管理奠定坚实的群众基础。

(六)建立全市统一的网格化社会服务管理信息系统技术规范标准

从某种意义上讲,"没有成功的标准化体系,就没有成功的社会管理创新"。因此,网格化社会服务管理信息系统技术规范标准化非常重要。要充分利用已有信息系统,整合各类信息资源,建立全面覆盖、动态跟踪、联通共享、功能齐全的社会服务管理综合信息系统,从管理层级、网格划分、数据结构、管理方法、业务流程等方面入手,加快"制定全市统一的数据结构、数据内容、数据编码、数据交换和系统接口等技术规范",[1] 努力解决人、地、物、事、组织等基础信息不全、不准、不新的问题,提升网格化社会服务管理体系"人性化服务、精细化管理、多元化参与、信息化支撑"的水平。

---

[1] 王名、杨丽:《北京市网格化服务管理模式研究》,《中国行政管理》2012年第2期。

B.9
北京市资源环境承载压力与社区应对策略分析

杨 波[*]

摘 要： 随着经济增长和人口规模的不断扩大，北京城市发展进入一个新的增压期，正确处理资源环境基础的开发与保障关系是北京市现代城镇化健康可持续发展的关键所在。分析发现，北京市资源环境基础五大要素具有人均拥有量小、基础损耗高的特点。针对北京市未来城镇化过程中面临的人地关系紧张问题和资源环境压力，本文提出了以下三点建议：①建立完善规划管理体系，依照主体功能区规划协调各县区发展；②进一步调整产业结构，促进资源环境要素高效集约利用；③夯实资源环境基础，保障外部资源环境要素供给畅通。

关键词： 现代城镇化 资源环境基础 可持续发展 北京

引 言

城镇化问题是当代中国社会经济发展的重大问题，是涉及国民经济各个部门如何协调、如何合理发展的大问题，也是涉及自然资源的合理开发利用、环境基础、农村人口适度转化和人类生存空间高质量化提升的根本问

---

[*] 杨波，北京市社会科学院城市研究所助理研究员，研究方向：城市地理、社区政策。

题。随着经济社会的飞速发展，我国的城镇化步伐也在不断加快。根据中国科学院可持续发展战略研究组发布的《中国新型城市化报告2012》可知，2011年的中国内地城市化率首次突破50%，达到了51.3%。同时，该报告也指出了中国城市化存在的诸如城市化与工业化不匹配、土地城市化快于人口城市化、非公平、非集约、非成熟等五大弊端。随着高速城镇化推进过程中的负面影响不断发酵，城市的健康与可持续发展逐渐受到学者与城市管理者的关注。

作为中国的首都和北方的最大城市，北京同样面临着亟待解决的问题。改革开放以来，北京市的经济发展取得了长足的进步，GDP从1978年的108.84亿元增长到2015年的3867.77亿元（按可比价计），增长了34.5倍；人均GDP从1978年的1290元增长到2015年的17851元，增长12.8倍。在经济总量增长的同时，产业结构也在不断地调整，图1所示为三次产业占GDP的比重情况。通过图1我们可以明显地看出三次产业结构变化的情况。大体可以概括为第一产业所占比重先增后减，第二产业所占比重持续减少，第三产业所占比重持续增长。

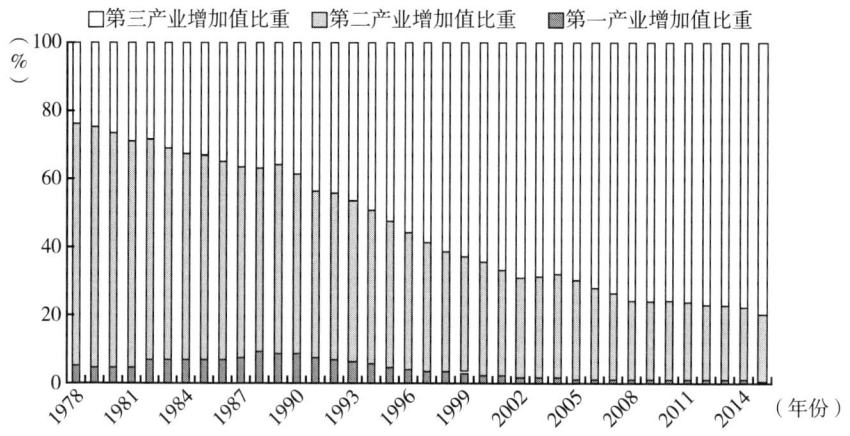

图1　1978~2014年北京市三次产业占GDP的比重情况

资料来源：《北京统计年鉴2016》。

伴随着经济增长和产业结构的不断调整，北京市人口城镇化率也随之变化。按常住人口规模计算，人口城镇化率从1978年的54.96%提高到2015年的86.51%。无论从人均GDP还是从人口城镇化率来看，北京市的均接近发达国家水平。另外，北京市经济城镇化率，即市辖区GDP与全市GDP比值也在逐年增长，到2015年，北京市经济城镇化率达到99.39%，增长速度显著高于人口城镇化率。考虑到全国人口的总体规模还在不断增长、城镇化的进一步深入，结合北京市总体发展定位，在这三大因素的共同作用下，未来北京市人口规模将进一步扩大，北京城市发展也将进入一个新的增压期。

针对这一问题需要谋划出科学合理的宏观发展战略，通过合理调控人地关系，以达到城市健康可持续发展，以最科学、最节约的资源消耗方式推进现代城镇化进程。实现这一切的出发点，正是资源环境基础开发与保障。

按照资源环境基础论的观点，作为地球物种的一个种群，物质的供应和保障始终是人类社会生存和发展的第一需求。资源环境基础是指人类社会赖以生存和发展的一切物质来源，或可称为地球表层物质集合体。根据地球表层的物质世界的组成要素，最终确定人类社会发展的资源环境基础包括：淡水、土地、矿产、能源和其他生态系统资源（环境）。根据对人类文明进步所起的作用，上述资源环境要素可以划分为生存要素和发展要素两大类，其中，人类文明生存要素包括土地、淡水和其他生态系统资源三大资源环境要素；人类文明发展要素包括能源和矿产两大资源要素。

按照这一表述，现代城镇化进程中的资源环境基础即人类社会占用和消费的地球表层资源环境要素。按照以往的观点，由于城镇是第二产业和第三产业的主要空间集聚地，因此了解这两个产业活动的资源环境消费状态便基本可以了解城镇发展的资源环境消费或占用情况（见表1）。

表1 社会生产的资源直接占用及消费部门构成

单位：%

资源种类\项目	社会生产总占用量	农业	工业	服务业
土地资源	100	85~90	3~5	7~10
淡水资源	100	70~75	15~20	5~15
金属矿产	100	>1	92~95	4~7
矿物燃料	100	3~5	65~70	27~30
大气环境	100	10~15	60~70	20~25

一 北京市资源环境基础特征及压力分析

现代城镇化的资源环境基础组成要素可以归纳为淡水、土地、矿产、能源和生态环境五大部分。无论是对未来城镇化发展趋势进行科学判断，还是为北京城镇化健康发展提供对策建议，都需要对资源环境基础五大要素进行分析，进而了解城镇化进程中所面临的资源环境压力，以此寻求调控人地关系的立足点。为方便分析度量生态环境要素，本文用森林面积替代。

（一）北京市资源环境基础总体评价

早在三千多年以前，北京周边就出现了原始部落，随着历史的发展，北京城逐渐从周代北方的一个封国（蓟）演变为中国封建王朝后期最大、最重要的政治中心。随着人类文明对资源环境长达几千年的开发与占用，北京周边的资源环境基础各要素均承受着巨大的压力和挑战。北京市资源环境基础五大要素具有人均拥有量小、基础损耗高的特点。

表2所示为北京市资源环境基础各要素人均指标与全国及世界平均水平的比较，可以发现，北京市人口密度达到1195人/平方公里，土地占用强度极高。在城镇化影响下，人均可耕种土地面积有限，仅为0.012公顷/人，人均水资源、森林面积等生存要素指标相比于全国及世界平均水平同样较低。由于北

京市定位及环境保护的需要,矿产资源的开发受到严格的限制,区内矿产资源的占用及消费主要来自区外。按照一次能源折算成标准煤计算得到的人均能源拥有量也与世界平均水平存在较大的差距,人均拥有量不足世界均值的10%。

表2 北京资源环境基础各要素人均指标与全国及世界平均水平比较

范围\指标	人口密度(人/平方公里)	人均可耕地(公顷/人)	人均水资源(立方米/人)	人均森林面积(公顷/人)	人均矿产拥有量(美元/人)	人均能源拥有量(吨标准煤/人)
北京	1195	0.012	124.3	0.027	—	0.25
中国	136	0.105	2141.4	0.134	0.53	1.58
世界	48	0.202	63720.7	0.589	1.066	2.55

注:为便于比较,北京市指标值根据2010年数据计算,中国和世界指标值根据2005年数据计算。

北京市资源环境基础损耗高主要体现在要素消费增长和生态环境破坏两个方面。长期的城市发展造成土地、淡水、森林开发潜力越来越小,迅速增长的资源消费以及由此引发的环境破坏愈发严重,其中以能源矿产消费的增长和大气环境的破坏最为突出。因此,北京城镇化过程中形成的庞大的人口数量、迅速提高的生活水平以及传统的资源环境开发理念对各要素均造成巨大的压力。

(二)北京市资源环境基础生存要素分析

由表2可以看到,北京市城镇化进程中对土地、淡水和森林等资源环境基础生存要素的占用量较高。

在土地资源方面,一是城镇化过程中直接占用土地要素的增长,二是间接(和诱发)占用土地要素的增长。直接占用方面,北京市建成区面积从2000年的490.1平方公里增长到2015年的1289.3平方公里,增长了163.1%。另外,随着人口规模的不断扩大,居民对粮食、食用油、肉类、禽蛋、蔬菜、水果等食品的消费也在不断增大。尽管北京市域范围内农用地占土地比重达到了67%,但无论是食品消费规模还是结构都存在巨大缺口。

因此北京市城镇化进程中对土地要素的间接占用面积大，随着城镇牛羊肉消费量的提高，间接占用的草场面积也在不断提高。

在淡水资源方面，作为典型资源型缺水区，北京市淡水资源与人口及经济发展匹配性差，2015年北京市全年水资源总量为26.8亿立方米，全年总取用水量为38.2亿立方米，缺口高达11.4亿立方米，除少部分地下水超采情况外，主要缺口由再生水、南水北调用水及应急供水填补。除去食品消费中所占用的间接用水外，北京市直接用水的保障区从新中国成立初期的本市区域内扩展到周边坝上地区甚至长江流域的丹江口水库区，用水规模的扩大使跨流域调水成为北京直接用水的重要来源。在用水产出效益方面，随着北京城镇GDP的高速增长，以及工农业用水效率的提高，北京市单位GDP水耗逐年下降，已经从2001年的104.91立方米/万元下降到2015年的16.6立方米/万元，这一指数已达到发达国家的平均水平。

森林是维持生态系统稳定的重要资源，在固碳生氧方面起到至关重要的作用，另外，森林同样会影响大气环境、水环境等诸多方面。作为重要的资源环境基础生存要素，2015年北京的森林覆盖面积达到74.5万公顷，森林覆盖率达到41.6%，达到东京（33%）、伦敦（34.8%）等国际大都市水平，但由于人口规模巨大，北京人均森林面积仅为265.3平方米。2015年北京市建成区绿化覆盖率达到48.4%，在全国大中城市中名列前茅，但"三废"治理水平有待提高。

（三）北京市资源环境基础发展要素分析

资源环境基础发展要素主要包括矿产资源和能源两大类。

北京市国土局公布的《2009年度北京市矿产资源年报》显示：北京市矿产资源总量相对不足，仅有煤炭、铁、水泥用灰岩、冶金用白云岩、建材非金属等矿种总量比较大，并且基础储量所占比例也较高；其他矿种则总量较小，基础储量比例也偏低，且有26个矿种基础储量为零。

根据北京市城市总体功能定位、经济社会发展以及生态环境保护的需要，能源与矿产资源的区域内开发受到极大的限制。以矿产资源开发为例，根据2010年国土资源部批准的《北京市矿产资源总体规划（2008～2015年）》要求，为保障首都经济结构调整和减少环境污染等目标的实现，北京市对矿产开发将逐步进行限制和禁止，北京市城镇化发展消费的矿产资源主要来自区外供应。

然而，大规模工业化及城镇化进程离不开能源与矿产资源的开发及利用，尤其是现代城镇化发育阶段，随着财富积累能力的迅速扩张和人口急剧膨胀，城镇的能源及矿产消费呈现出快速增长态势。

如图2所示，在能源消费（占用）方面，随着工业化建设展开及城镇化进程的深入，北京市能源消费总量逐年递增。1980～2015年，北京市能源消费需求增长了2.6倍，能源消费总量达到6852.6万吨标准煤，其中2015年北京市一次能源生产量为545.6万吨标准煤，二次能源生产量为3476.8万吨标准煤，能源缺口大，地区能源高度依赖区外供给。在消费需求不断增长和能源资源流动规模不断扩大的共同作用下，中国能源供应的平均运输距离也在不断延长。另外，由于技术进步及产业结构调整，能源利用效率逐年提高，万元GDP能耗由1980年的13.71吨标准煤下降到2015年的0.34吨标准煤，年平均能耗下降率达到10.0%，但仍有下降空间。

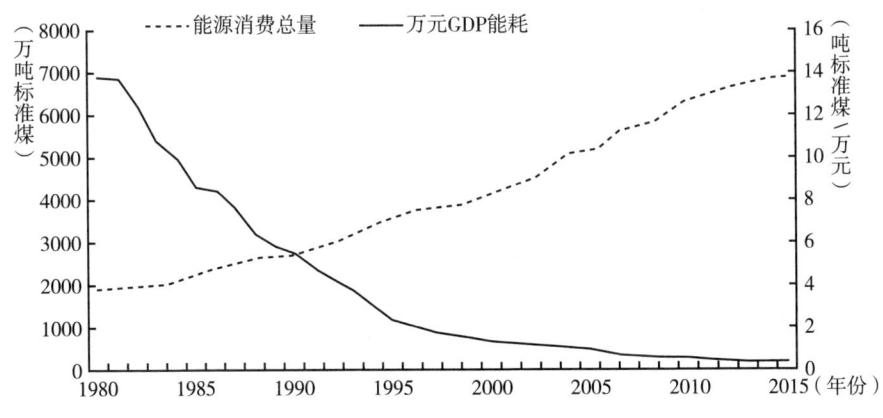

图2　北京市能源消费情况

二 北京市社区发展与资源环境承载压力的关系分析

社区作为城市中的居民聚居地,是城市发展的产物和城市组成要素,社区的发展也必然受到资源环境的制约。这种制约体现在生产、生活和生态三个方面。

各类资源环境基础要素对城市内部生产活动的支撑与约束作用如前文所述,资源环境支撑了城市的发展,其集约效应促进了人口在城市中集聚,从而形成社区的基础。生活层面,居民所需的物质能量都来自资源环境系统的转化与输入,其中包括土地、淡水等资源要素支撑下的粮食、蔬菜、食用油、猪肉、牛羊肉、禽蛋、水果等,依靠矿山生态系统输入各类原料、燃料等。生态层面,资源环境要素影响了居民长期生存空间的质量,水环境、大气环境都是不断影响城市居民生活质量的重要因素。总体上看,资源集约利用有利于环境污染、人口膨胀、交通拥堵、资源短缺等城市病治理,从而提升居民的生活质量。

同样,社区发展模式对资源环境基础也有一定的反馈作用,这主要体现在社区居民生活方式,尤其是消费方式影响资源环境支撑作用下各类产品的消耗。居民生活水平的提高和居民对生活品质的要求可能进一步加剧资源的消耗,但随着文化水平和文明程度的提升,城市和社区环境有望得到改善。随着社区服务设施的健全,居民出行半径减小,有助于减少车辆的使用,从而减少能源的损耗。

三 缓解北京市资源环境承载压力的二元策略

(一)城市层面缓解北京资源环境承载压力的措施

北京市在未来城镇化过程中,必然会继续面临资源环境基础相对脆弱、人口规模不断扩大、社会经济持续发展进而需求随之增强等诸多问题,鉴于此，本文提出以下对策。

1. 建立完善规划管理体系，依照主体功能区规划协调各县区发展

由于缺乏理念及一致性的目标，现已开展的多种类型的规划及管理的协调性有所欠缺，因此协调各类规划，建立统一完善的规划管理体系势在必行。2012年9月，北京市发布《主体功能区规划》，为城市空间优化、区县协调发展、产业结构调整、生态环境保护提供了指导。为缓解北京市内资源环境基础压力，除了对提供直接消费（占用）要素的区域进行空间内产业结构调整，促进各要素高效利用外，还应对提供间接或诱发消费（占用）要素的区域给予保障和补偿。

2. 进一步调整产业结构，促进资源环境要素高效集约利用

要推进城镇化与现代化进程，改善人地关系紧张的局面，就必须对城镇产业结构进行深入调整。在城镇化快速发展过程中，制造业的财富积累作用只有通过第三产业的充分发展才能得以展现。因此北京市在城镇化进程中，应当加快推动财富积累的主要职责从第二产业向第三产业转变，另外，积极推进人口城镇化，使其与经济城镇化水平相协调，降低第三产业的准入门槛和标准，最大限度地调动一切财力、物力实现产业结构调整这一战略目标。

3. 扩大资源环境基础，保障外部资源环境要素供给畅通

由于长期的开发占用，北京市资源环境基础生存要素的开发潜力接近极限阈值，发展要素更是依赖外部供给。为应对健康城镇化发展的需求，着重提高资源环境基础对外依存程度，积极争取区外资源要素供给，降低市域范围内资源要素开发规模。森林等生态环境资源及淡水是北京市未来发展的关键要素，也是维持城镇化健康可持续发展的重要基础，适度调节森林和淡水资源的开发与利用也是为了满足北京市城市定位的需要。在产业结构深化调整的一段时期内，北京市经济发展与财富积累仍有赖于能源及矿产资源的大规模消费和占用，因此需要建立良好的能源矿产运输体系，完善运输、仓储等相关基础设施建设，从而保障能源及矿产资源通道的畅通。

（二）社区层面缓解北京资源环境承载压力的措施

1. 完善社区周边服务设施，减少资源损耗

社区周边服务设施的建设和完善，一方面有助于居民生活便利化，有益于宜居城市和宜居社区的建设；另一方面周边服务设施，尤其是"一刻钟生活圈"的打造，可以减少出行或长距离出行的需求，从而在缓解交通拥堵的同时，减少各类资源的投入。因此，优化并合理布局社区周边服务设施，使其适应该区域的承载能力和居民购买力，对推动资源环境可持续利用和社区协调发展具有重要作用。

2. 统筹社区规划布局，保障资源环境要素有效投入

城市地区，尤其是大都市区内无序的社区布局对资源环境要素的投入影响巨大。当前随着城市化进程的加速，城市无序蔓延的情况日益严重，在加快社区建设速度的同时，城市居民职住分离问题严重，散乱的布局增加了出行成本和资源无益损耗。另外，无序的建设活动造成许多社区总体质量不高，周边设施的重复建设也会影响资源利用效率。因此，在城市规划建设过程中，应针对社区及其周边设施，以及与居民最为相关的生产性服务业，布局、建设提供统一规划方案，从而减少资源环境要素的浪费。

参考文献

姚士谋、王辰、张落成等：《我国资源环境对城镇化问题的影响因素》，《地理科学进展》2008年第3期。

牛文元主编《中国新型城市化报告》，科学出版社，2012。

李京文：《城市化健康发展的十个问题》，《城市发展研究》2003年第2期。

许坚：《健康城市化与城市土地利用》，《中国土地科学》2005年第4期。

陈明星、叶超：《健康城市化：新的发展理念及其政策含义》，《人文地理》2011年第2期。

张雷：《中国城镇化进程的资源环境基础》，科学出版社，2009。

张雷：《现代城镇化的资源环境基础》，《自然资源学报》2010年第4期。

侯仁之:《北京城:历史发展的特点及其改造》,中国地理学会历史地理专业委员会《历史地理》编辑委员会编《历史地理》(第二辑),上海人民出版社,1982。

张太原:《改革开放以后北京城镇居民食品消费生活的变化》,《当代中国史研究》2003年第5期。

张雷、黄园淅:《改革开放以来中国能源供需格局演变》,《经济地理》2009年第4期。

B.10
北京老旧社区环境建设模式研究

冯 刚*

摘　要： 近年来，北京市在环境建设中持续推进老旧小区环境提升改造工程，着力解决群众身边的环境问题，促进北京城市发展中高楼大厦光鲜亮丽与背阴胡同环境脏乱的不协调发展问题的解决。本文总结回顾了北京市老旧社区环境建设的情况，分析了老旧社区环境建设中存在的问题。在此基础上，笔者提出了以群众关注的环境问题为出发点，高起点进行环境建设；与国家城市建设重点项目结合，注重打造有特色的社区环境等思路建议。

关键词： 社区　环境　建设

一　老旧社区环境建设的背景及意义

1. 建设国际一流城市需要提升城市环境保障水平

从奥运会成功举办以来，北京持续推动城市环境建设。奥运会后成立的"首都城市环境建设委员会"，提出以建设设施环境、市容环境、秩序环境和生态环境为目标，全面提升首都城市环境的任务。近年来，北京市正在加快建设"国际一流的和谐宜居之都"，对城市环境建设提出了更高的要求。要求有步骤、有重点、分年度地推进市容环境、生态环境、设施环境、持续

---

* 冯刚，北京市社会科学院城市研究所城市管理基地主任，研究方向：城市管理、城市环境。

环境建设。按照"大事引领、借势而上、因势利导、顺势而为"的思路，全面提升"三个区域"——首都功能核心区、城市副中心、环境建设薄弱地区的环境水平，重点实施"三项工程"——环境建设民生工程、重大活动及重点项目环境建设工程、重要会议及重大节日环境保障工程，着力改善"五条线带"——长安街及中轴路沿线、城市环境及重点大街沿线、高（快）速路及国道沿线、铁路及轨道交通沿线、河湖水域沿线的环境状况。其中，老旧社区作为首都城市环境建设最主要的薄弱地区，被纳入重点治理范围。

2. "十三五"城乡环境建设规划要求提高环境建设水平

《北京市"十三五"时期城市环境建设规划》要求大力推进市容环境、生态环境、设施环境和秩序环境建设。一是营造干净整洁的市容环境，包括景观环境、环境卫生、户外广告、照明体系、城市架空线、地下通道、过街天桥、铁路涵洞等；二是持续改善生态环境，包括大气环境、水系环境、绿地系统、城市公园等；三是构建适应城市发展要求的设施环境，包括生活垃圾处理设施、公共厕所及城市道路公共服务设施、排水设施、交通设施、无障碍设施、应急避难设施等；四是有效管控城市环境秩序。该《规划》提出，要注重解决群众身边的环境问题，特别是加大对老旧小区环境提升工作，通过环境建设项目的建设实施，对老旧社区进行整体设计和统筹建设，实现区域内多项目、多要素环境水平的整体提高，进而带动市民生活区域环境建设、环境管理和社会建设的整体提升。

3. 实现北京城市环境均衡协调发展的要求

在北京城市快速发展中，一座座高楼大厦迅速矗立，一条条宽阔大道纵横铺展，城市灯光景观亮丽辉煌，让人看到北京现代化的迅猛推进。但是，在这些漂亮壮观的大厦背后，还存在着无数的背街小巷和破旧院落，这些老旧社区还存在道路破损、环境脏乱、公共服务设施陈旧残缺、乱停乱放问题严重、墙体上各种电线和挂物混乱等现象，与人流不息的景观大道和新颖气派的高楼形成巨大反差。生活在这些胡同院落和老旧小区的居民与不远处的大街高楼相隔很远，他们的生活环境几十年来几乎没有改变。

老旧社区直接关系社会民生，是北京城市公共服务的短板和历史遗留问题。老旧社区环境问题是群众面临的切身问题，也是政府公共服务必须解决的问题，老旧社区公共服务和环境问题直接关系北京城市均衡协调发展。解决高楼大厦与背阴胡同的环境协调发展问题，解决环境薄弱地区的治理问题，是首都城市环境均衡协调发展的重要任务。老旧社区环境建设，也能让人民群众分享改革发展的红利。

二 老旧社区环境建设的主要情况

北京市从2010年以来，注重解决群众身边的环境问题，从拆除违建、飞线入地、整修道路、补种补植绿化、优化小区空间等与群众生活关系密切的问题入手，改善人居环境，为群众生活提供了诸多便利。

首都环境办和各区县环境办以解决群众身边的问题为目标，每年设立了一批环境健身和环境提升项目，通过环境建设项目的实施，推进区域环境整体设计和统筹建设，实现区域内多项目、多要素环境水平的整体提高，进而带动市民生活区域环境建设、环境管理和社会建设的整体提升。近年来北京各区县老旧小区环境综合提升项目取得了明显的成效，主要表现在以下方面。

1. 道路通行系统建设

一是对社区周边道路进行改造，对社区内部道路线路优化，提高社区通达性。二是整治破损道路路面，对车行道翻新、人行道铺装，铺设透水砖，对小区车行道路及人行步道、健身场地进行更新铺设，合理规划停车位等。

2. 美化视觉景观系统

一是对社区周边沿街广告牌匾规范设置，如对广告牌匾大小、色彩等要求统一；二是对建筑楼体立面实施外墙粉刷、楼道内墙粉刷、单元门粉刷；三是规范墙体外挂，如对墙上电线、空调进行规范整齐设置；四是对小区围墙、围栏进行粉刷，对部分破损围栏进行更换；五是对小区内架空弱电进行入地，对有线、网线、监控线路等架空线进行入地处置或规整。

3. 完善公共服务设施

一是对室外排水系统进行改造，结合道路铺设对局部地下排水管线进行疏通和改造，包括室外雨污水和给排水管道改造；二是完善照明设施，重新设计小区照明，改善区域内照明条件，在满足照明质量的前提下，尽可能选择高光效光源；三是更新弥补破旧缺失的公共设施，对现有自行车棚改造；四是规划停车系统。

4. 增加社区绿化面积

景观绿化，对楼间绿化进行补植补种。停车位铺设植草砖。

5. 环境整治

一是对私搭乱建进行拆除；二是清理乱堆乱放杂物，清理僵尸车，拆除废弃电线杆，修缮景观小品、清理垃圾杂物等。

6. 老旧社区节能改造

一是更换楼道无保温功能的窗户；二是对楼体立面实施外墙保温；三是照明节能改造，在满足灯具最低允许安装高度及美观要求的前提下，尽可能降低灯具的安装高度，以节约电能。

三 老旧社区环境建设资金保障情况

老旧社区环境建设是首都环境建设的重要组成部分，也是市委市政府要求环境建设关注群众身边问题、解决群众切身利益问题、让人民群众有实实在在的获得感的重要体现。因此，这几年老旧社区环境提升的资金都能够得到保障。关于老旧社区环境建设的资金来源，一是市、区两级环境建设办公室都有环境整治专项资金，老旧社区环境建设是其中重要的支持项目；二是市、区两级政府定期将老旧社区环境建设作为专项，经同级人大审批，列入专项支持资金。同时，针对设镇的老旧社区改造，镇级财政资金也设有环境建设（包括老旧社区环境建设）专项资金。

实践中，一个老旧社区的环境建设资金，一般在几千万元至一亿元。资金分别由市、区财政补助。城区老旧社区建设资金分别由市、区财政各承担40%~50%；对于设镇的郊区，老旧社区环境建设资金由市、区和镇三级财政分担，但有的镇属范围的老旧社区环境建设资金承担比例为：市级资金

40%、区级资金40%、镇级资金20%。不同区的老旧社区环境建设资金投入来源和比例各有不同，需要根据各区具体情况确定。

四 老旧社区环境建设面临的主要问题

近年来，老旧社区环境提升工作取得较大成绩，老旧社区面貌有了明显改变，群众的生活环境和条件得到极大改善，群众满意度有较大提高，充分体现了政府的公共服务职能在不断增强。同时，也为城市环境建设明确了方向。老旧社区环境提升成为政府推进环境建设的重要抓手，成为服务型政府工作的重要内容，也是政府为民办实事的重要体现。

"十三五"时期，北京城市现代化进入新的发展时期，人民群众对居住环境标准也日益提高，对城市建设的品位也不断提高，提高环境建设的数量和质量是政府面临的重要问题，老旧社区环境建设的标准和品位也需要不断提高。根据新时期的新形势和新要求，老旧社区环境建设还面临以下问题。

1. 老旧社区环境建设的起点有待进一步提高

老旧小区是几十年以前的建筑群落，由于过去的生活需求与现在差别较大，建筑形式相对陈旧，社区空间布局科学性不够，公共服务设施基础配套条件相对不足，社区功能格局相对单一。对目前的老旧社区环境提升提出了新问题：是遵循原有社区的建设思路进行维修，还是根据社会发展的时代要求进行提升改造？

目前进行的老旧小区环境建设，大多是遵从原有的建筑思路进行维修翻新，比如墙体粉刷、道路修补、电线规整等，这些基础维修工作很有必要。但是，由于过去建筑及空间的设计理念相对陈旧，基础差，这种简单维修的方式起点太低，与现代观念相差很大。

2. 与国家和北京市城市建设中心工作结合不够

老旧社区建设是城市建设的一部分，必须纳入城市综合建设体系来规划和考虑。当前，国家城市建设正在以新理念、新项目为引领，遵循全球城市建设的新理念和新思路，采用新的建设模式，例如海绵城市建设、城市综合管廊建设、低碳城市建设、城市更新项目、打通社区院落围墙、光伏发电并网项目、立体绿化项目、智慧社区建设等。

以上这些建设模式都是城市建设发展的方向。老旧社区建设应该与上述国家城市建设的新政策、新思路、新模式相结合，才能使老旧社区建设有一定的前瞻性。但是，目前的老旧社区建设与上述国家城市建设的方向结合不够，大多是就事论事，简单地对原有设施和环境进行翻新维修，因而老旧社区环境建设难以通过与国家政策项目结合，发挥综合效应，老旧社区环境建设的效益不突出。

3. 老旧社区环境建设亮点和特色体现不够

老旧社区环境建设既是基础环境条件改善工程，也是环境服务和环境景观特色的打造过程。每个老旧社区都是由历史和地域形成的，具有一定的地域风貌特点。每个老旧社区都是过去传统建筑的聚集区域，有共同的环境建设需求，但是不同社区由于基础条件不同，空间特征不一样，在环境建设方面的重点需求有一定差异。这种需求差异性，决定了老旧社区可以形成不同风格和特征的环境建设形态。

所以，每一个老旧社区环境建设，应该遵循原有基础和历史文脉，进行基础环境与特色环境相结合的建设思路，在全面提升老旧社区环境建设水平的基础上，凸显老旧社区独特的环境风貌，形成特色社区，增强社区居民的社区归属感。

4. 没有建立起环境建设的公共治理机制

老旧社区环境建设，是一项服务群众的公共服务工程，也是一项与社区居民利益密切相关的福利项目。关于老旧社区环境建设需求、建设重点、建设范围及环境建设方案的确定，如果没有广大社区居民的参与，难以完全符合社区居民的意愿。老旧社区环境建设的实施如果没有社区居民的参与，难以有效展开，特别是对乱堆物料、僵尸车搬迁、私搭乱建等难题的处置，如果不发动群众，工作难度将会较大。老旧社区环境建设成果的评价，如果没有社区居民的参与，难以得到真正客观的结果。总之，老旧社区环境建设这一政府的惠民工程如果没有居民的参与，居民将很难完全理解政府的意图、难以完全感受到政府的关心、难以完全理解政府的工作并做到积极支持配合。目前，老旧社区环境建设更多体现为政府一方的意图，体现为单一的政府行为，事前群众发动不够。

五 老旧社区环境建设的思路

1. 加大老旧社区环境建设与群众需求的关联

老旧社区环境建设项目方案首先要以群众最关注的问题为重点，注意提升政府关注的环境问题与百姓关注的环境问题之间的重合度、密切度，把握好环境视觉美观与百姓实际需求之间的关系，使老旧社区环境建设真正让群众有获得感和幸福感。

2. 高起点进行老旧社区环境建设

老旧社区环境建设规划设计既要本着简洁实用原则，更要有时代感和区域特色。参照国外社区的一些新型实用设计理念，注重生活便利、提高现代审美理念、鼓励社区居民交流、增强社区通透性及社区归属感。注重社会生活服务设施，提高群众的日常生活便利度；在社区墙体处理上，避免单一的粉刷颜色，可以采用包括墙体绿化等多种方式，墙体颜色也可以根据社区特点采用不同色彩图案，增加生气与活力；加强绿地和空地的利用，增加社区公共交流空间，为社区居民沟通创造条件；建设社区的风道，提高社区的通透性。老旧社区环境建设应与城市更新改造相结合，提高社区环境建设的整体性。

3. 老旧社区环境建设与国家城市建设发展趋势结合

老旧社区环境建设规划设计要注重与国家城市发展的重点项目相结合，提高老旧社区环境建设项目的超前性。比如，老旧社区雨水管网改造项目设计要考虑海绵城市建设的要求，尽量铺装透水砖，尽量预装社区内的地下雨水渗漏管网，为全区海绵城市建设预留接口；老旧社区各类架空线改造时，可以为智慧社区建设预留端口；老旧社区院墙维修时尽量考虑减少封闭社区，打开院墙，落实国家关于新建社区一律打开院墙的发展方针。

4. 注重打造老旧社区环境特色

老旧社区环境建设规划设计，要注重不同社区的特色与风格。根据社区历史、区域、基础条件量身定制不同的环境规划设计方案，在完善基本环境服务的前提下，突出重点和特色。比如，原来社区绿化基础好、绿地面积较大、有绿化潜力的社区，进一步提高绿化率，着力打造森林社区。原有建筑围护结构保温效果好、社区节能照明灯具和节能电器普及率高的社区，可以打造低碳社区等等。打造特色社区，可以用很少的钱，集中力量达到凸显特色的效果，成为示范。

5. 建立老旧社区环境建设社会参与机制

一是建立老旧社区环境建设项目需求的居民调查机制，通过定期组织社区居民座谈会、问卷调查、意见箱等方式，征集居民对社区环境问题的意见和建议；二是社区环境建设规划设计方案应征求居民意见；三是老旧社区环境建设工程在实施过程中，发动社区居民参与，帮助解决环境建设中面临的一些矛盾和问题，特别是对停车位设置、私搭乱建、僵尸车等疑难问题，通过发动社区居民参与，形成良好的建设氛围；四是老旧社区环境建设成果评价，需要社区居民参与，保证环境建设成果更加符合居民的利益；五是老旧社区环境维护，需要发动社区居民以主人翁的身份自觉参与环境建设。

B.11
社区党组织党务公开工作调查问卷数据分析
——以北京八里庄街道为例

于燕燕*

摘 要： 为了解基层社区党组织党务公开工作的情况，中国社区发展报告课题组对八里庄街道辖区内各社区的居民进行了调查。本次调查按照随机抽样原则抽取样本，采取自填问卷的形式让居民针对问卷问题进行填答，进而收集相关信息，并分析相应的调查结果。

关键词： 社区党组织　社区党务　社区自治

前 言

为了解基层社区党组织党务公开工作的情况，中国社区发展报告课题组对八里庄街道辖区内各社区的居民进行了调查。本次调查按照随机抽样原则抽取样本，采取自填问卷的形式让居民针对问卷问题进行填答，进而收集相关信息，并分析相应的调查结果。

本次调查共发放问卷500份，实际回收有效问卷466份，问卷回收率为93.2%。调查问卷由两部分组成：第一部分是被调查者的基本情况；

---

* 于燕燕，北京市社会科学院城市研究所研究员，研究方向：社区治理、社区党建。

第二部分是社区党组织党务公开工作的情况，该部分是问卷的主要内容。在对回收的问卷进行编码后，课题组运用SPSS软件对数据进行统计与分析。

一 基本情况统计

该部分主要包括被调查者的年龄、政治面貌、党龄、在党务工作中担任职务的统计。以下对上述调查的结果进行描述与分析。

（一）被调查者的年龄统计

在被调查对象的年龄构成方面，40岁以上的被调查者比例最高，占所有被调查对象的75.5%；30~40岁年龄段的被调查对象占有效样本总数的17.2%；20~30岁年龄段的被调查对象所占比例为7.1%。从被调查对象的年龄分布来看，老年人群体所占的比例较高。这一因素可能对本次调查的结果有所影响，但从实际情况来看，老年人是参与社区党务公开工作的主体力量。因此，针对该群体的调研所得到的结果具有一定的代表性（见图1）。

（二）被调查者的政治面貌统计

从被调查者的政治面貌的统计数据来看，中共党员的比例最高，占了所有被调查对象的60.5%（282人）；群众的比例次之，为37.6%（175人）；民主党派和无党派人士比例较低，所占比例皆为0.6%（各3人）。从该数据来看，针对调查主题，本研究的样本代表性较高（见图2）。

（三）被调查者的党龄统计

关于被调查对象党龄的统计数据，在285名中共党员及民主党派人士中（其中，中共党员282名，民主党派人士3名），党龄在21年及以上的比例最高，为54.04%（154人）；11~20年党龄的比例次之，为24.56%（70

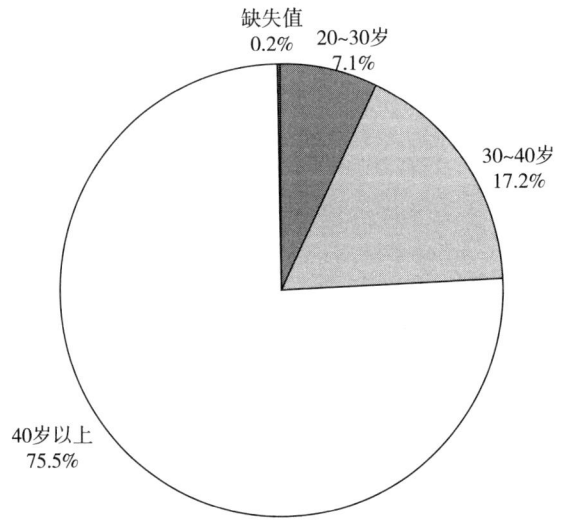

图 1　被调查者的年龄统计

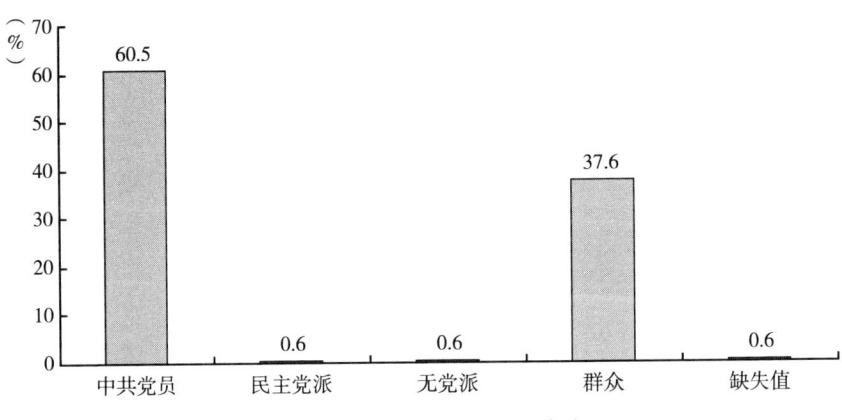

图 2　被调查者的政治面貌统计

人）；6~10 年党龄的比例为 8.77%（25 人）；5 年以内党龄的比例为 12.63%（36 人），见图 3。

（四）被调查者在党务工作中担任职务的统计

参与调查的 282 名中共党员在党务工作中担任职务的统计数据为：普通党员的人数最多，为 158 人，所占比例为 56.03%；担任支部委员的人数次

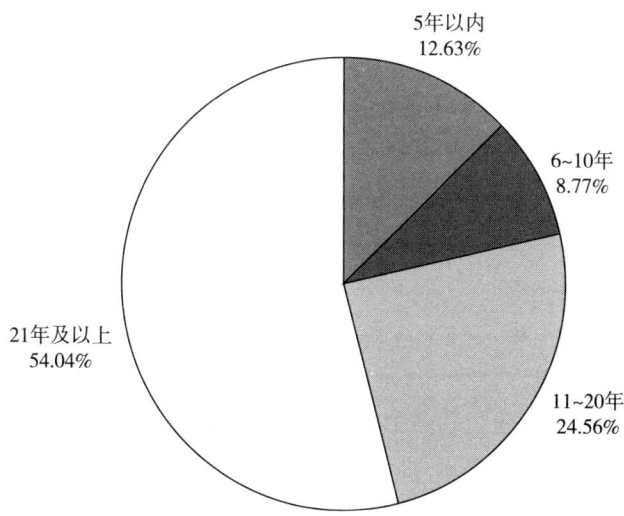

图3 被调查者的党龄统计（包括中共党员和民主党派人士）

之，为60人，所占比例为21.28%；担任支部书记一职的共31人，所占比例为10.99%；担任党委委员一职的共24人，所占比例为8.51%；担任党委书记一职的共9人，所占比例为3.19%。该比例比较符合总体党内职务的比例结构（见图4）。

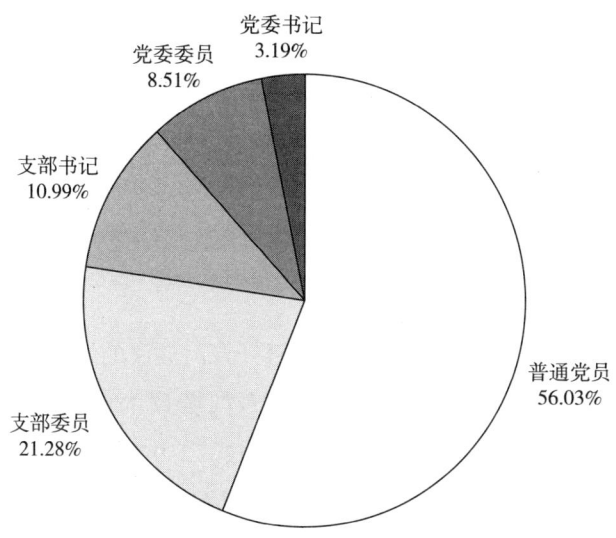

图4 被调查者在党务工作中担任的职务统计

二 党务公开情况统计

本调查将社区党务公开工作分为两个方面：一方面是被调查者对社区党务公开工作的客观描述，另一方面是被调查者对自己所处的社区党务公开工作的主观评价。

（一）社区党务公开工作情况——客观层面

在客观层面，主要包括两个维度：一是被调查者所在社区党务公开工作的程序（具体包括是否就党务公开事宜专门下发文件，是否就党务公开问题召开专门会议，党务公开工作是否能做到有布置、有督促、有检查、有总结，党务公开内容是否及时更新等方面的内容）；二是党务公开工作的机制（具体包括是否有党务公开的专门渠道，开展党务公开工作的载体如何，是否有党务公开的互动反馈机制等方面的内容）。

1. 社区党务公开工作的程序

（1）关于社区是否就党务公开事宜专门下发文件的统计分析

关于社区是否就党务公开事宜专门下发文件的统计数据中，63.5%（296人）的被访者表示其所在社区下发了结合社区实际情况的有关文件；26.2%（122人）的被访者表示其所在社区转发了上级的相关文件；另有5.6%（26人）的被访者表示对此情况不清楚；明确地表达其所在社区没有下发过文件的被访者比例仅为1.1%（5人）。该数据说明，大部分社区结合本社区的实际情况下达过党务公开文件，且公众对上述文件的知晓率较高（见图5）。

（2）关于社区是否就党务公开问题召开专门会议的统计分析

关于社区是否就党务公开问题召开专门会议的统计数据中，88.8%（414人）的被访者表示社区召开了相关会议；3.9%（18人）表示社区党务公开工作已推进，但没有召开会议；6%的被访者表示对此问题不清楚；另有0.4%（2人）的被访者表示其所在社区准备就党务公开问题召开专门

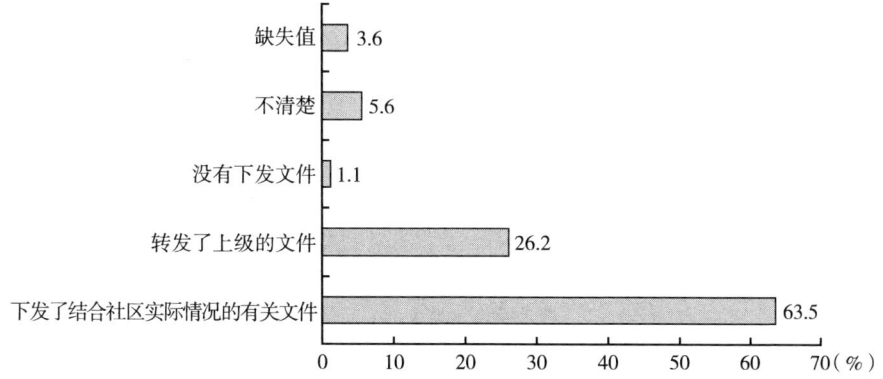

图 5 社区是否就党务公开事宜专门下发文件

会议。从上述数据可知，绝大部分的社区就党务公开问题召开过专门会议，且社区居民对此事的知晓率较高（见图6）。

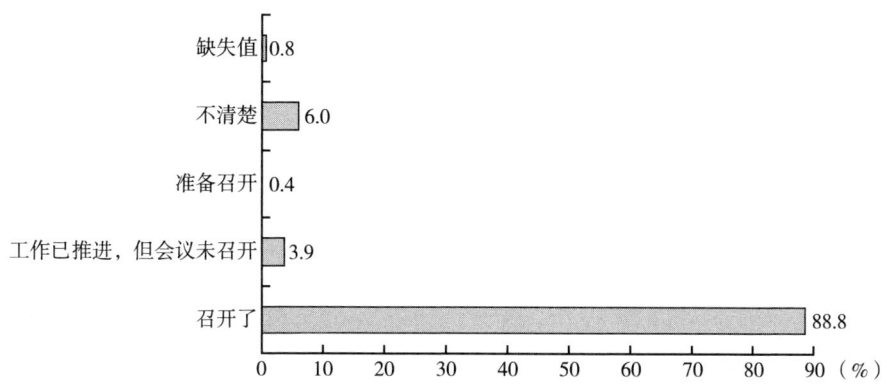

图 6 社区是否就党务公开问题召开专门会议的统计

（3）关于社区党务公开工作是否做到有布置、有督促、有检查、有总结的统计分析

在对社区党务公开工作是否做到有布置、有督促、有检查、有总结的调查中，88.6%（413人）的被调查对象认为其所在社区的党务公开工作做到了有布置、有督促、有检查、有总结；4.5%（21人）的被调查对象表示上述标准有执行但不多；1.1%的被调查对象表示党务公开工作有布置但缺乏

督促和检查；另有4.3%（20人）的被访者表示对这一问题不太清楚。从该部分的数据可知，对于党务工作的实施流程，绝大部分的社区能按照规定，有计划、系统地开展工作，但也有少部分社区在党务公开工作的程序上不够细致或者居民对此了解程度不深（见图7）。

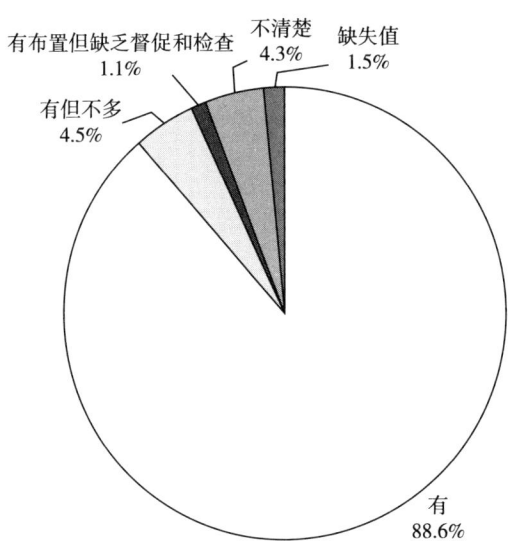

图7　社区党务公开工作是否做到有布置、有督促、有检查、有总结的统计

（4）关于社区党务公开工作的内容能否及时更新的统计

关于社区党务公开工作内容更新的调查中，91.6%（427人）的被访者表示其所在社区能及时更新党务公开的内容；7.1%（33人）的被访者表示其所在社区有时能及时更新党务公开内容；只有极少部分（0.6%）的被访者表示其所在社区不能及时更新党务公开内容。由此可见，大部分社区关于党务公开的信息能够及时更新（见图8）。

2.社区党务公开工作的机制

（1）关于党务公开的渠道

关于社区党务公开渠道的调查数据显示，70%（326人）的被调查者表示其所在社区设有专门的党务公开渠道；另外，还有一部分被调查者

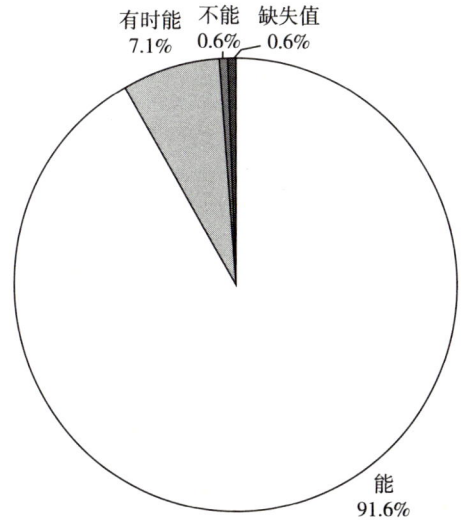

图 8　社区党务公开工作的内容能否及时更新的统计

(27.5%，128 人）表示其所在社区的党务公开与居务信息公开使用相同的渠道（见图 9）。

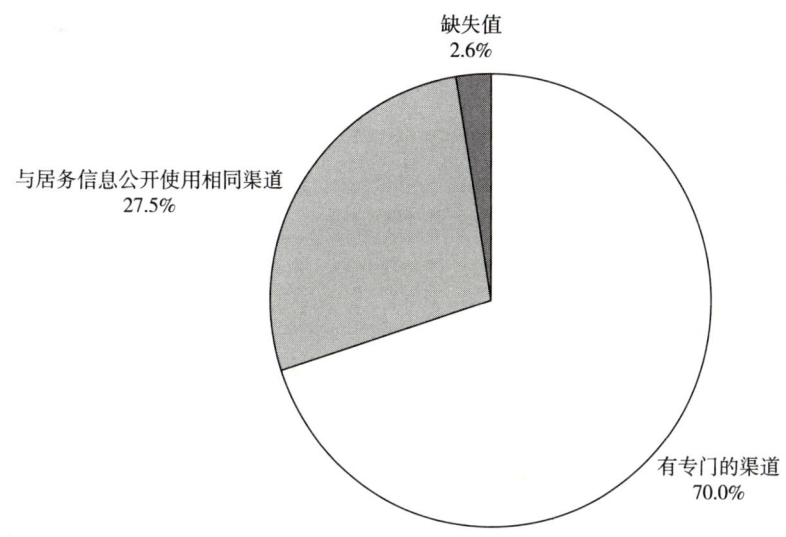

图 9　社区党务公开渠道的统计

(2) 关于开展党务公开工作的载体

针对社区党务公开所使用的载体的调查数据显示，公示栏是各社区党务公开的最主要载体，其所占比例为49.1%（229人）；网络是次要的载体，其所占比例为12.4%（58人）；以党员大会为载体的比例为1.9%（9人）；采用信箱作为党务公开的载体的社区比例极低，仅占了0.4%。需要说明的是，本题的调查缺失值较大，有168名受访者没有作答，此因素对本题的调查结果影响较大（见图10）。

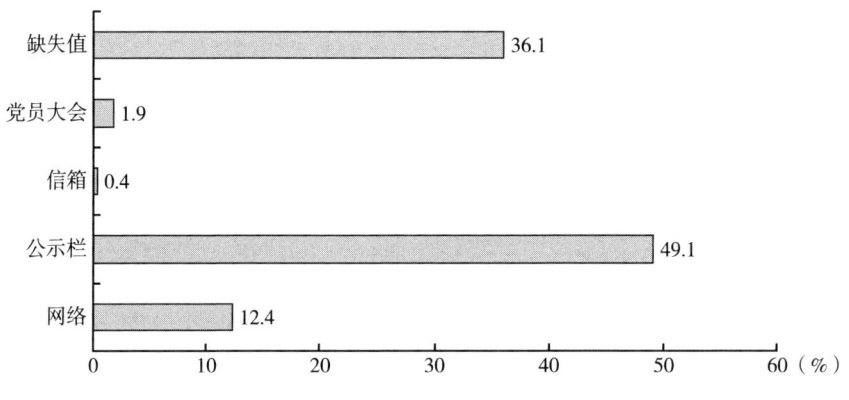

图10 社区党务公开工作载体的统计

(3) 关于社区党务公开互动反馈机制

针对社区党务公开互动反馈机制的调查数据显示，76.4%（356人）的被访者表示其所在社区建立了互动反馈机制；6.4%（30人）的被访者表示其所在社区正打算建立相应的互动反馈机制；10.3%的受访者对此事不太清楚；只有少部分的被访者（1.7%）表示其所在社区没有建立相应的反馈机制。由此可见，对于社区党务公开工作，各社区基本上建立了或正在建设双向的互动反馈机制（见图11）。

对社区党务公开反馈机制的评价，71.9%（335人）的受访者表示该机制畅通；19.5%（91人）的受访者认为该机制有待完善；只有0.4%的受访者（2人）对其持否定态度。由此可见，绝大部分社区成员对现有的党务公开工作反馈机制持肯定的态度（见图12）。

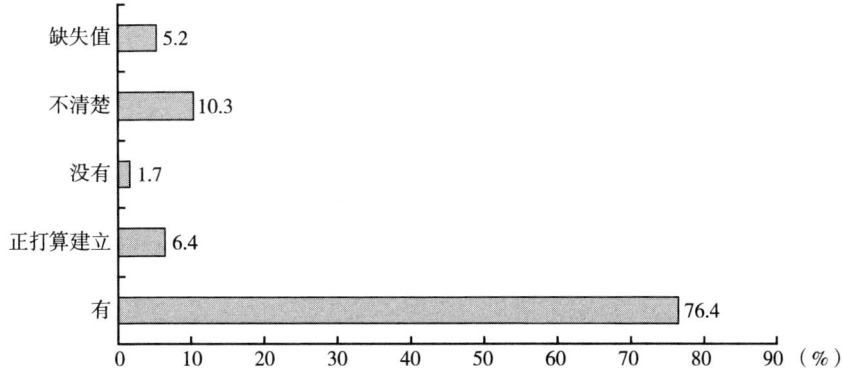

图 11　社区党务公开互动反馈机制的统计

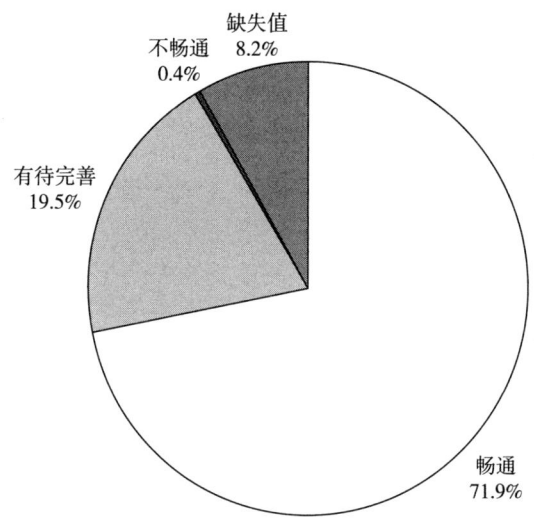

图 12　社区党务公开反馈机制的评价统计

（4）领导对社区党务公开工作的重视程度

对社区党务公开的领导机制，91.2%的受访者表示其领导对社区党务公开工作很重视；5.6%的受访者表示领导的重视程度一般；1.5%的受访者表示对此不了解。由此可知，绝大部分受访者的领导对党务公开工作高度重视，这也从侧面反映出社区党务公开工作具有良好的领导机制（见图13）。

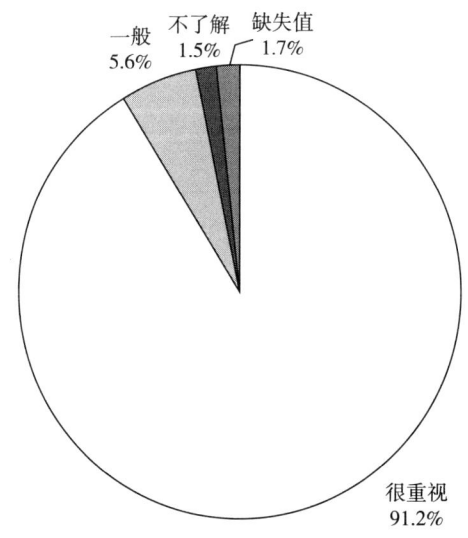

图 13 领导对社区党务公开工作的重视程度统计

(二)社区党务公开工作情况——主观层面

主观层面的调查,主要是被访者对社区党务公开工作的主观评价,其包括两个维度:一是社区成员参与社区党务公开的情况,该部分具体包括公众对党务公开内容的关注程度及对公开内容的了解程度、是否会通过网络参与社区党务公开,对实施社区党务公开及评估的必要性的认知,对党务公开工作考核管理方式的建议,本社区开展党务公开工作的基本做法和经验,认为目前社区党务公开工作存在的问题、对推进社区党务公开工作的建议。二是社区成员对社区党务公开工作实施效果的评价,该部分具体包括对社区党务公开实施状况的评价,对所在社区党务公开内容的评价,对本社区党务公开反馈体系的评价,对实行党务公开后的作用评价。

1. 社区成员参与党务公开的情况

(1) 公众对社区党务公开内容的关注程度及了解程度

在关于社区成员对党务公开内容的关注程度的调查中,75.3%(351人)的被调查对象表示其关注社区的党务公开内容;21%(98人)的被调查对象表示其偶尔会关注；3%（14人）的被调查对象表示其不关注党务公开内容。由此可见，绝大多数的被调查对象对党务公开的内容比较关注（见图14）。

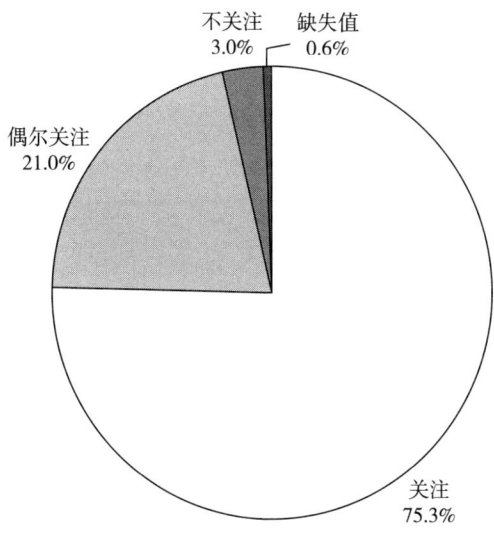

图14 公众对党务公开内容的关注程度统计

对于党务公开的具体内容，79.4%（370人）的被访者表示其较了解所公开的具体内容；18.9%（88人）表示对此不太了解；只有极少部分的被访者（0.2%）表示完全不了解。由此可见，社区居民对党务公开的内容有较高的知晓率（见图15）。

课题组综合上述两个方面的统计数据分析，发现公众对党务公开内容的关注度及了解程度都较高。但值得注意的是，在信息化时代，如何把握受众的需求及兴趣，提高党务公开内容的吸引力也是需要改进的方向。

（2）关于社区成员是否会通过网络参与社区党务公开的统计

随着社会的进步，网络已成为公众参与社会事务的主要渠道之一。在社区党务公开中，网络也越来越多地被社区成员所采用。18.7%（87人）的被调查者表示其能够熟练操作网络参与社区党务公开；23%（107人）的被调查者表示其会操作网络参与社区党务公开，但还不是很熟练；尤其

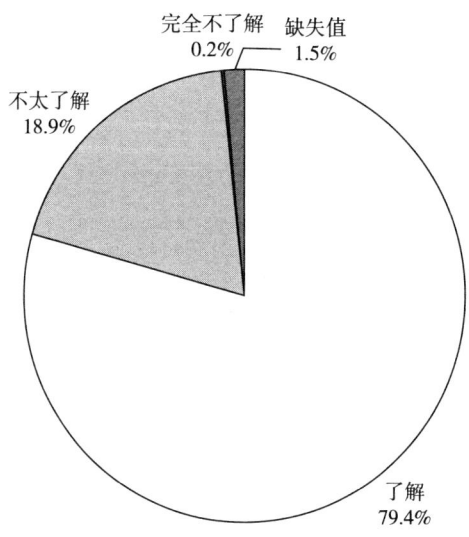

图 15 公众对党务公开内容的了解程度统计

对于年长者而言，网络属于新兴事物，部分老年人对此有心而无力或者是更习惯通过传统途径去参与社区党务公开。基于此，甚至有32.8%（153人）的被调查者表示其由于年龄渐长，完全不会操作网络来参与社区党务公开；也有21.2%（99人）的被调查者表示其更习惯于通过公开栏来参与、了解社区党务公开。从该结果可知，鉴于社区成员的多样性，其参与社区党务公开的途径的差异性较大，需要结合其实际情况，采取多种方式引导、促进公众参与社区党务公开的积极性与主动性（见图16）。

（3）对社区实行党务公开及评估的必要性的认知

关于社区实行党务公开，87.8%（409人）的被访者表示需要实行，7.7%（36人）表示没有多大的实施必要；只有少部分人（1.5%）明确表示不需要实施。在关于社区党务公开工作评估的必要性的调查中，74.2%（346人）的被访者表示非常需要对社区党务公开工作进行评估；18.5%（86人）的被访者表示不太需要；4.5%（21人）的被访者表示不需要。从该数据来看，大部分社区成员对实行党务公开、党务工作评估的必要性持支持态度（见图17）。

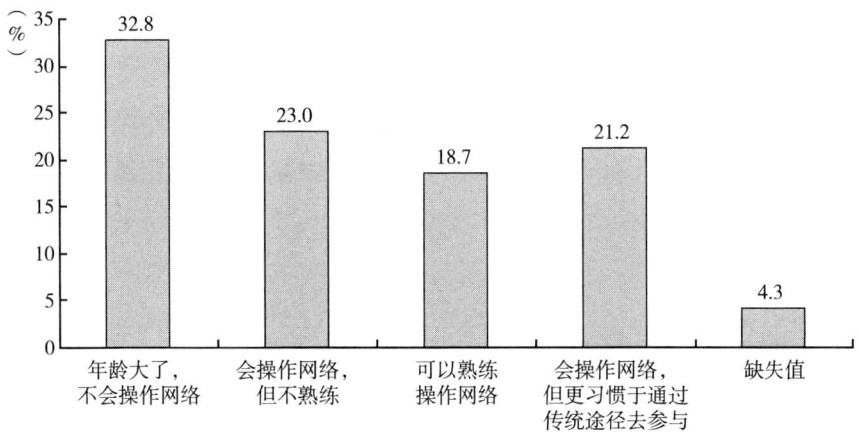

图16　社区成员是否会通过网络参与社区党务公开的统计

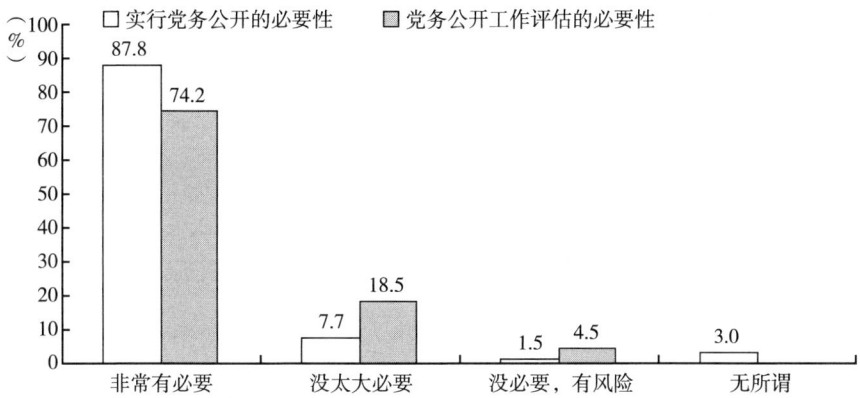

图17　社区实行党务公开工作及评估的必要性统计

（4）关于对社区党务公开工作考核管理方式的建议

关于对社区党务公开工作考核管理方式的建议，被调查者认为最有效的方式是上级督察与自查相结合（319人选择了该途径）；然后依次是建立细化考核指标（295人选择了该途径）、党员群众投票（227人选择了该途径）；而借助第三方考核的方式尚没有得到公众的普遍认可，仅有53人选择了该途径（见图18）。

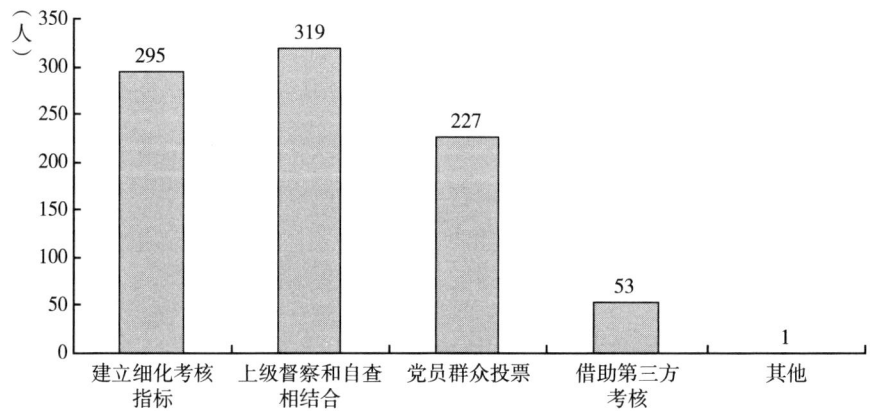

图18 社区党务公开工作考核管理方式建议的统计

(5) 本社区开展党务公开工作的基本做法和经验总结

关于社区开展党务公开工作的基本做法和经验总结,以下经验与做法是被调查者提及频率较高的:召开党员会议、居民代表大会,广泛征求意见;加强组织领导,动员党员行动;利用多种渠道宣传党务工作;对公开内容、公开时限、公开方式进行规范;完善硬件设施;党务公开工作做到公开、公正、透明;社区党支部、居委会、服务站做到三方党务公开;落实知情权、参与权、监督权,抓规范、抓典型、抓督察。上述经验主要是在组织领导、宣传方式、工作规范、公众动员、硬件投入等方面进行加强,其具体做法值得提倡和创新。

(6) 关于社区党务公开工作中存在的问题

关于社区党务公开工作中存在的问题有以下几点。第一,公众动员不广泛,整体关注度与参与度不高是被访对象普遍反映的问题。第二,党务公开内容更新不及时、时效性不佳也是被访对象认为其所在社区在党务公开方面存在的问题。第三,公开内容没有与居民的实际需求相结合,形式大于实质也是现阶段社区党务公开工作存在的问题。第四,社区党务公开工作的长效机制未建立,使得目前党务公开的内容、形式、流程缺乏规范和管理。第五,社区老党员较多,不能很好利用网络公开等新途径。第六,缺乏资金、设施不足。

（7）对推进社区党务公开工作的建议

针对社区党务公开工作存在的问题，绝大多数被调查者认为，第一，应该加大公开力度，采用多种公开途径相结合的方式及时、全面地公布信息。第二，应该积极倾听广大党员群众的意见，有针对性地进行改进，营造全社区参与的氛围。第三，加强党务公开工作的组织领导，建立健全长效机制，进一步规范、有序地开展社区党务公开工作。第四，社区党务公开与党员活动相结合，增强党务公开的吸引力。第五，需要加大硬件投入，重视社区党务公开。

2. 社区成员对党务公开实施效果的评价

（1）对社区党务公开实施状况的评价

对于社区党务公开的实施状况，92.1%（429人）的被访者表示需要公开的内容社区都进行了公开；5.6%（26人）的受访者表示社区是有选择地公开党务信息；1.7%（8人）的受访者表示不清楚。由此可见，从受访者的评价来看，大部分社区对党务信息进行了适当公开（见图19）。

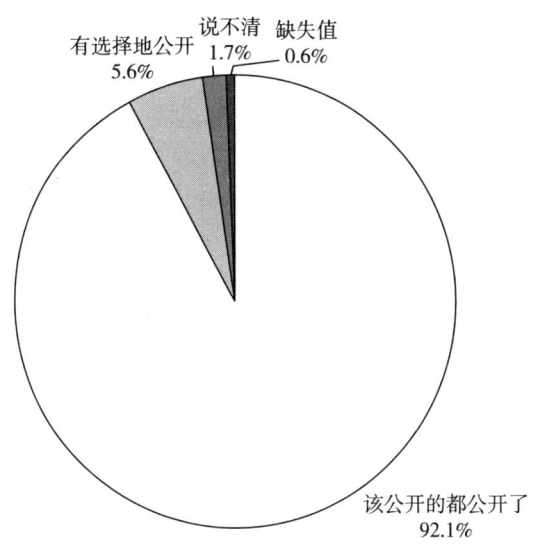

图19 社区党务公开状况的评价统计

(2) 对社区党务公开内容的评价

对于所在社区党务公开的内容,77%(359人)的被访者表示其内容很务实,17.4%(81人)的被访者表示内容大体上说得过去;少部分人(3.2%)表示公开的内容不是党员群众所关心的或者信息太笼统,缺少细节。由此可见,社区党务公开的内容大体上能让党员、群众满意,但还需在具体内容上进行完善(见图20)。

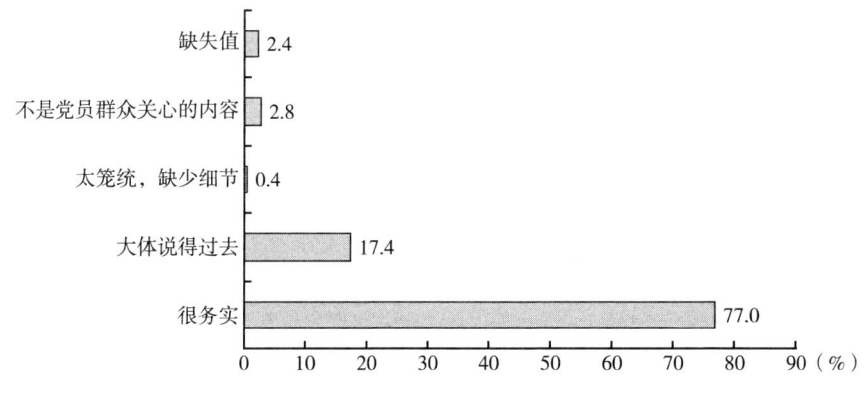

图20 对所在社区党务公开内容的评价统计

(3) 对社区党务公开实施效果(反馈体系)的评价

对于社区党务公开反馈体系的评价,74.9%(349人)的受访者认为其所在社区的党务公开工作有显著成效;18.5%(86人)的受访者认为其所在社区党务公开工作刚起步尚处于探索阶段;4.3%(20人)对此无法做出判断;另有少部分人(1.3%)认为其所在社区党务公开工作走形式的成分居多。由此可见,绝大部分社区成员对社区党务公开工作的成效持肯定态度(见图21)。

(4) 对实行党务公开后的作用评价

关于实行党务公开工作后的作用评价的调查中,被调查者认为其最显著的作用是密切联系党群干群关系,363人选择了该选项;其次是强化党内监督、促进党内民主,分别有322人、312人选择了该两项;激发党组织战斗力排第四位,仅166人选择了该项。

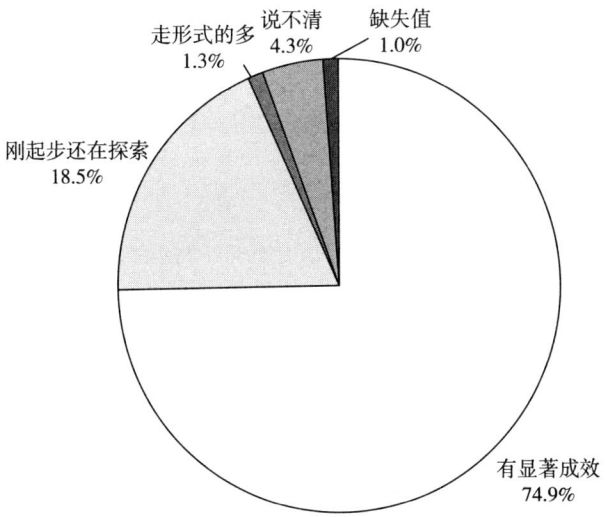

图21 社区党务公开实施效果（反馈体系）的评价

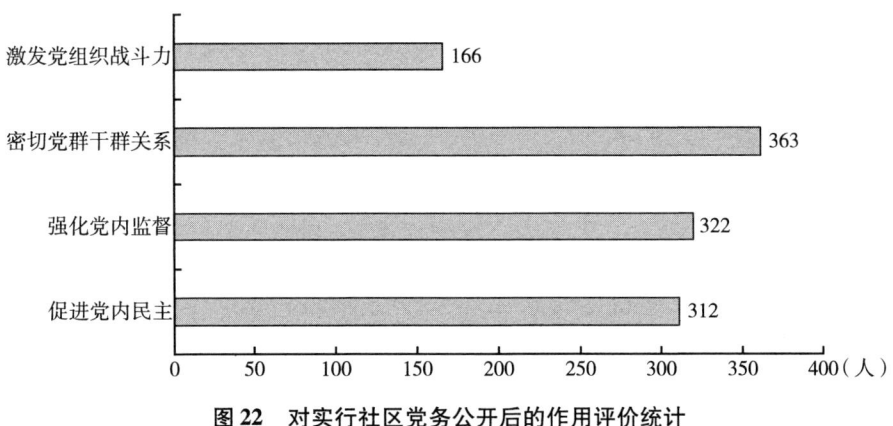

图22 对实行社区党务公开后的作用评价统计

三 交叉分析

（一）被调查对象的政治面貌与对本社区实行党务公开的必要性认知的交叉统计

关于被调查对象的政治面貌与其对于是否有必要在社区实行党务公开的

认知的交叉统计中,对于中共党员而言,91.49%（258人）的中共党员认为非常有必要在社区实行党务公开;6.38%的中共党员表示没太大的必要;极少部分（2.12%）的中共党员认为完全没必要或者无所谓。

接受调查的民主党派人士及无党派人士人数较少,但一致认为在社区实行党务公开非常有必要。

对于接受本次调查的群众而言,81.14%（142人）的受访者认为非常有必要在社区实行党务公开;10.29%（18人）的受访者表示没太大必要;6.29%的受访者对此问题表示无所谓;极少部分（2.29%）的被访者认为完全没必要（见表1）。

表1 政治面貌与其对在社区实行党务公开的必要性的认知交叉统计

政治面貌	您认为在本社区实行党务公开有必要吗				合计
	非常有必要	没太大必要	没必要,有风险	无所谓	
中共党员	258人(91.49%)	18人(6.38%)	3人(1.06%)	3人(1.06%)	282人(100%)
民主党派人士	3人(100%)	0人(0%)	0人(0%)	0人(0%)	3人(100%)
无党派人士	3人(100%)	0人(0%)	0人(0%)	0人(0%)	3人(100%)
群众	142人(81.14%)	18人(10.29%)	4人(2.29%)	11人(6.29%)	175人(100%)

由此可见,对于在社区实行党务公开的必要性这一问题来说,不同政治面貌的社区成员态度差异不大,大部分人持肯定态度。但群众对于在社区实行党务公开的认识不如党派人士强烈。

（二）被调查对象的政治面貌与对社区党务公开内容关注度的交叉统计

关于被调查对象的政治面貌与其对社区党务公开内容的关注度的交叉统计中,对于中共党员而言,83.87%的中共党员表示其很关注社区党务公开的内容;16.13%的中共党员表示其偶尔关注。民主党派和无党派人士均表示其很关注社区党务公开内容。对于群众而言,61.71%的群众表示其很关注社区党务公开内容;30.29%的群众表示其偶尔关注;8%的群众表示其从不关注（见图23）。由此可见,相对而言,中共党员、民主党派人士、无党派人士对于社区党务公开的内容更为关注。

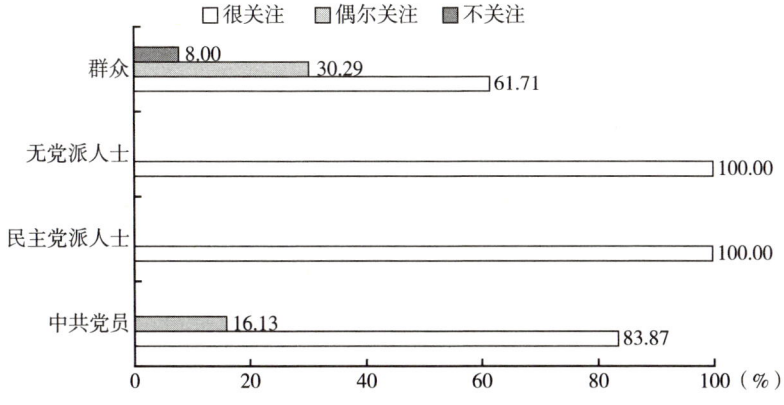

图23 政治面貌与其对社区党务公开内容关注度交叉统计

（三）被调查对象的政治面貌与其对社区党务公开内容了解程度的交叉统计

关于被调查对象的政治面貌与其对于社区党务公开内容的了解情况的交叉统计中，在受访的中共党员中，89.53%的中共党员表示其比较了解社区党务公开的内容；10.47%的中共党员表示不太了解。受访的民主党派人士及无党派人士均表示其比较了解社区党务公开的内容。在受访的群众中，65.32%的被访者表示其了解社区党务公开的内容；34.1%的被访者表示其不太了解。四类不同政治面貌的受访对象对社区党务公开的内容了解程度各异。由此可见，对于社区党务公开的内容，大多数受访者比较了解，但群众的知晓率要低于其他三种政治面貌的受访者（见表2）。

表2 政治面貌与其对社区党务公开内容了解程度的交叉统计

政治面貌	您了解社区党务公开应包括哪些方面的内容吗			合计
	了解	不太了解	完全不了解	
中共党员	248人(89.53%)	29人(10.47%)	0人(0%)	277人(100%)
民主党派人士	3人(100%)	0人(0%)	0人(0%)	3人(100%)
无党派人士	3人(100%)	0人(0%)	0人(0%)	3人(100%)
群众	113人(65.32%)	59人(34.1%)	1人(0.58%)	173人(100%)

（四）被调查对象的政治面貌与其对社区党务公开内容评价的交叉统计

关于被调查对象的政治面貌与其对于党务公开内容的评价的交叉统计中，在接受调查的中共党员中，80.5%的被调查对象认为其所在社区党务公开的内容很务实；16.7%的被调查对象认为其内容大体说得过去；仅有1.1%的被调查对象认为其内容不是党员群众关心的内容。接受调查的民主党派及无党派人士对于社区党务公开的内容均持肯定态度。接受调查的群众中，71.4%的被调查对象认为社区党务公开内容很务实；18.3%的被调查对象认为其内容大体说得过去；1.1%的被调查对象认为其内容太笼统缺少细节；5.7%的被调查对象认为其内容不是党员群众关心的内容。

表3 政治面貌与其对社区党务公开内容的评价的交叉统计

政治面貌	您对所在社区党务公开内容的评价					合计
	很务实	大体说得过去	太笼统缺少细节	不是党员群众关心的内容	缺失值	
中共党员	227人(80.5%)	47人(16.7%)	0人(0%)	3人(1.1%)	5人(1.8%)	282人(100%)
民主党派人士	2人(66.7%)	1人(33.3%)	0人(0%)	0人(0%)	0人(0%)	3人(100%)
无党派人士	3人(100%)	0人(0%)	0人(0%)	0人(0%)	0人(0%)	3人(100%)
群众	125人(71.4%)	32人(18.3%)	2人(1.1%)	10人(5.7%)	6人(3.4%)	175人(100%)

由此可见，相对而言，群众对社区党务公开内容的认可程度不如中共党员、民主党派及无党派人士深刻。

（五）被调查对象的党龄与其对社区党务公开内容评价的交叉统计

关于被调查对象的党龄与其对社区党务公开内容评价的交叉统计中，79.14%的党龄在5年以内的受访对象表示其所在社区的党务公开内容很务实；19.63%的受访对象表示其内容大体说得过去；1.23%的党龄在5年以内的受访对象表示其内容太笼统，缺少细节。党龄在6~10年的受访对象一致表示其所在社区的党务公开内容很务实。党龄在11~20年的受访对象中，75%的受访对象表示其所在社区的党务公开内容很务实；25%的受访对象表示其内容大体说得过去。党龄在21年及以上的受访对象中，91.3%的受访对象表示其所在社区的党务公开内容很务实；8.7%的受访对象表示其内容大体说得过去（见表4）。

表4　被调查对象的党龄与其对社区党务公开内容评价的交叉统计

党龄	您对所在社区党务公开内容的评价			合计
	很务实	大体说得过去	太笼统，缺少细节	
5年以内	129人(79.14%)	32人(19.63%)	2人(1.23%)	163人(100%)
6~10年	35人(100%)	0人(0%)	0人(0%)	35人(100%)
11~20年	18人(75%)	6人(25%)	0人(0%)	24人(100%)
21年及以上	63人(91.3%)	6人(8.7%)	0人(0%)	69人(100%)

（六）被调查对象的政治面貌与是否需要对社区党务公开工作进行评估的交叉统计

关于被调查对象的政治面貌与其认为党务公开工作评估的必要性的交叉统计中，对中共党员来说，76.56%的党员认为非常需要对党务公开工作进行评估；21.61%的党员认为不太必要；还有1.83%的党员认为不需要对此项内容进行评估。

针对群众的调查数据中，75.44%的被访者认为非常需要对党务公开工作进行评估；15.2%的被访者认为不太需要；9.36%的被访者认为不需要对此项内容进行评估。

相对而言，民主党派和无党派人士更认为需要对社区党务公开工作进行评估。受访的无党派人士均认为非常需要对此项内容进行评估；66.7%的民主党派人士也持有相同的观点（见图24）。

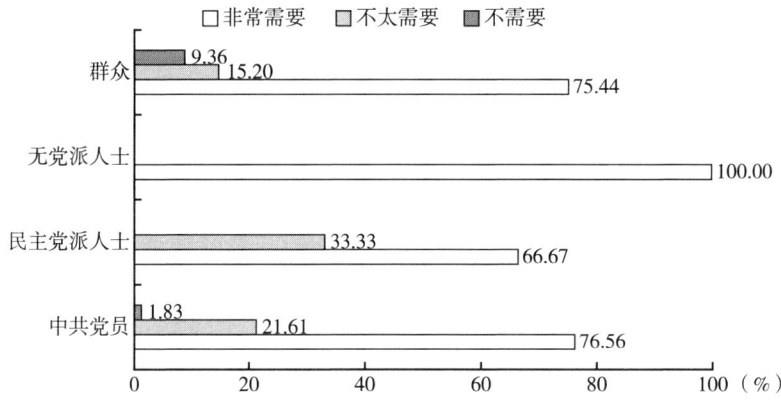

图24 政治面貌与是否需要对社区党务公开工作进行评估的交叉统计

（七）被调查对象的年龄与其是否会操作网络参与社区党务公开的交叉统计

关于被调查对象的年龄与其是否会操作网络参与社区党务公开的交叉统计，从组内数据结果可知：

对于40岁以上的被调查对象，40.34%（142人）的被调查对象表示其因为年龄大了，不会操作网络参与社区党务公开。25%（88人）的被调查者表示其会操作网络，但不太熟练；20.17%（71人）的被调查对象表示其会操作网络，但更习惯于通过公开栏等看纸质材料；仅有10.51%（37人）的被调查对象可以熟练操作网络。

对于30~40岁年龄段的被调查对象，46.25%（37人）表示其可以熟练操作网络；22.5%（18人）表示其会操作网络，但更习惯于通过公开栏等看纸质材料；16.25%（13人）的被调查者表示其会操作网络，但不太熟练；仅有8.75%（7人）的被调查对象表示其因为年龄大了不会通过网络来参与社区党务公开（见图25）。

对于20~30岁年龄段的被调查对象，39.39%（13人）的被调查对象表示其可以熟练操作网络；30.3%（10人）表示其会操作网络，但更习惯于通过公开栏等看纸质材料；18.19%（6人）的被调查者表示其会操作网络，但不太熟练；仅有9%（3人）的被调查对象表示其因为年龄大了不会通过网络来参与社区党务公开（见图25）。

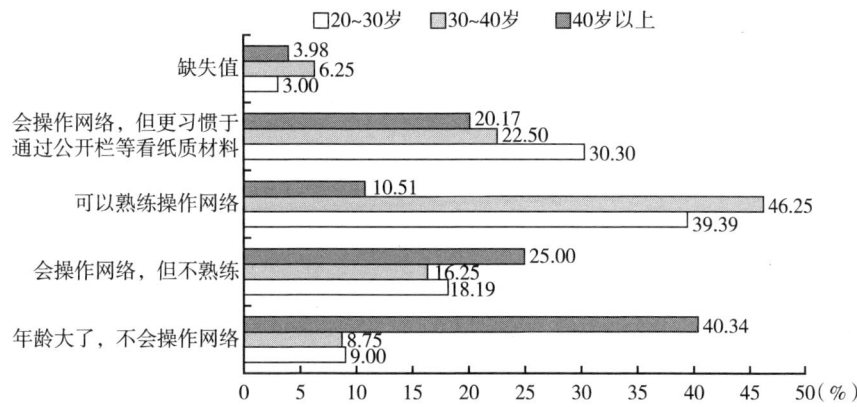

图25 年龄与其是否会操作网络参与社区党务公开的交叉统计

由此可见，对于被调查对象而言，年龄越大，其通过操作网络来参与社区党务公开的可能性越小。因此，在信息化时代，如何提升社区成员特别是老年人操作网络的能力，对新形势下社区党务公开工作的开展至关重要。

B.12
城镇社区居民自治的现状研究

——基于北京市昌平区的调查分析

谭日辉*

摘　要： 通过对昌平城镇社区与居民治理的问卷调查，笔者发现城镇社区居民对城镇社区建设与居民自治的认识及主动性有待进一步提高；居民参与城镇社区建设与居民自治提供的条件有待进一步加强和改善；社区居民对当前"六大建设"的关注度高于满意度；社区居民对"两委"工作的满意度指数比较高；社区干部是建设城镇社区和进行居民自治的中坚力量。

关键词： 城镇社区　居民治理　社会治理

党的十八大报告强调，要围绕构建中国特色社会主义社会管理体系，加快形成党委领导、政府负责、社会协同、公众参与、法治保障的社会管理体制。在国家领导人对社会管理创新的有关论述中，加强基层社会治理是提高国家治理能力的重要组成部分。习近平总书记指出，社会治理的重心在基层，只有基层基础实，工作才会实。但在特大城市基层社会治理实践中，普遍存在外来人口大量涌入，本地户籍人口老龄化与少子化以及人口空间布局大调整等问题，而现有的基层社会管理体制已经无法满足人口与社会发展的

---

* 谭日辉，北京市社会科学院城市研究所研究员，研究方向：特大城市治理、社区治理。

需要，城镇社区建设与居民治理的体制机制迫切需要进行相应变革，以便应对这些问题与挑战。

可以说，摸清当前城镇社区建设与居民治理中的突出问题，提升社会治理能力，事关我国特大城市当前和今后一段时期改革和发展的全局。为了更清晰地了解昌平区社区管理的现状和管理中存在的问题，为更好地推进社会治理工作，近期，由区社会办牵头、北京市社会科学院具体负责，对5个街道15个镇171个社区居委会72个村民委员会2228名居民进行了问卷调查，并对天通苑南北街道、霍营街道、城南街道、城北街道，回龙观镇、北七家镇、东小口镇、南邵镇、沙河镇、十三陵镇以及北四村等各科室负责人进行了座谈，并实地调研了亢山社区、中国政法大学社区、秋实家园社区、龙山锦园社区、胡庄社区等28个社区（村）。兹将调查结果报告如下。

一 本次调查基本情况

1. 社区、村基本情况差异比较大

表1 社区基本情况统计

统计项目	单位	平均值	标准差
社区辖区面积	平方公里	10.1	43.6
社区辖区总人口	人	5385	3778
其中:流动人口	人	1957	1879
61岁及以上	人	858	1010
社区辖区总户数	户	1955	1289
其中:常住户	户	1543	1242
社区内特殊人员	人	48	108
其中:低保对象	人	3	5
下岗失业人员	人	16	40
残疾人	人	26	30
军烈属	人	2	7
孤寡老人	人	11	42
孤儿	人	0.05	0.26

续表

统计项目	单位	平均值	标准差
社区矫正对象	人	1.29	1.73
社区内的县、乡两级党代会代表	人	0.85	1.2
社区内的各级人大代表	人	0.8	3.4
社区内的各级政协委员	人	0.06	0.24

表2　村基本情况统计

统计项目	单位	平均值	标准差
村民委员会辖区面积	平方公里	108.2	236
本村距离本县县城	公里	14.32	9.8
本村距离本乡镇	公里	6.8	8.0
本村总人口	人	2455	5185
其中:户籍人口	人	864	626
外出务工人口(外出半年以上)	人	657	3292
户籍不在本地的人口(居住一年以上)	人	1511	3574
留守老人	人	40	110
留守儿童	人	27	92
留守妇女	人	56	207
人口年龄结构:17岁及以下	人	231	513
18~60岁	人	843	1332
61岁及以上	人	315	754
村内特殊人员	人	42	31
其中:低保对象	人	7	9
残疾人	人	46	35
军烈属	人	6	17
孤寡老人	人	2.9	9
孤儿	人	0.04	0.2
五保户	户	0.3	0.47
社区矫正人员	人	1.6	2.3

续表

统计项目	单位	平均值	标准差
2009~2014年国家征用本村土地	亩	261.58	540.7
2009~2014年以宅基地置换住房	亩	60.34	181.9
村内的县、乡两级党代会代表	人	2	1.26
村内的各级人大代表	人	1.69	1.0
村内的县级政协委员	人	0.02	0.15

注：平均值表示总体情况；标准差表示总体差异情况，标准差越大，说明这一指标区域内差异越大。

从表1、表2数据可以看出，171个社区居委会及72个村的辖区面积、辖区总人口、流动人口等差异性比较大，城乡社区内部的差异性非常显著。

2. 调查的居民样本比较均匀

本次调查男性占46.5%，女性占53.5%；文化程度方面，初中及以下的占12.4%，高中（含中专）占38.8%，大专及以上的占48.8%；年龄段方面，25岁以下的占1.1%，25~35岁的占17.4%，36~45岁的占18.0%，46~55岁的占27.3%，56~65岁的占27.1%，65岁以上的占9.2%；政治面貌方面，中共党员占42.7%，群众占54.8%；所在单位性质方面，国家机关的占3.6%，国有企事业单位占35.1%，民营私营合资单位占16.9%，基层群众组织及社会团体占21.0%；等等。总体上，样本特征分布比较均匀（见表3）。

表3 被调查城乡社区居民基本情况统计

单位：人，%

	个案数	所占百分比		个案数	所占百分比
性别			文化程度		
男	1036	46.5	初中及以下	276	12.4
女	1192	53.5	高中（含中专）	864	38.8
			大专及以上	1088	48.8

续表

	个案数	所占百分比		个案数	所占百分比
年龄段			专业技术人员	136	6.1
25岁以下	24	1.1	公务员	36	1.6
25~35岁	388	17.4	在校学生	4	0.2
36~45岁	400	18.0	离退休人员	764	34.3
46~55岁	608	27.3	其他	352	15.8
56~65岁	604	27.1	目前任职情况		
65岁以上	204	9.2	社区党支部居委会成员	416	18.7
政治面貌			居民代表、居民小组长楼长、单元长	416	18.7
中共党员	952	42.7	社区专职工作人员	222	6.6
共青团员	48	2.2	社区议事会社区事务监督机构成员	8	0.4
民主党派	8	0.4	社区内社会组织成员	144	6.5
群众	1220	54.8	未担任社区内任何职务的居民	1096	49.1
所在单位性质			个人月收入		
国家机关	80	3.6	500元及以下	36	1.6
国有企事业单位	782	35.1	501~1500元	36	1.6
民营私营合资单位	376	16.9	1501~2500元	776	34.9
基层群众组织及社会团体	468	21.0	2501~3500元	812	36.4
其他	522	23.4	3501~5000元	408	18.3
目前的职业			5001元及以上	160	7.2
社区工作人员	604	27.1			
公司、企业商业服务业人员	332	14.9			

注："目前任职情况"一项的个案总数与其他项不一致，是因为社区干部一人兼多职，"一肩挑"情况在社区中普遍存在。

二 城镇社区建设与居民治理的现状及问题

（一）城镇社区建设主要领导队伍需要优化

昌平区有171个社区居委会，72个村民委员会。总体来看，社区（村）居委会主任是城镇社区建设与居民治理的重要主体，是社区建设的实际执行人。表4数据显示，居委会主任的年龄趋于老化，51岁以上的占63.1%，离退休人员占33.9%，下岗失业人员占11.1%，大学毕业生只占1.2%，社区专职工作人员也仅占20.5%；文化程度方面，大学本科的仅占22.8%，高中以下占22.8%；还有28.0%的居委会主任不住在本社区。从村委员会主任来看，51岁以上的占36.2%，初中及以下的文化程度占23.6%。可以说，从城镇社区建设的主要领导人来看，其年龄结构、文化程度、人员来源、居住地点与推进社区治理能力现代化存在较大差距（见表4、表5）。

表4 昌平区社区居委会主任基本情况统计

单位：人，%

	个案数	所占百分比		个案数	所占百分比
性别			共青团员	1	0.6
男	71	41.5	群众	19	11.1
女	94	55.0	无填答	6	3.5
无填答	6	3.5	来源		
年龄段			离退休人员	58	33.9
30岁及以下	4	2.3	下岗失业人员	19	11.1
31~40岁	16	9.4	复员退伍军人	4	2.3
			大学毕业生	2	1.2
41~50岁	37	21.6	社会招聘人员	13	7.6
51~60岁	77	45.0	下派挂职（锻炼）人员	1	0.6
60岁以上	31	18.1	社区专职工作人员	35	20.5
无填答	6	3.5
政治面貌			其他	27	15.8
中共党员	145	84.8	无填答	12	7.0

续表

	个案数	所占百分比		个案数	所占百分比
文化程度			大专	93	54.4
			大学本科	39	22.8
初中及以下	11	6.4	是否居住在本社区		
			是	114	66.7
高中(含中专)	28	16.4	否	48	28.0
			无填答	9	5.3

表5　昌平区村民委员会主任基本情况统计

	个案数	所占百分比		个案数	所占百分比
性别			来源		
男	70	97.2	本村村民	69	95.8
女	2	2.8	乡镇下派干部	1	1.4
年龄段			其他	2	2.8
30岁及以下	1	1.4	文化程度		
31~40岁	12	16.7	初中及以下	17	23.6
41~50岁	33	45.8	高中(含中专)	8	11.1
51~60岁	20	27.8	大专	38	52.8
60岁以上	7	8.4	大学本科	8	11.1
政治面貌			研究生	1	1.4
中共党员	65	90.3	是否连选连任		
共青团员	1	1.4	是	52	72.2
群众	5	6.9	否	20	27.8
无填答	1	1.4			

(二)居民对城镇社区建设与居民治理的认识需要加强

1. 大多数人认为城镇社区建设和居民治理与本人关系密切

图1数据表明,认为城镇社区建设和居民自治与本人关系密切的占65%,一般的占21%,不太密切和不密切的占15%。这说明大多数居民的主人翁意识较强。

2. 对居民自治的权利的来源认识大多正确或比较正确

大多数人对居民参与基层群众自治的权利认识正确。图2数据表明,

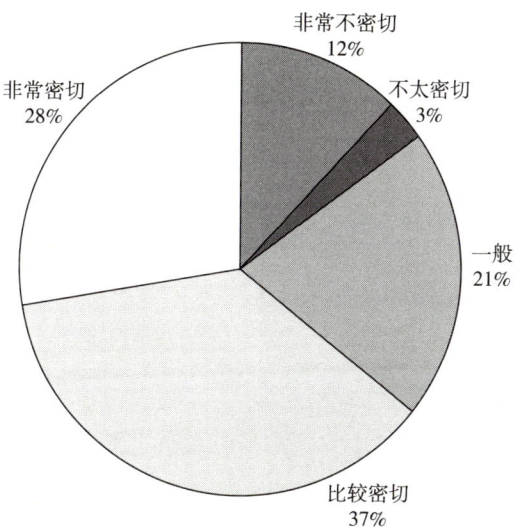

图1 城镇社区建设和居民自治与本人的关系

72.3%的居民认为居民参与基层群众自治的权利是法律规定的,但也有部分居民在认识上存在偏差,16.6%的居民认为是社区自行决定的,11.1%的居民认为是上级规定的。

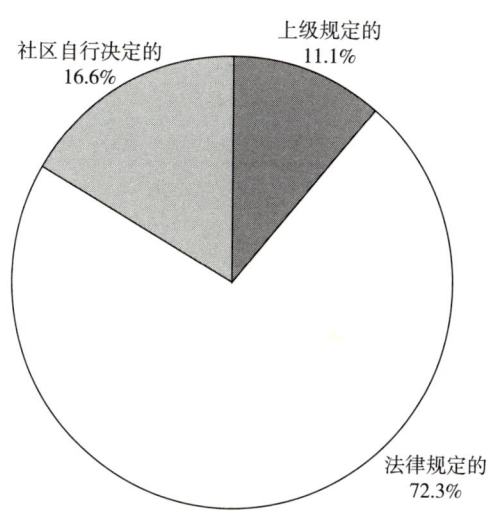

图2 对居民自治权利来源的认识

3. 对居民自治权利的认识正确或比较正确

在居民自治中，33.1%的人认为监督权最重要，选举权排在第二位（27.6%），决策权排在第三位（24.8%），管理权最后（14.5%）（见图3）。

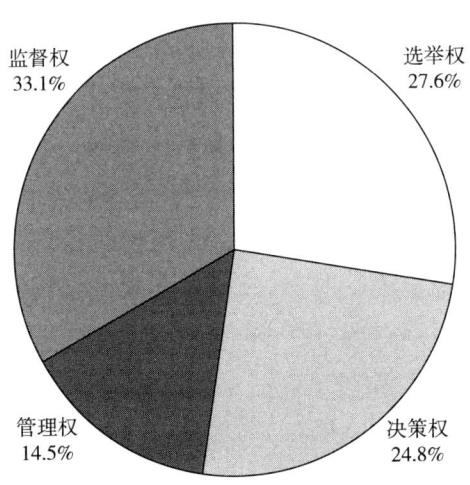

图3 对居民自治权利的认识

在居民自治中，对于城镇居民参与居民自治途径的认识：40.4%的人认为选举社区党支部成员不是城镇居民参与居民自治的途径；23.3%的人认为参与城镇社区建设不是城镇居民参与居民自治的途径（见图4）。

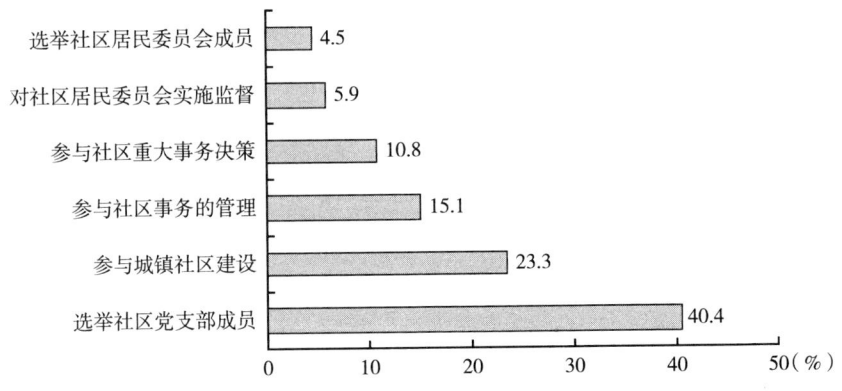

图4 对不是居民参与居民自治的途径的认识

4. 对居民委员会与各级组织关系的认识存在偏差

在居民自治中,一直以来,公众对居委会是上级政府的"腿"的认识根深蒂固,基层人民政府及其派出机构与社区居委会的关系应当是指导关系,但仅有52.2%的居民认为应当是指导关系,有30.9%的人认为应当是领导关系,14.9%的认为是隶属关系,还有2.0%的认为没有关系(见图5)。

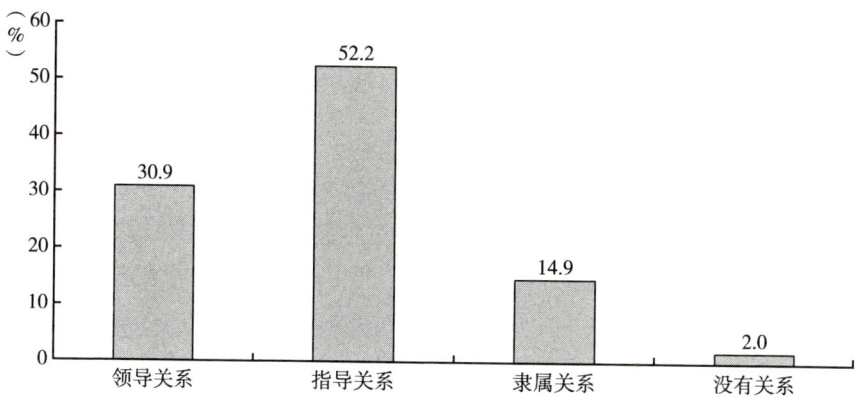

图5 对基层人民政府及其派出机构与社区居委会的关系的认识

在对社区居委会与业主委员会关系的认识中,认为其应当是平等合作伙伴关系的人占68.8%,22.1%的人认为是指导关系,5.0%的人认为是领导关系,4.1%的认为没有关系。在对社区居委会与物业公司之间的关系的认识中,74.5%的人认为应当是平等合作伙伴关系,16.3%的人认为应当是指导关系,4.3%的人认为应当是领导关系,4.9%的认为应当没有关系(见图6)。

5. 对居民委员会产生方式的认识大多比较正确

居民委员会产生的方式应当是全体居民选举产生,是基层民主的真实体现。图7数据表明,根据《居委会组织法》的规定,认为居民委员会的产生方式应当是由居民或居民代表选举产生的占83.9%,7.5%的居民认为应当由居民小组组长选举产生,5.6%的居民认为应当由街道办事处指定,还有3.1%的居民认为应当由社区党支部指定产生。

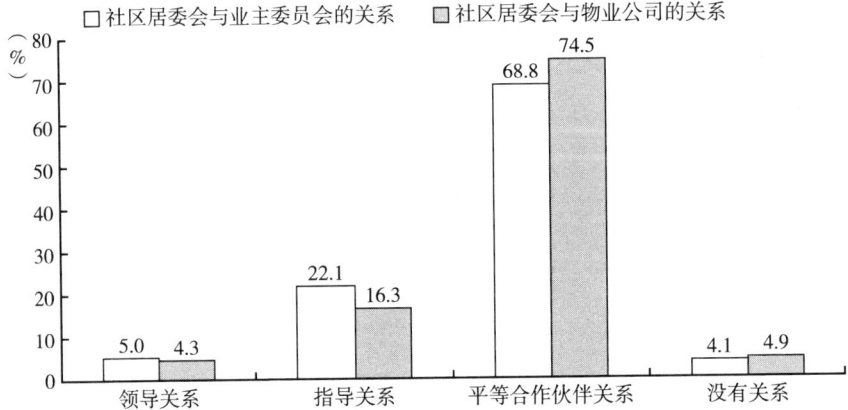

图6 对社区居委会与业主委员会、物业公司"应当关系"的认识

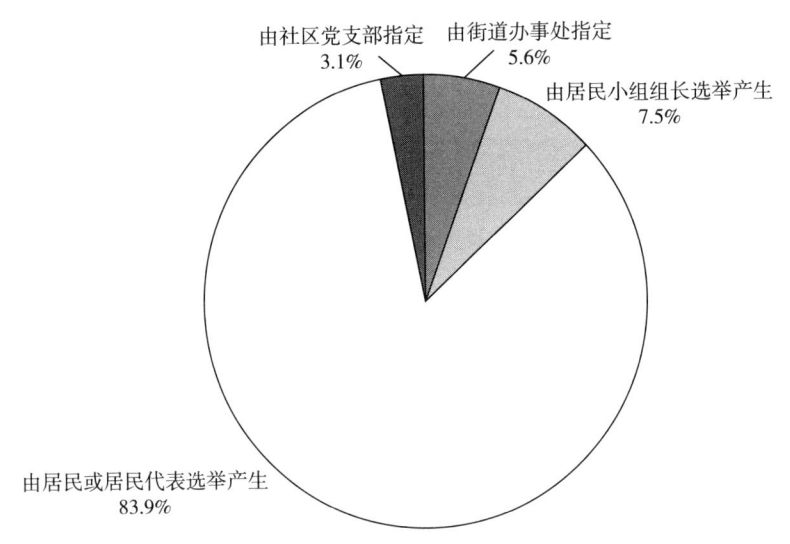

图7 对社区居委会产生方式的认识

(三)城镇社区建设与居民治理的参与程度较高

城镇社区建设与居民治理需要对社区的人、事物进行充分了解,以及主动掌握社区(村)的人、事物相关情况,直至参与社区活动。

1. 对社区居委会干部和居委会工作情况的了解程度比较高

了解是参与的前提,也是参与的结果。在对本社区居委会干部及工作情况的了解程度中,把"非常不了解"和"不太了解"合并为"不了解","非常了解"和"比较了解"合并为"了解",图8数据显示,居民对本社区居民委员会干部的了解程度,不了解的仅占6.2%,一般了解的占23.8%,了解的占70.0%。居民对居委会工作情况了解的占68.0%,不了解的占9.3%,由此可见,社区居民对社区居委会干部和居委会工作情况的了解程度较高。

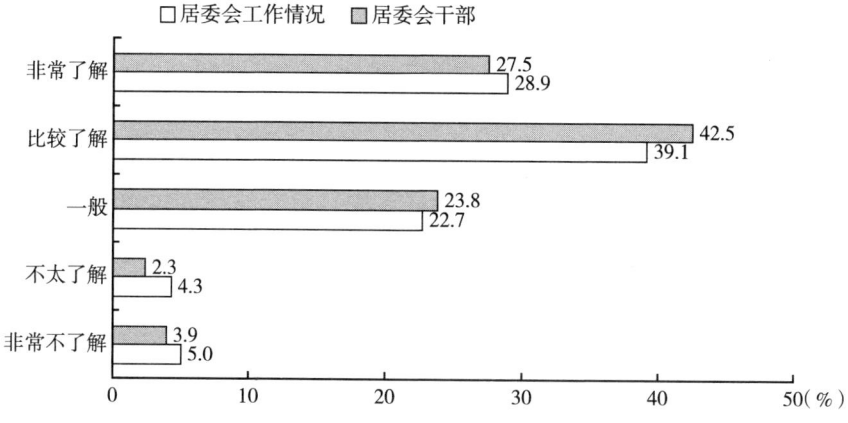

图8 对居委会干部和居委会工作情况的了解程度

2. 居民代表、居民小组长的产生方式主要是居民推选

居民代表、居民小组长的产生方式直接决定了基层民主的表现,是社会主义基层民主最生动的体现。图9数据显示,无论是居民代表,还是小组长,其产生方式均以居民推选为主,其次就是户代表推选和居民小组(单元、楼)推选。

3. 居民参与城镇社区建设与居民治理形式丰富

居民参与城镇社区建设与居民治理,形式丰富多样,如有79.9%的居民听取过社区居委会的年度工作报告,74.0%的居民或家人参加过居民会议或居民代表会议,73.6%的居民参加过社区党支部、居委会成员的民主评

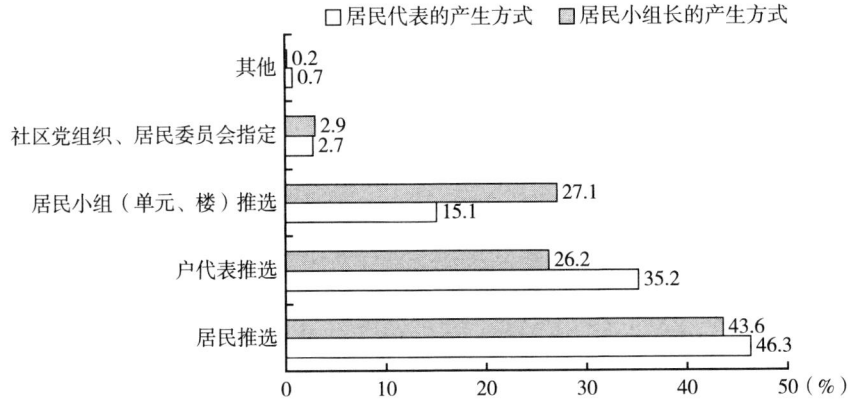

图9 对居民代表、居民小组长产生方式的认识

议，66.8%的居民参加过本社区举办的居民论坛、民主恳谈会等活动，66.2%的居民向社区干部提过意见和建议，有35.0%的居民主动向政府部门反映过本社区的问题，有33.0%的居民曾经自荐过社区居委会成员、居民小组长、居民代表（见图10）。

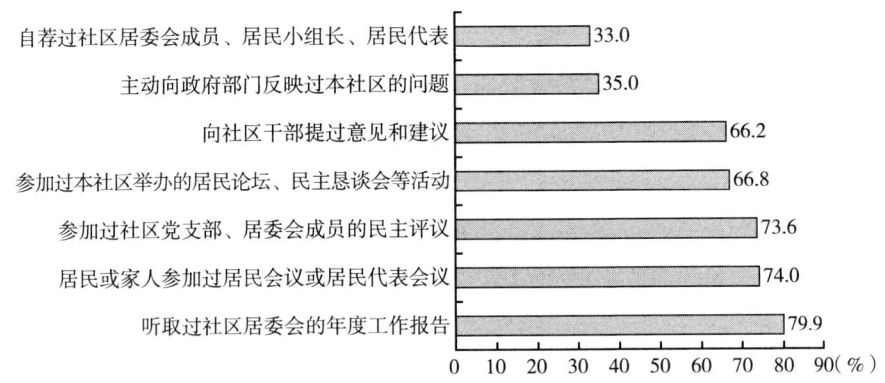

图10 居民主动参与社区居民自治活动的情况

4. 上级部门及社区居委会为居民参与积极创造条件

在城镇社区建设与居民治理方面，举办过居民论坛、民主恳谈会等活动的社区占75.4%，建立了社区事务监督机构的社区占74.8%，为推进社区建设，政府部门在社区举行过与社区建设有关的听证会的占47.4%。总体

上来讲,政府有关部门和社区自身在推动城镇社区建设和居民自治活动中,采取了形式多样的各种活动,为居民参与社区治理、增进社区自治知识提供各种便利条件(见图11)。

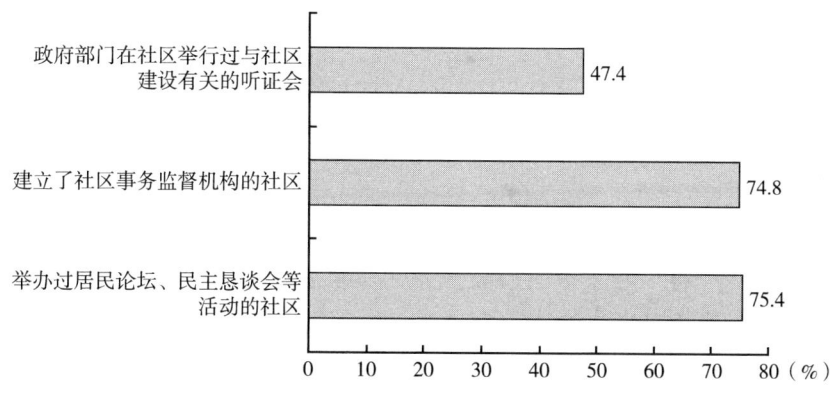

图11 为居民参与提供条件的情况

5. 社区居民主要关注的社区问题是环境卫生、公共安全和居民的基本社会保障

正是因为认为城镇社区建设和居民自治与自我关系密切,所以大多数人平时比较关注国内外形势,表6数据表明,居民对社区建设关心的主要问题排在前三位的分别是环境卫生、公共安全和居民的基本社会保障。

表6 居民对城乡社区主要问题的关注度排序

社区主要问题	第一位	第二位	第三位
环境卫生	41.7%(928人)	15.1%(336人)	8.3%(184人)
公共安全	12.0%(268人)	23.5%(524人)	10.4%(232人)
居民的基本社会保障	9.5%(212人)	10.4%(232人)	19.0%(424人)
医疗服务	21.2%(472人)	21.5%(480人)	15.1%(336人)
物业管理	3.6%(80人)	10.1%(224人)	15.6%(348人)
开展科技、文体活动	4.1%(92人)	2.5%(56人)	4.3%(96人)

续表

社区主要问题	第一位	第二位	第三位
居民委员会选举	2.3%（52人）	3.1%（68人）	4.7%（104人）
公共服务的质量	4.3%（96人）	10.2%（228人）	14.0%（304人）
邻里和谐	1.1%（24人）	3.2%（72人）	7.7%（172人）
无填答	0.2%（4人）	0.4%（8人）	0.9%（20人）

说明：括号内为个案数。

根据社区的实际情况，居民关心的主要问题中排在第一位的是"环境卫生"，占41.7%；排在第二位的是"公共安全"，占23.5%；排在第三位的是"居民的基本社会保障"（见图12）。

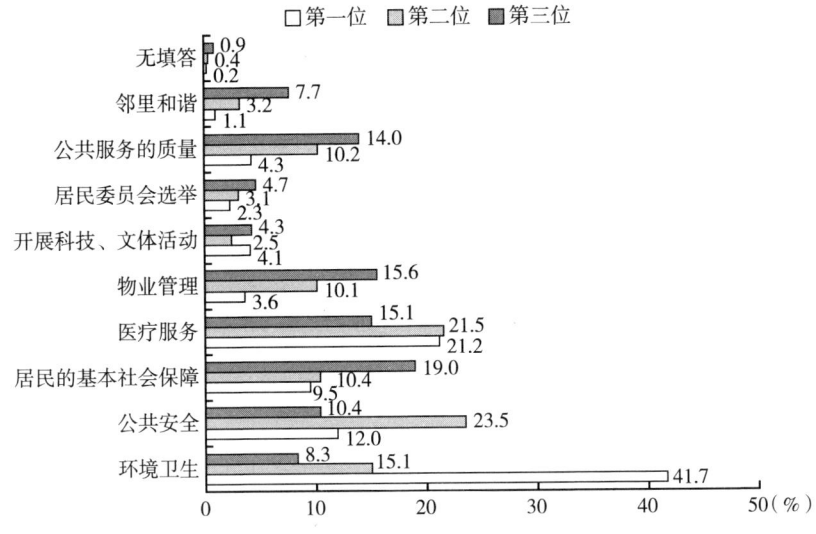

图12 居民对城乡社区主要问题的关注度排序

6. 大部分城乡社区建立了社区（村）事务监督机构

74.8%的社区建立了社区事务监督机构，56.0%的居民认为社区事务监督机构应当对社区居民会议和居民代表会议负责；23.2%的居民认为应对上级政府或街道办事处负责，15.8%的人认为应对社区居民委员会负责，

3.6%的人认为应对社区党支部负责。

7. 居民对城镇社区建设参与程度较高

居民参与社区事务,主要是参与居委会选举、居委会的年度工作报告会议、社区党支部居委会(简称"两委")成员评议会、社区举办的民主论坛及民主恳谈会等。图13数据表明,76.3%的居民参加了社区最近一次的居委会选举工作,74.0%的居民参加过对社区党支部居民委员会成员的民主评议,67.2%的居民参加过本社区举办的居民论坛、民主恳谈会等活动。

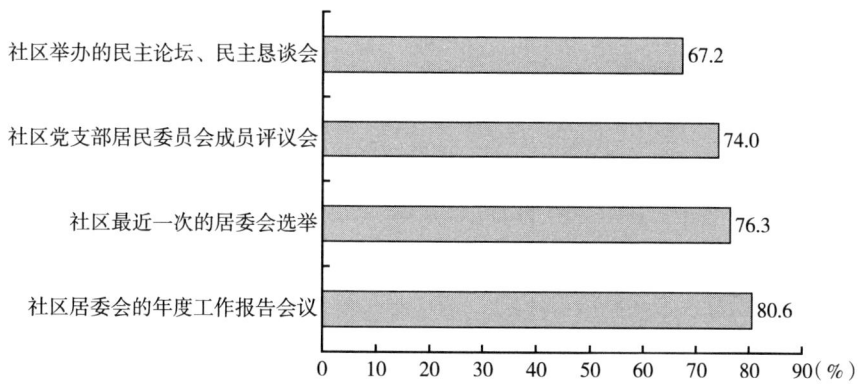

图13 社区居民对社区事务的参与程度

8. 居民对社区信息的了解主要依赖传统媒体

居民了解社区信息的主要途径,排在第一位的是"社区公开栏",为83.10%;排在第二位的是"住宅门口或楼道的通知、告示等",为58.50%;排在第三位的是"社区干部的宣传",为37.0%。可见社区公开栏对社区居民了解社区信息至关重要。可以说,当前社区居民了解社区信息的主渠道依然是传统的宣传媒体(见表7、图14)。

9. 发展城镇社区建设与居民自治应重点解决经费、公共服务不足,下派任务过多的问题

发展城镇社区建设与居民自治,应重点解决的问题排在第一位的是

表7 居民了解社区信息的主要途径排序

社区信息了解的主要途径	第一位	第二位	第三位
社区公开栏	83.1%（1852人）	—	—
住宅门口或楼道的通知、告示等	58.5%（1304人）	—	—
社区干部的宣传	37.0%（824人）	—	—
社区网站	10.8%（240人）	—	—
熟人相互告知	1.4%（32人）	4.1%（92人）	10.6%（236人）
居民代表、居民小组长等告知	1.8%（40人）	2.5%（56人）	24.4%（544人）
无填答	0.9%（20人）	1.6%（36人）	3.6%（80人）

注：括号内为个案数，部分数据缺失。

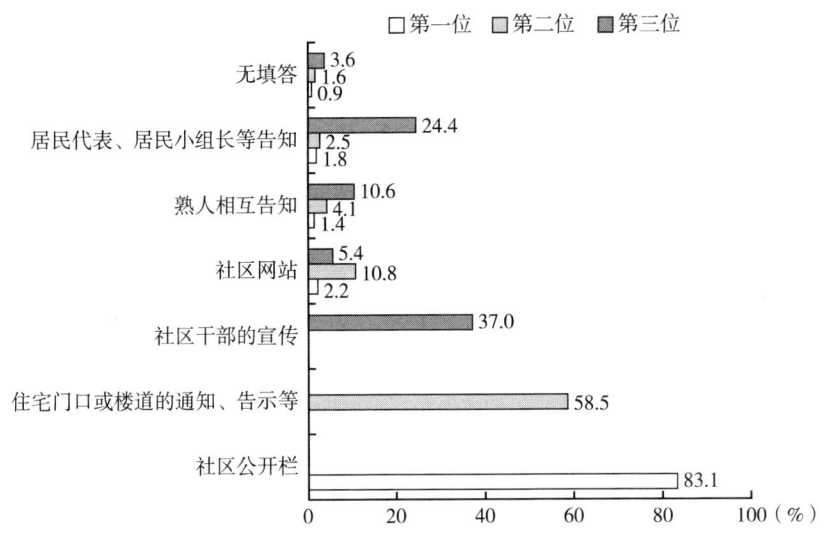

图14 居民了解社区信息的主要途径排序

"开展社区建设和居民自治经费不足"的问题；排在第二位的是"社区建设无法满足居民公共服务需求"的问题；排在第三位的是"社区承担上级下派的任务过多"的问题（见表8、图15）。

表8 发展城镇社区建设与居民自治应重点解决的问题排序

应重点解决的问题	第一位	第二位	第三位
社区建设和居民自治经费不足	37.9%（844人）	22.8%（2032人）	9.5%（212人）
社区建设无法满足居民公共服务需求	11.3%（252人）	29.3%（652人）	21.5%（480人）
社区承担上级下派的任务过多	13.8%（188人）	14.9%（332人）	25.5%（568人）
党支部与社区居民委员会的关系不清晰	9.7%（216人）	0.7%（16人）	0.2%（4人）
乡镇、街道与社区组织的关系未理顺	5.6%（124人）	5.9%（132人）	3.8%（84人）
居民大会和居民代表会议难以发挥作用	7.9%（176人）	3.8%（84人）	3.1%（68人）
社区干部的工作作风和腐败问题	3.8%（84人）	2.7%（60人）	1.1%（24人）
居民论坛、社区听证会等的实效性差	0.7%（16人）	2.9%（64人）	4.5%（212人）
居民对社区建设与居民自治关心不够	3.4%（76人）	6.8%（152人）	12.6%（280人）
业主委员会与物业公司、开发商的矛盾	3.6%（80人）	4.7%（104人）	10.8%（240人）
无填答	2.3%（52人）	5.6%（124人）	7.5%（168人）

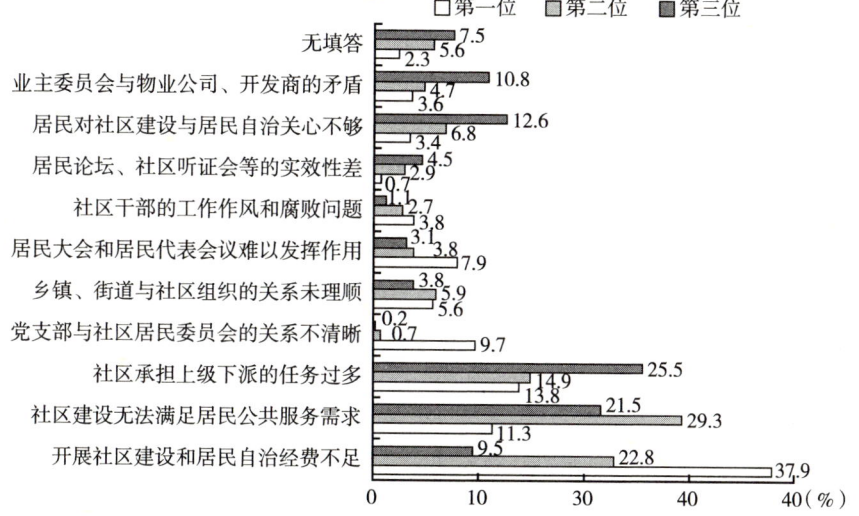

图15 发展城镇社区建设与居民自治应重点解决的问题排序

（四）对居民委员会（村民委员会）选举关注度高

居民的政治意识普遍不高，相对而言，对"居民委员会"（村民委员会）选举关注度较高，排在第二位，占39.1%；排在第一位的是"中国共产党各级组织选举"，占41.7%；排在第三位的是"各级政府领导人员选举"，占21.9%（见表9、图16）。

表 9　对各级选举的关注排序

选举类型	第一位	第二位	第三位
中国共产党各级组织的选举	41.7%（928人）	11.5%（256人）	8.3%（184人）
居民委员会（村民委员会人）选举	39.1%（872人）	28.9%（644人）	14.7%（328人）
各级政府领导人员选举	8.8%（196人）	12.4%（276人）	21.9%（488人）
全国、省级、市级人大代表选举	5.2%（116人）	16.0%（356人）	14.9%（332人）
县级人大代表选举	0.9%（20人）	10.4%（232人）	13.3%（296人）
乡镇人大代表选举	2.9%（64人）	15.8%（352人）	18.0%（400人）
无填答	1.4%（32人）	5.0%（112人）	9.0%（200人）

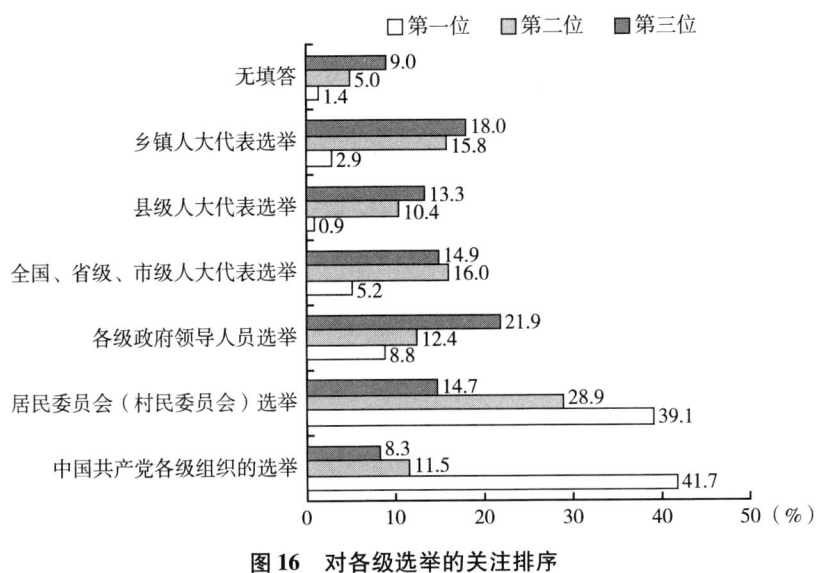

图 16　对各级选举的关注排序

（五）对城镇社区建设与居民治理的评价较高

1. 对社区居委会、党支部工作的满意度较高

总体来讲，社区居民对社区居委会的工作满意度比较高，均在87%以上。其中，落实各种政策，完成上级任务的满意度为92.66%；调解邻里纠纷，人际关系和谐的满意度为92.06%；听取意见和建议，接受监督的满意度为91.72%；居务公开和民主管理的满意度为91.04%；提供便民服务的

满意度为89.06%；保障社区安全的满意度为88.00%；优化社区环境的满意度为87.06%（见表10、图17）。

表10 社区居民对社区居民委员会工作的满意度评价

单位：%

工作内容	非常不满意	不太满意	一般	比较满意	非常满意	满意度指数
落实各种政策，完成上级任务	0.7	0.2	6.6	20.1	72.4	92.66
调解邻里纠纷，人际关系和谐	0.7	0.2	5.7	24.4	68.9	92.06
听取意见和建议，接受监督	0.5	0.7	7.2	22.4	69.1	91.72
居务公开和民主管理	0.9	0.7	7.7	23.7	67.0	91.04
提供便民服务	0.7	—	9.7	28.5	60.3	89.06
保障社区安全	0.9	2.5	9.5	29.4	57.6	88.00
优化社区环境	2.0	1.6	9.5	32.9	54.0	87.06

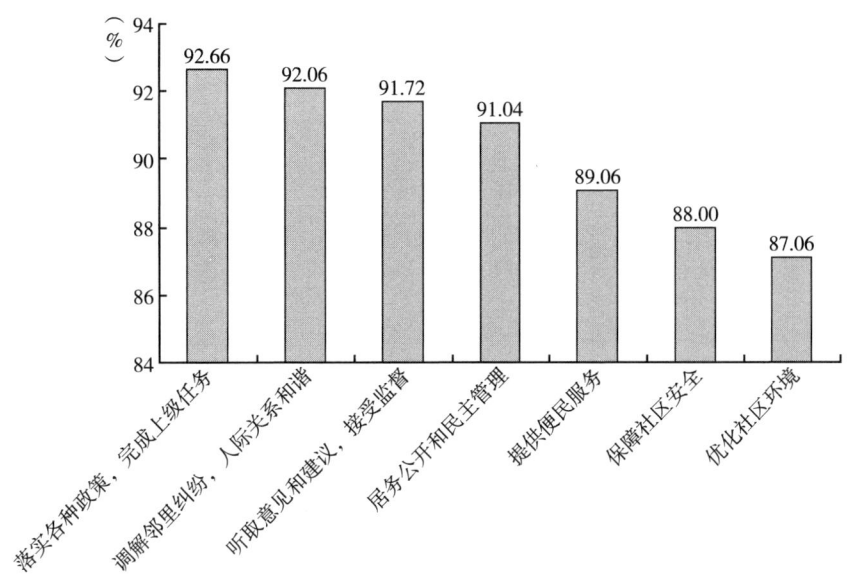

图17 社区居民对社区居委会工作的满意度

社区居民对社区党组织的工作评价满意度较高，总体在90%以上。其中，对完成上级党组织和上级政府的各项任务的满意度为95.14%；认真听取居民的意见和建议的满意度为92.22%；领导和支持居民委员会行使职权的满意度为92.06%；党员发展和党组织建设的满意度为90.86%；做居民的思想政治工作的满意度为90.32%（见表11、图18）。

表11 社区居民对社区党组织工作的满意度评价

单位：%

工作内容	非常不满意	不太满意	一般	比较满意	非常满意	满意度指数
完成上级党组织和上级政府的各项任务	0.5	6.0	5.6	19.6	73.6	95.14
认真听取居民的意见和建议	0.5	1.5	4.8	22.8	70.4	92.22
领导和支持居民委员会行使职权	0.5	0.5	6.5	23.2	69.3	92.06
党员发展和党组织建设	1.1	0.5	7.2	25.9	65.4	90.86
做居民的思想政治工作	1.6	0.7	7.2	25.5	65.0	90.32

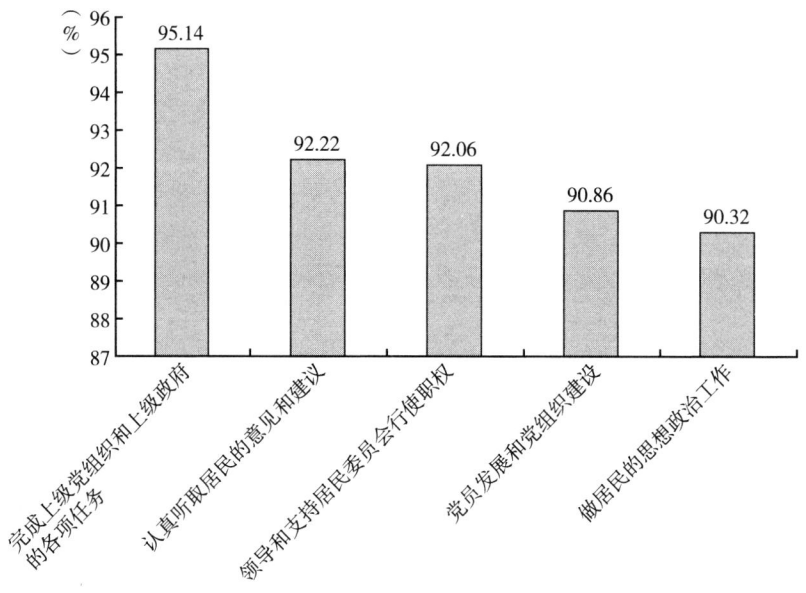

图18 社区居民对社区党组织工作的满意度

2. 对当前"六大建设"的关注度高于满意度

在当前的"六大建设"中,居民最关注的是社会建设(51.0%),排在第二位的是生态建设(19.4%),第三位的是文化建设(12.6%),第四位的是政治建设(8.6%),第五位的是经济建设(5.2%),第六位的是党的建设(3.2%)。但从"六大建设"的满意度的评价指数来看,基本上相反,居民对六大建设的满意度排在第一位的是党的建设,满意度为88.5%;第二位的是文化建设,满意度为86.7%;第三位的是政治建设,满意度为86.3%;第四位的是生态建设,满意度为83.7%;第五位的是社会建设,满意度为82.4%;第六位的是经济建设,满意度为82.4%。由此可见,社区应加大社会建设和生态建设的力度(见图19、表12)。

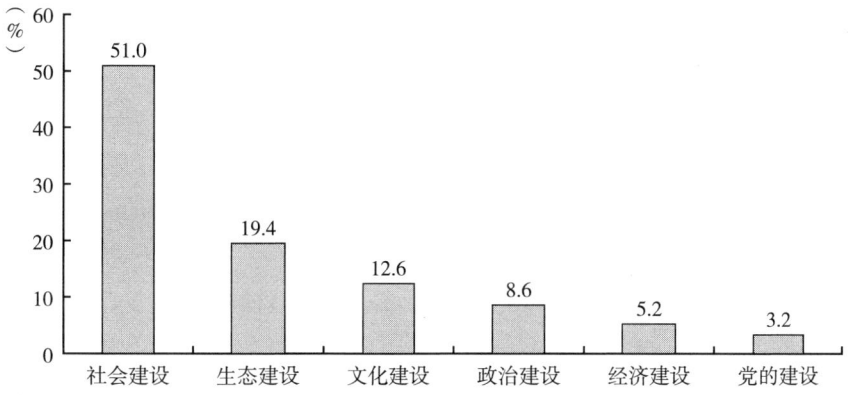

图19 社区居民对当前"六大建设"的关注度

表12 社区居民对当前"六大建设"的满意度

单位:%

六大建设	非常不满意	不太满意	一般	比较满意	非常满意	满意度
基层党组织建设(党的建设)	0.9	0.9	9.7	31.8	56.7	88.5
发展社区文化(文化建设)	0.5	1.1	12.9	35.2	50.3	86.7
发展基层民主(政治建设)	1.3	1.3	12.0	35.5	49.9	86.3

续表

六大建设	非常不满意	不太满意	一般	比较满意	非常满意	满意度
加强社区环境保护（生态建设）	1.3	3.4	14.5	37.2	43.6	83.7
提高居民社会保障水平（社会建设）	1.4	3.1	17.9	36.6	40.9	82.4
完善市场经济秩序（经济建设）	0.4	4.1	16.5	41.1	37.9	82.4

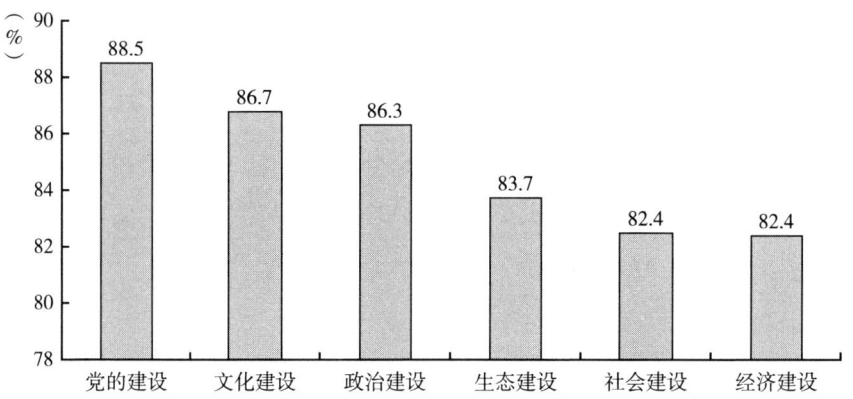

图20 社区居民对当前"六大建设"的满意度

3. 当前社会建设总体上需大力加强

从城市社区的社会建设情况来看，总体上不理想。社区内社会建设最缺少的是儿童服务设施、养老保障设施、医疗服务设施，表13数据显示，有幼儿园、托儿所等儿童服务设施的仅占52.0%，有老人日间照料设施的仅占33.9%，有医疗服务站的社区仅占33.1%，有小学的仅占24.6%（见表13）。

从农村社区建设情况来看，当前农村社区建设最为薄弱的领域是医疗、儿童教育和养老，有医疗服务站的仅占34.7%，有小学的仅占29.2%，有幼儿园、托儿所等儿童服务设施的仅占22.2%，有养老院的仅占4.2%（见表14）。

表13　当前城市社区社会建设的情况

单位：%

统计项目	是	否	无填答
社区内是否建立了社区服务站(中心)	87.7	11.1	1.2
社区内是否建立了信息化管理和服务平台	87.1	12.3	0.6
社区内是否有室外文体活动场所	84.1	14.7	1.2
社区内是否有图书馆(室)	80.1	18.1	1.8
社区服务站(中心)是否推行了"一站式"服务	79.5	17.5	2.9
社区内是否有劳动保障中心(所、站)	71.9	23.4	4.7
社区内是否有社区警务室	64.3	31.0	4.7
社区内是否有幼儿园、托儿所等儿童服务设施	52.0	44.4	3.5
社区内是否有老人日间照料设施	33.9	62.0	4.1
社区内是否有社区医疗服务站	33.1	62.0	4.7
社区内是否有小学	24.6	71.9	3.5

表14　当前农村社区建设情况

单位：%

统计项目	是	否	无填答
本村是否推行了新型农村合作医疗	91.7	1.4	6.9
本村是否推行了新型农村养老保险	90.3	1.4	8.3
本村是否有图书馆(室)	79.2	9.7	11.1
本村是否有室外文体活动场所	77.8	11.1	11.1
本村是否建立了社区服务站(中心)	69.4	11.1	19.4
本村是否建立了信息化管理和服务平台	66.7	15.3	18.1
农村社区服务站是否推行了一站式服务	63.9	16.7	19.4
本村是否有警务室	62.5	22.2	15.3
本村是否建立了劳动保障中心(所、站)	37.5	34.7	27.8
本村是否有社区医疗服务站	34.7	36.1	29.2
本村是否建立了社区服务热线	33.3	40.3	26.4
本村是否有小学	29.2	50.0	20.8
本村是否有幼儿园、托儿所等儿童服务设施	22.2	55.6	22.2
本村是否建立了社会捐助站点	12.5	59.7	27.8
本村是否建立了社区慈善超市	4.2	65.3	30.6
本村是否有养老院	4.2	75.0	20.8

综合上面的数据来看，当前城乡社会建设的力度需要加强，老有所养、病有所医、学有所教在部分社区仍然很难得到满足。

（六）对城镇社区建设与居民自治意见的反馈

1. 对社区干部意见的表达方式理性文明

社区居民对本社区居委会干部了解程度比较高，所以对社区干部有意见，表达意见采用的方式非常直接。表15、图21数据表明，对社区干部意见的表达方式排在第一位的是"与居民委员会干部谈话"，占52.1%；排在第二位的是"社区开会时发言提意见"，占41.7%；排在第三位的是"向政府有关部门（包括信访部门）反映"，占25.7%。

表15 社区居民对社区干部意见的表达方式

表达意见的方式	第一位	第二位	第三位
与居民委员会干部谈话	52.1%（1160人）	23.2%（516人）	9.0%（200人）
社区开会时发言提意见	13.3%（296人）	41.7%（928人）	19.4%（432人）
向政府有关部门（包括信访部门人）反映	15.8%（352人）	13.1%（292人）	25.7%（572人）
向人大代表和政协委员反映	0.1%（224人）	0.7%（16人）	3.8%（84人）
找熟人或与其他人相互议论	4.5%（100人）	6.1%（136人）	5.0%（112人）
向媒体反映	—	0.5%（12人）	1.4%（32人）
在互联网上发表意见	0.7%（16人）	2.7%（60人）	4.1%（92人）
选举时不选他们	2.5%（56人）	5.4%（120人）	18.0%（400人）
联合居民罢免他们	0.2%（4人）	0.5%（12人）	2.0%（44人）
组织集会、游行和抗议活动	—	—	0.2%（4人）
无填答	0.9%（20人）	6.1%（136人）	11.5%（256人）

2. 城乡居民对社区干部评价最高

对社区内各种群团组织和各种有社会影响力的人物的评选中，在居民眼里，社区最有威信的人，排在第一位的是社区干部，排在第二位的是热心的志愿者，排在第三位的是社区民警（见表16、图22）。事实上，这三类人

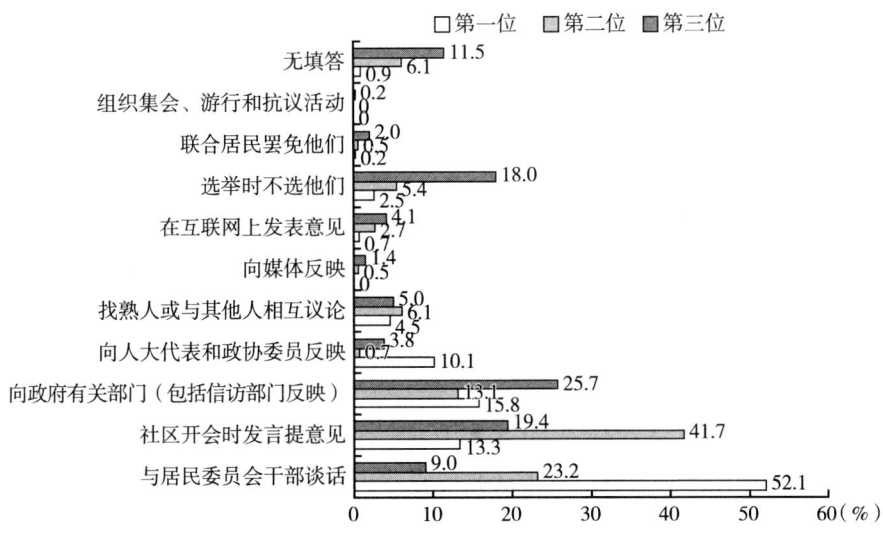

图 21　对社区干部意见的表达方式

既是社区里与居民打交道最多的人,也是办实事最多的人,因而最受居民喜爱。

表 16　本社区最有群众威信的人排序

最有群众威信的人	第一位	第二位	第三位
社区干部	76.8%(1712人)	12.6%(280人)	3.8%(84人)
热心的志愿者	2.5%(56人)	21.2%(472人)	26.4%(588人)
社区民警	7.2%(160人)	17.4%(388人)	23.9%(532人)
人大代表和政协委员	3.6%(80人)	12.9%(288人)	4.3%(96人)
老干部、老同志	6.6%(148人)	16.9%(376人)	8.8%(196人)
业主委员会负责人	0.7%(16人)	5.7%(128人)	6.3%(120人)
物业公司经理	0.9%(20人)	3.6%(80人)	4.5%(100人)
群团组织负责人	0.7%(16人)	7.2%(160人)	18.0%(400人)
无填答	0.9%(20人)	2.5%(56人)	4.1%(92人)

说明:括号内数据为个案数。

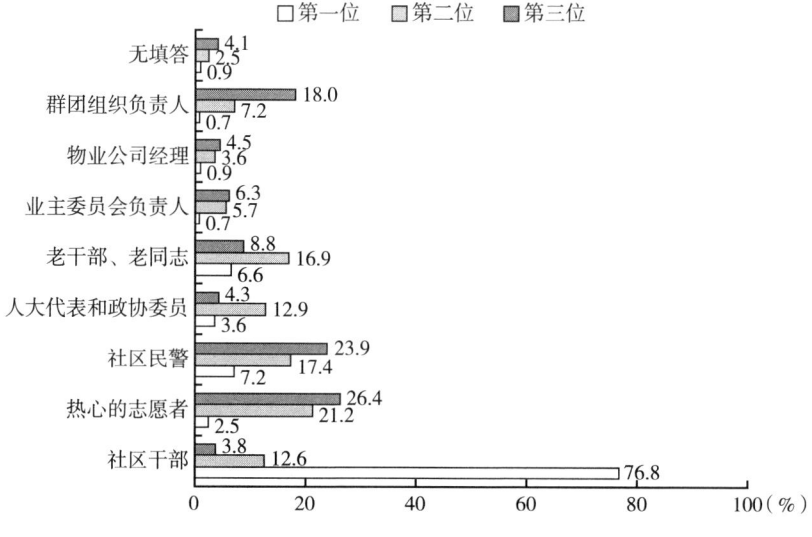

图22 本社区最有群众威信的人排序

三 基本结论

（一）对城镇社区建设与居民自治的认识有待进一步提高

城镇社区建设与居民自治，应该是在上级各部门的指导下、在社区党委和居民委员会的直接带动下居民的自觉行动，但居民对居委会的产生方式、社区事务监督机构、社区党组织与居民委员会的关系、基层人民政府及其派出机构与社区居民委员会的关系、社区居民委员会与业主委员会的关系、社区居民委员会与物业公司的关系、社区居民代表会议的职权等方面的认识均存在一定程度的偏差，需在推进城镇社区建设与居民自治的过程中，进一步提高居民的思想意识，改变社区居民的观念。

（二）对城镇社区建设与居民自治的主动性有待进一步提高

城镇社区建设与居民自治的好坏，直接关乎居民福利水平的提高，但居民在对社区主要问题的关注度上，如对社区居民会议、居民代表会议的参与程度，对社区党支部成员、居民委员会成员等进行民主评议，参加社区居民论坛、民主恳谈会等活动,向政府部门反映本社区建设中的问题等事项的积极性还有待进一步提高。

(三)居民参与城镇社区建设与居民自治提供的条件有待进一步加强

政府部门在社区举行与社区建设有关的听证会,社区举办居民论坛、民主恳谈会等活动以及居民委员会向居民会议或居民代表会议报告年度工作等,还有待进一步加强。

(四)社区居民对当前"六大建设"的关注度高于满意度

城镇社区建设涉及社区居民生活的方方面面,是政治建设、经济建设、社会建设、文化建设、生态建设、党的建设在基层的生动体现。数据表明,城乡社区社会建设中的"学有所教、病有所医、老有所养"与居民的期望有一定的差距,其他建设方面也存在不少的差距,居民对当前"六大建设"的关注度普遍较高,但满意度普遍低于关注度,特别是在社会建设和生态建设上。因此,今后一段时间,加强社会建设和生态建设应是城乡社区工作的常态。

(五)社区居民对"两委"工作的满意度指数比较高

社区党支部、社区居民委员会在社区工作的内容、方向方面获得居民的普遍赞誉,居民对"两委"工作的满意度普遍较高,一方面,说明城乡社区"两委"工作的实效性和针对性强;另一方面,说明城乡社区居民对"两委"工作的认可度高。

(六)社区干部是建设城镇社区和帮助居民自治的中坚力量

社区干部与城乡社区居民接触的时间最多,是帮助社区居民解决困难的最贴心的人。因此,社区居民向社区干部提意见的方式都比较文明理性,并且一致认为,社区干部是社区最有威信的人。因此,从这一角度来看,社区干部不仅过去是,现在是,将来也是建设城镇社区与帮助居民自治的中坚力量。

B.13
街道统筹下"居站分离"的新型社区治理体系探索

——北京西城区月坛街道的实践

马晓燕*

摘　要： 社区居委会成为政府行政"末梢"的局面一直以来都制约着社区自治的发展。通过"一委多居"、"多居一站"体系的建设，"居站分离"在一定程度上得以实现，逐步减少了社区居委会行政性事务，新型社区治理体系建设有助于提升基层治理能力，推进社会治理现代化进程。

关键词： 社区治理　"居站分离"　治理体系

社区是社会治理的重要基础和依托。党的十八届四中全会明确做出推进基层治理法治化的战略部署，为推进社区治理创新指明了方向。西城区月坛街道位于首都功能核心区，近年来，围绕首都城市战略定位和月坛街道社会发展的阶段性特征，街道按照"重心下移、职能下沉，做实街道、做强社区"的思路，深化基层社会治理改革，在辖区范围内试点实践"一委多居"、"多居一站"工作模式，通过加强社区党委、社区服务站工作能力，由一个社区党委、社区服务站联系并服务两个（或以上）社区，实现"居

---

* 马晓燕，北京市社会科学院首都综治研究所副研究员、社会学博士，研究方向：城市社会学、社区。

站分离",逐步减少社区居委会行政性事务,使社区居委会专注于社区自治。因此,探索构建具有首都特色、符合基层实际、体现群众需求的新型社区治理体系,为全面提升基层治理能力、实现社会治理现代化奠定基础。

一 街道统筹下的新型社区治理体系构建

月坛街道社区治理体系是在街道统领下,与月坛街道"中心制"运行机制相对应的工作模式。月坛街道"中心制"运行机制起源于2004年街道承担的"大科部"试点任务。为实践街道管理体制改革,推进政府管理与服务职能到位,街道将原先的工作性质、工作职责、工作任务基本相同或相近的科室,以系统为单位进行划分和整合,成立了"七部二室一厅"的工作格局。之后,随着社会的不断发展和变化,街道在整合内部机构、形成大科部制的基础上,进一步探索与外部资源的整合形式,2013年构建起以党群工作中心、综合指挥保障中心、纪检监察与综合投诉中心、综治维稳中心、城市管理中心、社会建设与社会动员中心、社会保障中心、社区服务与老龄事务中心为框架的街道"中心制"运行模式。中心制运行以来,通过整合内部、外部资源,形成了街道领导、中心牵头、部门联动、齐抓共管的工作体系,解决了过去街道内部机构分工过细、部门之间交叉管理、各自为政的问题。同时,通过倡导多元合作,社会单位可更多地参与街道社区日常工作,形成一个更加开放的、具有更广泛社会参与的工作机制,为辖区社会单位、社会组织、居民参与基层社会治理工作提供更加广阔的载体和平台。

(一)创新"三位一体"的社区治理体系

月坛街道地处首都功能核心区,街道聚集了大量中央国家机关政府部门,同时,国家部委的家属院也比较多,社区治理面临的情况较为复杂。近年来,在街道统领下,月坛各社区试点实践"一委多居"、"多居一站"工作模式,改善社区"两委一站"设置,在加强社区党委、社区服务站工作能力的同时,逐步减少社区居委会行政性事务,努力建立社区党建、社区自治、社区服务"三位一体"的社区治理结构，充分发挥社区党组织的政治引领、社区居委会的民主自治和社区服务站的公共服务职能。

1. 试点推进"一委多居"工作模式，强化社区党组织的领导核心作用

"一委多居"即一个基层党委组织联系多个社区居委会工作。"一委多居"模式，能够在更为广阔的社区区域化党建工作中，扩充整合社区服务和驻区单位资源，充分调动辖区内政府、市场、社会、居民等各类资源，共同参与社区治理和社区建设，能够有效弥补原有社区服务资源不足等问题。月坛街道积极选优配强社区党组织班子，加强社区党组织建设。通过探索"大党委"工作机制，以街道党组织为核心、以社区党组织为基础的区域化党建工作格局建成，坚持党组织在服务地区居民、协调社区各项事务中的领导核心地位，更好地发挥统筹全局、协调各方、整合资源、凝聚人心的作用。

2. 建设社区居委会下属工作委员会，强化社区自治功能

自2014年起，为推进社区工作精细化和规范化，深化社区基层治理创新，月坛街道在各社区居民委员会下设立了七个下属工作委员会，即社会福利委员会、综合治理委员会、人民调解委员会、市政环保委员会、人口健康委员会、文化共建委员会、老龄工作委员会。各工作委员会一方面承担着向居民、社会单位宣传贯彻国家相关领域的法律、法规和政策，组织开展相关领域的活动等任务；另一方面还要承担协调各种社区主体如业主委员会、物业服务企业、社区社会组织和居民的关系，壮大社区志愿者队伍，动员组织居民开展志愿服务活动，推动社区居民与辖区单位积极参与相关领域的社区治理等工作。社区七大工作委员会与街道八大工作中心根据相关业务类型建立相应的对应关系，社区工作委员会接受街道对口中心的指导与协助。街道中心引导社区党委、社区居委会发挥好引领、培育、动员社会组织及居民群众的功能作用，实现对社区工作绩效评估的规范化。在街道党工委及相应中心的指导与协助下，社区居委会及其七大工作委员会通过完善体制机制，健全社区工作者队伍，充分发挥社区居民在基层治理中的积极作用，以开展基层协商项目等方式更好地服务居民群众和辖区社会单位，提升社区的治理成效。

3. 试点探索"多居一站"工作模式，强化社区公共服务

街道进一步强化社区服务站的综合服务功能，依托社区公共服务综合信息平台，为社区各类主体提供集约式、开放式的社区服务，切实发挥社区服务民生、服务群众的功能。2014年，月坛街道开始尝试"多居一站"工作模式。"多居一站"是指通过整合片区内公共服务资源，合理设定社区服务站辐射范围，实现一个社区服务站服务于多个社区居委会。街道通过系统梳理社区服务站服务事项、优化工作流程，逐步使社区居委会减少行政事务，为社区居委会减负，使其更多地专注于开展社区自治事务。试点社区服务站在街道办事处的领导下，在更大的范围内整合和利用社区公共服务资源，加强社区服务站与所辐射社区的联系，为服务辖区内社区居民提供公共服务并接受群众监督，形成政府管理职能与居民自治功能互补的新型社区管理体制。

（二）完善街道社区互相推动的新型社区治理工作机制

1. 建立社区工作联席会制度

社区工作联席会是在社区党组织领导下，由社区居委会、驻区单位、社区中介组织、社会团体等各种力量形成联席会议，协商讨论社区建设与治理有关事项的工作例会。社区工作联席会的成员主要是社区党组织和社区居委会成员，同时，根据会议内容，吸收社区服务站站长、社区居民代表、驻区单位代表和社区其他组织、团体负责人列席。社区工作联席会由社区党组织书记负责牵头、协调和召集，一般每季度召开一次，遇特殊情况可随时召开。在工作内容上，社区工作联席会承担着传达贯彻落实党的路线方针政策、国家法律法规和执行工作部署等方面的工作任务。联席会倡导发扬民主，与会者畅所欲言，对研究讨论的问题积极发表意见和建议，成为体现坚持党的集体领导、民主决策和社区自治相结合原则的重要组织形式。

2. 落实社区公开制度

街道积极加强落实社区党务、居务、财务等活动，公开各项内容和要

求，要求各社区严格按照规定向居民通报社区公益金使用管理情况，并在社区公示栏中公示。结合社区实际，社区居委会要通过居民会议、协商议事会、民主听证会、显示屏、触摸屏、闭路电视等多种渠道向居民通报社区重大事项，发挥社区微博、QQ群、微信群、网站等新媒体作用，拓宽社区居民对社区事务的了解渠道。

3. 建立社区问题发现与评价机制

在"中心制"背景下，街道以社会建设与社会动员中心为主要负责部门，承担并实施以问题分析和评价机制为主的"发现与评价"职能，并由综合指挥保障中心承担"保障督办"、纪律监察与综合投诉中心承担"监督检查"的职能。通过科学策划、发现和评价职能，制定组织动员社会力量参与社区治理职责体系和评奖制度，在其他五大中心的"策划执行"职能得到有效履行的条件下，积极推进基层共治与自治相结合的协商治理架构，有效提升社区生活服务类、慈善互助类、专业调处类、公益文体类社会组织能力，优化基层社会服务和社区治理的绩效。

4. 建立社区治理能力评估机制

为了对社区建设和社区治理的工作效果进行有效检验和总结，更好地发现问题和解决问题，从而进一步提高社区治理的效率，2014年，街道设计出一套科学、有效、简洁、易操作的社区治理评价指标体系，对社区建设与治理各主体在一定时间内通过工作实践所取得的业绩和在一定时间内所获得的社区发展效益进行评价和测评，测评内容包含社区党建、社区自治、社区服务、社区安全、社区文化和社区环境等六个方面。通过一系列科学化、标准化、规范化的评价指标体系对社区建设及社区治理重要领域及核心内容的检测与评价，总结经验，发现不足，月坛街道社区建设与社区治理能够实现提高质量与水平的目的。

（三）新型社区治理体系取得的效果

1. 社区民意得到充分表达

在更大范围内开放的社区公共服务和资源，使社区居民获得更为广阔的平台。街道向社区居民开放热线电话、公共邮箱、信箱、接待窗口等多种形式的表达渠道，社区居民论坛、网上论坛、民情恳谈等对话形式成为社区成员关注和参与社区公共事务并进行意见表达的重要渠道，而且取得了很好的效果。另外，街道积极开展了"访民情、听民声、集民意"的活动和"走千户访千人"等群众工作方法，社区党委成员能够主动进网格、进楼门、进住户，常与居民见面，收集居民群众的愿望、意见与呼声，较为及时地反映和协调推动解决居民反映的问题，社区民意得到充分地表达。

2. 社区议题获得沟通平台

根据社情民意的收集和协商议题的确定，社区党委和居委会能够及时组织利益相关方召开社区议事协商会，就相关主题发表意见，展开对话，实行表决，做出决策。对于牵涉社区公共利益的事务，由全体居民或者居民代表来表决，一旦得出结果，就可得到社区内的成员认同并被落实。这种规范化和制度化的沟通与协商机制，能够更好地满足社区居民的真正需求，从而也有利于社区各类问题的真正解决。

3. 社区项目实施得到有效监督

经由社区议事协商会表决结果形成的决议，在街道办事处及其各中心的指导与协助下能够更快进入事件办理程序。同时，社区治理能力评估机制的确立及问题发现与评价机制的实施，要求对评估中发现的社区治理问题进行反馈和总结，在街道中心的指导、协助下，凝聚驻区单位主动参与社区建设，共同协商解决居民反映的问题。目前，通过完善共建共享协调机制，街道各中心能够发挥好社区共建协调委员会的桥梁纽带作用，较好地发现和挖掘出驻区单位的可开放资源和需求，最大限度地满足和迎合辖区居民的公共服务需求。

二 新型社区治理体系的深入推进面临的问题

随着经济社会的快速发展，城市社会治理基层基础薄弱的问题日益凸显，基层治理关系不顺、社区组织能力不强、社区居民参与不够、社会活力不足等问题尤为突出，充分认识深化街道社区管理体制改革中存在的问题和面临的挑战，有助于创新街道社区管理体制和运行模式，提升城市管理和社会治理的水平，为推动首都科学发展、促进社会和谐发挥作用。

（一）有关社区治理运行程序的法律法规还不完善

依据党的十八届四中全会精神，社区治理需要建立法治秩序。社区治理的法治秩序需要从社区治理的主体及其职责、社区治理机制构建等方面去探索。当前，有关社区治理运行过程与机制的法律法规还不完善，现行的法律条文对社区参与的主体、参与的内容和途径等没有明确的规定，社区治理缺乏可操作的程序规范，社区参与基本上处于一种"无法可依"的状态，这在很大程度上影响了社区治理的效果。从街道社区的治理现状来看，基层大部分社区参与活动基本上是根据社区居委会等组织的需要安排，通常由街道办事处、居委会临时召集居民开会，布置落实工作任务，鼓励社区居民与志愿者参与某些活动。这种随机动员起来的社区在参与行动过程中，治理主体之间缺乏明确的权责关系，缺乏互相配合、互相制约的运行机制。虽然政府提倡加大社区治理的力度，但社区参与制度化保障的不足影响了新型社区治理机制的有效运行。

（二）社区居委会主体组织功能发挥不够

在社区治理的体系框架中，社区居委会作用的发挥直接影响社区治理能力的提升。社区居委会要争取街道办事处在解决和办理社区公共事务与公益事业过程中的支持和帮助，发挥主体组织功能，宣传、动员和组织社区成员有序参与社区治理。而一直以来，社区居委会在人事安排和财政拨款两个方面对行政体系的依附使其失去自身的独立性，仍是行政体系的"末梢"。月坛街道辖区范围内试点实践"一委多居"、"多居一站"工作模式，目的也是实现"居站分离"，逐步减少社区居委会行政性事务，使社区居委会专注于社区自治。但从总体上来说，目前的改革只是一个小步的尝试，城市基层治理体系中区县政府、街道办事处与社区居委会层级关系仍由行政力量主导，社区组织的自治化功能依然没有得到充分释放。

（三）人员结构复杂，居民群众的参与度不足

社区意识是社区成员对社区的关心、认同、归属、依赖等心理感觉和价值取向。社区意识是社区成员参与社区治理的一个重要前提，如果社区成员具有强烈的社区意识，他们就会关注社区的需要，就有较高的参与社区公共事务治理的意愿。北京市数量庞大的流动人口，以及城市中心区大规模的人户分离人口，使得中心城区大部分社区居民人员结构复杂，对社区的认同度不高，在参与激励机制缺乏的情况下，社区居民的参与愿望难以得到有效提升。另外，城市社区老龄化现象严重，老年居民缺少实际参与经验，居民对资讯的掌握程度、理解程度受到自身素质的制约等诸多因素，使得现实中社区居民参与的能力不足，参与效率低下。

（四）社区委员会专业力量薄弱，作用发挥限制大

社区参与必须以一定的组织和活动作为载体。当前，社区治理的组织主体除了社区党委、社区居委会、社区协商议事委员会等机构和平台来落实社区公共事务的治理外，社区其他组织如志愿者组织、老幼服务组织、社区福利组织以及物业组织的作用发挥远远不够。从月坛街道的情况来看，社区居委会下设七大专业委员会，其设置方向与目标很好地契合了新形势下社区治理发展的需要。但是目前各社区工作队伍，还存在着人员少、兼职多、任务重、年龄老化等问题，在业务素质和专业能力上难以适应社区治理工作需要。实际上，专业化人才资源匮乏是城市社区建设与基层治理能力提升的一个普遍存在的制约性因素。社区居委会工作人员和社区工作者的年龄结构偏大、文化水平不高、开拓精神不足等整体素质与他们所应承担的社区治理任务存在着诸多不相适应的地方，其专业化程度和综合素质都有待进一步提高。

三 进一步提升社区治理体系运行效果的思路与对策

（一）强化党委政府的统领作用，制定明确的发展规划

各级党委政府要引导和鼓励社区成员依法有序参与社区治理，推进社区治理的制度化。健全完善街道对社区建设与社区治理事务的总体协调议事机制。例如，成立街道党建联席会，制定辖区社会单位党组织和党员参加社区建设与社区治理的规划，各社会单位分工并承担相应任务，动员各单位党组织和党员对社区建设与社区治理提供各种资源支持。街道办事处要通过转变职能，充分发挥社区治理中的主导作用，为社区成员参与社区治理提供政策支持和物质保障。

（二）健全法制，形成有法可依的社区治理秩序

社区治理的主体有基层党委政府、社区居委会、各类社区社会组织、社区居民及自发形成的自治组织等。健全法律制度，明确制定出社区各主体相互衔接的社区治理制度，包括民主治理的规程、为居民服务的内容和程序、社区重大事项的民主决策方式、社区决策实施的监督制度等，使各类主体之间相互配合、协同参与，共同解决社区的公共事务和公共问题。

（三）畅通渠道，提高居民参与的积极性

当前，在完善社区自治工作中，首先要解决的问题就是如何调动广大社区居民参与的积极性。解决这一问题的关键就是创新居民参与的机制，通过培养社区居民的参与意识，改变社区参与不足的现状，在创新中将居民参与推向规范化、制度化，通过民主程序和法定程序形成相应的规章制度。

（四）培育和建立"专业化、职业化"的社会工作者队伍

一是加强社会工作者专业化培训，利用网络教学、课堂教学、现场交流教学等多种形式，组织开展社会组织负责人培训、社区工作者专业培训，形成一支理解社区工作、掌握基层工作方式、具备职业素质的社会工作者队伍。二是从社区居民中发现和培养居民精英，通过一定的培训，居民能掌握社区工作与社区治理的组织技巧和解决问题的能力，引导社区各类主体关注和参与社区重大问题的讨论与决策，共同解决社区公共问题。三是搭建社区工作者信息化管理平台。尝试推动建立从市级到区县、街道不同级别的社区工作者信息数据库，形成动态化社区工作者数据更新机制，利用信息化手段形成社区专职工作者长效化管理机制，为社区工作者招考、培训、管理、考核评议等工作提供科学依据。

（五）完善经费保障，促进社区治理体系改革健康发展

在推行"一委多居"、"多居一站"工作模式过程中，财政部门要安排涉及社区治理体系改革的所需经费，按照相关部门规定的标准按时拨付到位。区县、街道相关部门应根据社区居委会办理公共事务和公益事业的实际，按照一定比例匹配区级社区公益事业专项配套资金，实行专款专用。要进一步完善项目式管理方式，规范经费使用程序，确保社区治理项目惠及社区居民，促进社区公共、公益事业的健康发展。

B.14
社区实惠性服务与社区文化活动参与度之关系
——以北京东城区建国门街道为例

张 宁*

摘 要： 社区文化活动是提高社区居民情感联系与群体认同的重要内容之一。但这种活动的展开离不开相应的配套服务，所谓"配套服务"，本文借用"实惠性服务"予以阐述。在今天的社会大环境下，虽然人们看重实惠性生活，但鼓励和引导社区居民增加精神层面的追求无疑是社区管理者更应当重视的。而且，相应的实惠性服务如果不到位或不完善的话，这种鼓励与引导也不会产生很好的效果。

关键词： "实惠性服务" "四探一体现" "红色1+1"

一 建国门街道几个社区文化活动开展的简况

城市社区的文化活动无疑是社区管理层为社区居民提供的一项服务内容，但这却是一项特殊的服务内容，因为这项服务的提供者与接受者之间的关系不是单向的，而是互动的。也就是说，服务的提供者所提供的服务内容必须得到接受者的认同与响应。而要做到这一点，社区管理者提供的"实

---

* 张宁，北京市社会科学院科学社会主义研究所助理研究员。

惠性"服务是至关重要的。其原因在于,任何城市的任何社区,居民都是以"看得见,摸得着"的实惠性服务来衡量社区管理者的服务质量,如果这些为社区居民提供的实惠性服务不到位或不完善,居民对社区组织的各类文化活动的认同感和参与热情都会降低。笔者从对北京市东城区建国门街道几个社区的调研中,既看到社区管理者一些优秀的做法,同时也发现了其中存在的一些问题。笔者在下文先将这几个社区的基本情况加以简略的介绍,然后对其进行深度的分析。

1. 建国门街道苏州社区居委会

加强区域化社区建设,打造精品基层服务型社区。在居委会的积极动员协调下,地处首都功能核心区的苏州社区,完成了煤改电、两会和APEC会议安保、高龄老年人基本状况调查、全国残疾人基本服务状况和需求专项调查等各项任务。坚持"党委科学领导、社区深入动员、党员群众广泛参与",尤其是居委会工作人员与社区志愿者更是任劳任怨24小时轮岗执勤,高质量地完成了安全保障工作,得到了街道工委的高度赞誉。

自党的群众路线教育实践活动开展以来,苏州社区居委会坚持开门搞活动,带头转变工作作风。为了能更好地服务居民,居委会工作人员紧紧围绕"四风"问题进行集体查摆,深挖存在的问题的思想根源,做到边学、边查、边改,以为民务实清廉为主题,落实中央八项规定精神,坚决反对"四风"。

在教育实践活动的三个环节中,社区居委会严格按照街道办事处及社区党委领导的安排,结合实际,认真落实各项规定,精心开展各种活动,做到"不走过场"有序进行。定时下户走访,了解居民需求,解决居民困难,组织居民活动,提高社区居民政策认知度,完善居民自治建设,做好政府和居民间的桥梁沟通工作。

社区居委会对社区工作高度重视,切实深入一线工作,了解各包片居民情况,充分发挥作用,解决实际困难。通过群众路线教育实践活动的激励,干部们加大了下户走访的频率,采集各类信息,积极为居民办好事、实事。服务站的工作人员及时转变工作作风,增强服务意识,做到微笑服务,得到了广大居民的认可。

（1）加强基础设施建设，改善居民生活条件。

苏州社区是建国门地区最大的社区之一，并且绝大多数为平房区，在煤改电期间，社区工作者集体利用两会值班的间隙，挨家挨户地摸排情况，最终完成两千余户煤改电工作，占全街道总数的近1/3，其中共有1726户居民享受到了政府的相关补贴。拆违工作也是涉及居民切身利益的棘手工作，社区居委会协调各部门对苏州社区内有重大安全隐患的、用于出租和经营的违建进行部分拆除，其中有一处违建是通过社区居委会做工作，由居民自行拆除。同时，顺利完成对苏州胡同61号老旧楼房的改造工作，在对外墙体进行加固的同时更换上下水管道。

（2）共建和谐社区。

社区居委会积极为广大党员和有志愿服务意愿的群众搭建服务平台，并根据其特长，组建了帮困助残、卫生整治、科普宣传、综治安保等6支志愿者服务队，结合群众的需求和困难，开展志愿服务。

（3）扩大社区服务功能，做好为老服务工作。

苏州社区老龄化较严重，老年人较多，社区专门设计了一份调查问卷，针对社区内60岁以上的老年人各种需求进行调研，并且针对调研结果为社区老人定制了一系列的服务项目。

三年来社区居委会坚持为80岁以上老人提供生日服务，服务包括照生日照、送寿桃、洗衣服、发理发服务券，在生日当天送到老人手中，为他们贺寿。这份贺礼礼轻情意重，表明社区居委会确实是在用心服务，这项活动得到了广大居民群众的好评。

秉承"以人为本、服务居民"的宗旨，在履行社区居委会职责的基础上，不断完善和扩大社区服务功能，加大对社区居民的帮扶力度。组织社区干部对孤、老、残、弱人员和离退休人员详细登记造册，争取扶贫帮困资金，解决他们生活困难。对于高龄孤寡空巢老人，工作人员定期去家里探访，陪老人聊天；组织社区编织队的志愿者编织帽子，送给社区内的空巢老人；每逢佳节，社区居委会也会为老人们着想，如中秋佳节，社区党委牵头与基督教会崇文门堂共同举办"陪伴孤老、关爱空巢"和"云上之爱,中秋助老晚会"专题联欢晚会,把社区的空巢老人邀请到现场欢度良宵;年三十、腊八节、端午节为空巢老人送饺子、腊八粥、粽子,同时送去问候和祝福。重阳节社区居委会组织老年人开展健步走活动,丰富了老年人的业余生活。

同时社区居委会还搭建服务平台,给党群活动结对单位创造深入群众的机会。把社区中年龄大的、生活相对有困难的空巢老人或空巢家庭分配给不同的单位,每个单位为一名或一对空巢老人提供服务。有的单位服务非常到位,对老人也非常用心。比如区机关事务管理服务中心为61号院的边菊珍夫妇提供服务,中心的党员给老人安装门铃、更换室内老旧电线、做家务,甚至买尿片等。

由于社区内的空巢老人较多,结对单位能力有限。社区党委把余下的九十多名空巢老人,分配给了各个党支部。根据各支部党员所在的胡同就近分配,保证每名空巢老人至少有两名党员关注他们的生活起居。

(4)加强服务管理,提高服务意识。

社区工作人员积极开展多种多样的为社区残疾人谋福利、暖人心的服务活动,如两节期间对残疾人开展慰问,组织开展新春座谈会、残疾人运动会,在"助残日""爱眼日""爱耳日"积极开展宣传活动等,还积极配合街道残联布置"全国残疾人基本服务状况和需求专项调查"的核查工作,在短期内完成了本社区全部387名残疾人的核查。同时做好日常例行工作,将政府的每一个利民政策及时传达给残疾人。积极开展计生宣传活动,通过系列活动讲座宣传并发放宣传册、免费避孕药具等。对来社区咨询生育问题的居民进行耐心地政策讲解,对社区居民的生育情况进行管理、登记、建立健全计生账、卡、册、报表资料;坚持把低保工作作为"民心工程"来抓好落实,严格按照低保工作要求,坚持每月一次深入居民家中,将符合低保条件的困难居民都纳入低保范围,做到"应保尽保",同时对现有低保户坚持单独约谈→入户调查→集体评审→张榜公布→动态调查的程序;积极开展双拥工作和双拥慰问走访活动,通过社区工作人员加强再就业工作的宣传力度,鼓励下岗失业人员再就业或自谋职业。

(5) 加强社会文化建设,增强了社区凝聚力。

社区居委会大力加强社区社会组织建设,为各社会组织提供人力、物力支持。其一,社会组织发展迅速,精神文明建设及市民文明学校活动与文体团队活动常态化,内容丰富、形式多样。大力扶持"宏声艺术团"走上自治道路,鼓励并指导他们进行项目化运作,在历届夏日文化广场、中秋联欢晚会等专题活动中,"宏声艺术团"都是台上的主角。而且,由宏声合唱团承办的"最美家音"歌唱比赛取得了巨大成功,成为社会组织项目化运作的典范。其二,社区巧娘工作室编织的丝网花、毛线帽子、十字绣等作品已达三百余个,在重阳节、腊八节期间居民把自己编制的帽子送给高龄老人,冬季来临之际还为空巢老人编织毛拖鞋。

苏州社区还设立了"阳光少年活动站",阳光少年活动站针对辖区内青少年尤其是流动儿童课余时间无人照管的情况,由社区居委会统一组织起来,开展各种活动。此类活动参与率高、覆盖人群广、活动站活动内容丰富,包括星光自护讲座、爱心捐书、故事大王、历史文化讲座、电脑课堂、英语角、国学讲堂、辨识假币等,取得了很好的效果,娱乐、教育两不误,通过提供服务、实施管理,社区居委会达到建设和谐社区的目的。除阳光少年活动站召开的各种丰富多彩的活动外,苏州社区还与中国妇女儿童基金会合作,开设了苏州社区绘本馆。绘本馆向社区中没有太多机会接触到高品质书籍及没有人为其定时讲读的儿童(包括流动儿童)提供绘本讲读服务,为社区儿童提供高品质儿童书籍,并为这些儿童及他们的父母提供讲读培训、绘本活动等,通过亲子阅读推广改善亲子关系。

社区居委会还以市民学校为平台,为党员、居民、青少年举办法律知识、健康知识、食品卫生知识等讲座。开展各种类型的文化活动,丰富居民的文化生活。通过各种活动的开展,大家的友谊增进了,社区的凝聚力也增强了。

2. 站东社区居委会

站东社区居委会自2012年换届选举以来,各项工作成绩在整个建国门街道社区中都是比较突出的,他们对于社区居民的服务需求给予了充分的满足。

(1) 用爱心营造和谐。

在新春佳节等重大节日,社区党委、居委会组织开展了"以真诚传递关爱,用爱心构建和谐"为主题的两节走访慰问活动,对社区内的困难党员和困难群众、高龄、困难空巢老人进行了走访。社区还与辖区单位开展共驻共建活动,北京站地区管理处、铁路军需处、晨兴印刷厂、北京站派出所、建国门工商联分会等单位分别向社区的困难居民送去了新春的祝福及慰问品。

"夕阳手牵手"党员志愿服务队成立以来,得到社区党员、居民的拥护,24名志愿者结成一帮一对子,半年来服务老人百余次,他们大力弘扬奉献、友爱、互助、进步的志愿精神,为社区需要帮助的老年居民提供力所能及的志愿服务,在服务中努力做到三个方面的基本服务。

其一,情感上"服务"。辖区居民尤其是孤寡老人、残疾人、劳力缺乏群体遇到烦心事或是情感孤独、精神抑郁了,社区志愿者都会在第一时间来到他们身边,帮他们舒缓情绪,给予他们心灵上的抚慰和精神上的支持。

其二,政策上"服务"。志愿者通过多种形式,及时将党的惠民政策传递给困难群体,还通过建立残疾人信息记录卡等,掌握社区残疾人康复、就学、就业等需求,遇到机会方便及时对症下药,切实帮助他们解决生活中遇到的实际困难。

其三,方式上"服务"。社区将"便民服务"作为关注和改善民生的重要手段。由社区志愿者组成的社区"夕阳手牵手"活动,每月都要对重点居民进行2~3次走访,及时了解他们的生活状况,并重点到"三无"人员、孤寡老人、空巢老人、特困家庭访寒问苦,为其干一些力所能及的家务活,在帮助他们及时解决困难的同时,让他们切实感受到社区大家庭的温暖。

(2) 解民难,聚民心,提升服务水平。

站东社区党委、居委会以深入实施"凝心工程"为抓手,努力为居民群众解决急难问题。在社区党委联系下，以及区商委商业服务科的大力支持下，站东社区的便民菜站在盔甲厂开业，崇远万家将新鲜的蔬菜水果送到居民身边，解决了居民买菜难的问题。

在建国门街道启动煤改电改造工作之后，站东社区居委会与街道、房管所、供电局、施工单位等部门紧密配合，充分发挥组织协调和宣传动员的工作优势，克服了重重困难，将社区平房5条胡同，65个院落的近529户居民组织动员起来参与煤改电工程，并通过大量的政策宣传、矛盾调解、协调施工，保证工程平稳有序地进行，顺利完成了煤改电工作。

随着"群众路线教育实践"活动的深入开展，社区党委强化为人民服务的宗旨意识，自觉践行党的群众路线，树立群众观点，增进群众感情，把一切为了群众、真心服务群众作为出发点，解决突出问题、改进工作作风，针对建南1号楼居民要求建南大街修建绿地，美化环境；海关宿舍居民要求安装歌华有线机顶盒；建南1号楼路面坑洼不平希望修复改造；泡子河西巷下水管道堵塞；抽屉胡同22号楼、24号楼进行一户一表改造等问题，党委、居委会高度重视，积极协调，在社区人大代表、街道及社区的各级领导的大力支持下，先后与园林局、歌华有线、房管所、城建科、自来水公司、供电局等单位进行多次沟通。9月底之前，上述问题全部得到圆满解决，得到了居民群众的一致认可。

（3）以服务为重点、以活动为载体，彰显文化底蕴，突出亮点。

站东社区有着浓厚的历史文化底蕴，社区党委、居委会充分发挥团队的作用，打造了众多社区建设的亮点与品牌，积极与社区共建单位合作，为社区文化建设注入新的内容。

社区通过传统节日、雷锋日等特殊日子，为社区孤老、空巢老人、儿童提供各种活动和服务。举办了新春联欢会、同济医院健康咨询、义诊活动，北京银行在社区开展假币识别、防金融诈骗活动。社区还举办了"六一"中小学生绘画展，"爱耳日"、"爱眼日"知识讲座，全国助残日慰问活动。为传承和弘扬雷锋精神，在"学雷锋日"期间，站东社区在北京站党员义务指路亭开展了"学雷锋"主题活动，24中学生参加义务指路队体验活动,辰星印刷有限公司党支部在助残日慰问社区残疾人等。

为配合建国门街道首届彩虹文化节活动,站东社区每年举办了夏日文化广场活动,展示了站东社区文化建设取得的优秀成果。社区在端午节、九九重阳节组织社区居民开展座谈、慰问、登高健步行等一系列活动,每年社区还在母亲节来临之际与同济医院合作举办母亲节茶话慰问及义诊活动,举办"和谐杯"乒乓球比赛,开展文明祭扫、绿色清明宣传活动。社区工会联合会在社区小广场举办了"劳动创造幸福、工会服务职工"的主题活动。通过这些活动增强居民凝聚力、向心力,社区与居民的距离拉近了。

社区从全面治理环境入手,实施环境建设工程,把创建良好的社区环境当作一项"民心工程",与城管等多个职能部门联合进行环境整治,解决乱倒垃圾、环境脏乱、居民出行不便等问题,每逢月末,站东社区党委组织党员、积极分子、楼门院长、志愿者等五十余人,坚持不懈地开展月末清扫活动,为社区居民及单位的环境做出贡献。

3. 外交部街社区居委会

(1) 以文化为底蕴,开展多彩活动构筑和谐社区。

在社区党委的领导下,居委会充分自治,积极开展居民喜闻乐见的各种活动,社区社会组织和社区文体团队开展的各种爱好活动更是丰富多彩,如每周二上午打花棍、周三上午太极扇、周四上午编织、周五下午打快板。在"欢聚一堂喜迎新年联欢会"上,居民自己表演节目增添了节日的气氛和色彩,精彩的节目博得一阵阵热烈的掌声。

在"庆七一、建和谐"党员服务日活动中,党员们积极捐款、认真为居民服务,社区还开展了恒基大厦文化活动展演,演员们优美的舞姿博得观众好评。在"庆八一、大碗茶"群众文化展演活动中,军、警、民同台演出,讲述自己身边的故事、胡同的文化、名人的趣事,那其乐融融的氛围让在场的人们感受到了"军、警、民是一家亲"。

社区每年的春、秋季运动会上,居民更是精神百倍、跃跃欲试,达到了全民健身的效果。在北京 24 中学的大力支持和帮助下,社区的电脑班、太极拳队、合唱队开展顺利,居民越来越喜欢参与社区的各种活动。社区以党建为引领,促进了和谐家庭、和谐邻里、和谐社区的建设。

(2) 以公益活动为契机,开展爱心传递。

社区"益和爱"编织组常年坚持义务给西藏阿里山区贫困的孩子们捐赠御寒编织物。2013年,在街道办事处的大力支持下,外交部街社区与北京苹果基金会成功举办了"编织温暖、传递爱心暨首届公益编织节"活动。首届公益编织节以"爱心校车"为主题开展公益拍卖及义卖活动,大力弘扬了支援边疆的慈善文化、扶贫济困的奉献精神,凝聚了互助共享的社会共识,培养了乐善好施的社会风气,传播了感恩社会、净化心灵的慈善精神,逐渐树立了外交部街社区"益和爱之家"编织组的公益文化品牌,推动了公益文化活动的常态化开展,营造了"天天有公益、人人做公益"的良好社会氛围,达到了"践行公益,服务社会"的目的,同时也丰富了居民的社区生活,提升了居民的思想道德文化素质,推动了社区慈善文化建设。

继2013年的首届公益编织节后,社区党委又与内蒙古乌兰察布市集宁区泉山街道榆树湾社区党委共同开展了"编织温暖、传递爱心"活动,社区将100斤毛线送到内蒙古,组织志愿者开展编织活动,并将成品中的50件用于当地孤儿院、养老院以及贫困人员的慰问,另外50件参与社区的公益义卖活动。第二届"公益编织节"于2014年10月在恒基商城隆重举行,并以"光明使者"为主题开展了慈善拍卖会活动,以精彩的慈善表演和丰富的作品展示获得了大家的热烈响应。经过统计,两届公益编织节共筹得爱心捐款219500元,给阿里山区的孩子们购买了校车,为孩子们提供了高效储电节能灯。社区开展"公益编织联盟"也收到良好的社会效果,越来越多的社会爱心人士开始参与到"编织温暖、传递爱心"公益活动当中。

同时,在全体社区居民群众共同努力下,2012年社区获得东城区先进基层党组织称号;2013年被评为北京市先进社区;2013年、2014年社区党委连续两年被评为东城区五星级党委。

4. 西总布社区居委会

西总布社区居委会是东城区建国门街道所属的一个先进社区,他们的工作目标是建设"国际一流的和谐宜居之区"。社区居委会团结社区力量,做好社区文化建设,组织好社会团队,弘扬本地区特色文化活动,按照年初计划,每周团队活动都有展演机会。

西总布社区党委、居委会班子团结和谐,营造为民服务至上的氛围;构建多元参与、共同提高、稳步推进的社区治理模式。确实做好党建带社区的工作。社区工作人员通过社区服务站、社区网格服务,将社区服务项目前移,加强社区党组织领导核心作用,居委会协调各部门,全力服务居民。

(1) 社区居委会以"四探一体现"工作法指导社区工作。

社区党委要求党委成员、居委会、社区服务站工作人员,在社区日常工作中了解居民的需求、探访特殊居民家庭、探究社区问题、探求解决之道,体现社区工作者保持为居民服务的根本作风。

(2) 社区计划生育与健康教育工作常抓不懈。

社区服务走访360余名育龄妇女,劝返3名违规者,为12名新生儿建立卡片,对其进行追踪服务。社区作为中医药示范社区大力开展中医药养生讲座,坚持每月2场专题讲座,月月有医药专家到社区志愿服务,这些都受到居民的好评。

(3) 社区体育锻炼工作得到大力发展。

居委会带领社区居民去奥林匹克森林公园进行健步走活动,参与的居民有五十余位,这样既省钱又使老人感受当年奥运的盛况,同时使老人身心得到锻炼,提高社区居委会的凝聚力。

(4) 社区环境卫生有所好转。

平房院多、外来人口多、协和医院就诊人员多、社区小餐馆及小商户多等因素共同作用造成社区环境卫生治理难。社区通过煤改电和排查违建工作,利用网格平台解决脏乱差问题,使社区卫生逐步改善,共同营造和谐优美的社区环境。

党的十八大以来,在党的群众路线教育实践活动中,社区服务水平得到很大的提高,社区工作者的政治意识、群众意识、服务意识均有所加强。他们聚焦"四风"问题(即形式主义、官僚主义、享乐主义、奢靡之风)广泛征求意见并对照检查。在街道工委和包片领导的全程指导下，社区党委、居委会多次邀请支部委员、党员居民群众代表参与征求意见座谈会、解决问题反馈会、城市管理大家谈、社区领导班子民主生活会等，坚持开门搞活动，虚心听取意见，积极查摆问题。在社区专题党委扩大会上，社区领导班子查摆了追求工作实效少、抓管理力度不强等8条"四风"问题，班子成员也进行了坦诚深入的批评和自我批评。

作为街道服务型党组织建设试点社区，西总布社区党委、居委会注重抓好三方面工作以提升社区服务水平。

一是利用在职党员到社区报到的机会，开展自愿为民服务。教育实践活动期间，海关总署督审司党支部、市政协机关党委、北京联通五区分公司等七个驻区单位党组织到社区报到；东城区政协副主席王红等五名同志以个人名义到社区报到，社区共接受594名在职党员报到，另有两名区选派干部在社区开展了七个月的脱产挂职。社区党委、居委会积极利用在职党员和所在单位党组织力量，开展了一系列务实有效的为民服务活动。其中，海关总署督审司党支部组织街道、社区干部参观了9958儿童救助中心，宣传推广慈善项目辰希计划，并面向社区居民开展了出关知识讲座；市委办公厅密码局在职党员参与社区"七一"走访慰问老干部活动；房管中心在职党员协助社区推进完成了北极阁胡同拆违工作，打通了古建筑消防通道。

二是通过社区需求立项，用项目化运作的方式加强为民服务。社区居委会在东城区民政局和恩派社会组织的帮助下，申请公益创投资金，启动"西总布暖夕阳助老福利社"项目，配备了吸氧、拐杖、血糖仪、担架等老年服务用品，面向老年居民提供租借使用服务，同时利用党员邻里互助资源开展就近帮扶活动。项目运行期间为满足老年居民的文化需求，社区党委在妇女儿童博物馆前广场举办了"九九重阳、尊老敬老"文艺表演活动，积极邀请在职党员报到单位和驻区单位参与，来自海关总署的诗朗诵、市密码局的西班牙舞、交通运输部的男声独唱等节目，使各单位通过丰富多彩的文化活动走进社区、服务居民。

三是加强社区共驻共建，扩大为民服务项目。社区党委每月走访共建单位，通过"社区党建一条街"工作，整合社区资源，将有意向为居民提供服务的单位，及时纳入社区志愿服务中来，例如团结单位力量开展"敏感日"安保维稳工作，坚持与化工大学开展"红色1+1"共建服务品牌活动，形成了社区建设齐抓共管、服务居民多方参与的良好态势。社区积极与非公企业开展双向服务，加大社区居委会对他们的引导与影响。明宇丽雅酒店是社区开业不久的高档酒店，在其筹建施工期间，社区居委会加强宣传指导，避免周边居民与其产生矛盾冲突；企业开始经营后，社区联合酒店举办端午节南北粽子大比拼活动，协调《建国门生活报》为酒店开辟"大厨教你做川菜"栏目，并印有优惠报花，在帮助企业打开经营局面的同时，进一步扩充了社区服务资源。

社区居委会根据社区居民对治安工作的要求，联合多家单位对社区"黑旅馆""群租房"进行了集中整治；协调迁离了扰乱胡同秩序的快递站点；联合有关单位为春雨胡同开辟下水道，解决困扰居民多年的问题；组织党员居民清理西总布胡同64号楼堆积垃圾并加强环境整治宣传；针对居民反映的买菜难、买菜贵问题，社区党委从2014年5月开始，在街工委副书记徐阳同志的关心下，积极协调街道经济发展科，在东城区商委的帮助下，完成了北京新发地连锁店进社区的选址签约工作，切实回应了群众诉求。2014年，社区荣获北京市妇联系统先进集体、建国门街道舆情信息工作优秀集体等荣誉称号，顺利完成了创建"六型社区"工作，社区"暖夕阳助老福社"项目受到数字东城、《新东城报》、首都文明网、《中国社区报》、中国社区网等媒体的宣传和报道。

对社区规范管理，按照社区建设的相关制度，以居民为中心、用制度管理、用感情联系、以和谐为目的，做好党的基层建设。3年来，社区治安调解处理居民各类纠纷264件，服务帮教人员204人次，法律宣传28场次，做好历年"两会"值班、"六四"敏感日等中心工作，发动社区力量1500余人次，其中常年参与的党员有53名，社区设党员守望岗3处。3年来，社区联合辖区单位共慰问社区残老孤困500余人次，吸纳社会慰问金（物）合计4万余元。

5. 赵家楼社区居委会

原东总布社区与原赵家楼社区合并为现在的赵家楼社区,两社区合并后总户数3282户,户籍人口9732人,社区管辖15条胡同、26栋居民楼,占地面积达0.337平方公里。赵家楼社区第八届居委会换届选举工作难度大,社区工作人员调整较多,在这一客观条件下,社区针对存在的困难研究并制订新的工作方案,最后经过细致的工作,共登记选民3140人,分为30个居民小组,选举出63名居民代表。2012年5月16日,选举产生了第八届社区居委会成员。伴随着第八届居委会成员的产生,居民代表常务会、居民监督委员会、社区妇联相继改选完成。通过一系列的选举,一批年轻的社区干部和年富力强的居民代表涌现出来,这种新老交替增强了社区各项工作的战斗力,为本届居委会更好地为居民服务奠定了坚实的基础。

(1) 赵家楼社区全力以赴完成各项中心工作。

其一,走访慰问弱势群众。每年坚持在元旦、春节前开展对困难、残疾、空巢、大病、高龄老人等居民的走访慰问活动。

其二,拆除违章建筑。2013年,在街道的统一领导下,社区的几处违章建筑在5月7日拆除。随着环境治理工作的深入开展,根据办事处的要求,社区工作人员摸排了全社区的违章建筑,建立了台账。2014年10月,东总布53号单位配合街道对大羊宜宾胡同东部的违章建筑进行了拆除,共一百余平方米,解决了困扰附近居民多年的忧心问题和安全隐患。

其三,竭尽全力完成煤改电工程。2013年社区共有500余户居民完成了煤改电的工程,使用上了清洁、保暖、安全的电采暖炉。

其四,完成"六型社区"建设。2013年,赵家楼社区完成了"六型社区"的评估和文明城区指数测评工作。

其五,新办公室的搬迁改造工作。2013年,赵家楼社区完成社区办公室、活动室的搬迁、改造工作。新的办公场所为居民服务提供了方便,新活动室的开放使各社会组织的活动常态化。

其六,经济普查工作。2014年社区完成了对辖区内700余家单位的第三次全国经济普查工作。

（2）深入推进居民自治，切实为居民办好事办实事。

其一，通过项目化运作的方式，采取居民出资、单位赞助、街道兜底的筹集资金方法，2014年历时三个月完成了小羊宜宾胡同4号楼防盗对讲门禁系统的安装工作，完成居民、街道、驻街单位多元参与的共建工程，解决了该楼87户居民的居住安全问题。

其二，大羊宜宾胡同31号院1号楼有居民91户，多年来物业缺失，无人管理，院内环境脏、乱、差，私搭乱建、废弃物堆积，路面坑洼不平，垃圾箱破旧，长期以来已成老大难院落。特别是该楼东侧一户居民因下水道堵塞，在墙壁打洞将污水直接排到街道上，造成冬天结冰打滑、夏天蚊蝇滋生，居民反映强烈，多次找有关部门和领导要求治理。

社区党委、居委会经过分析和研究决定迎难而上，一方面向街道领导写报告争取支持，着手成立项目小组，制订项目计划。居委会历时五个月的艰苦工作，终于完成了全院的环境治理工程，包括拆除了违章建筑、规划了绿地、修建了自行车棚、铺装了路面、实现了停车收费、聘用了专人管理，为该院91户居民解决了整体上脏、乱、差的问题，特别是解决了该楼东侧居民家长期排放污水到胡同里影响广大居民出行的顽疾，得到居民的赞扬。居民自己推荐并选举成立了"院委会"，建立了《停车制度》《居民公约》《院委会章程》，在居民自治方面迈出了可喜的一步。

其三，2014年4月，社区完成了宝珠子6号楼、小羊宜宾胡同3号楼等10栋老旧楼房46个单元门安装"助力扶手"，为社区老年居民出行提供了极大的方便。

其四，完成了赵堂子胡同12号楼的小区改造和违建拆除，在建设中与施工单位协商解决了该楼北侧雨水无法排放、冬天结冰居民出行不便的问题。2015年初，社区针对该院的出入安全、自行车管理、卫生清扫等问题召开居民会议协商解决，成立"院委会"，实现了居民自治。

（3）充分调动社区居民参与热情，志愿服务蓬勃开展。

赵家楼社区三年来一直坚持组织社区党员和志愿者实行承诺制，开展每周五的"周末清扫日"和每月末的"月末清扫"活动，清理多处卫生死角，使社区整体环境上有所改善。

每月的8日是赵家楼社区志愿者便民服务日,该活动已成为赵家楼社区的一项重要特色服务。三年来,便民服务队共为居民理发1290人次,缝补衣服810件,测血压2886人次,测量身高体重2658人次,小家电维修96件,修理自行车72辆,发放宣传材料8610份,服务辖区居民17280人次。社区扶持便民服务队项目化运作,2012年赵家楼社区"帮困助残便民服务队"被评为精品项目,2014年便民服务队被评为建国门街道优秀社会组织。

赵家楼社区"党员义务指路队"从成立之初的十几人,发展到现在的二十多人,随着党员活动的不断深入人心,党员做表率,志愿服务活动掀起高潮。

(4)丰富多彩的文体活动使居民在快乐中幸福生活。

赵家楼社区现有群众文体团队共9支,文体骨干120余人。各社会组织的活动自主开展、自我负责,基本实现了自我管理的目标。

社区每年开展春节联欢会、健步走、群众文化展演、胡同大碗茶、民俗运动会、乒乓球赛、书法展等活动,并搞得有声有色。

(5)通过"六型"社区建设打造服务型社区。

赵家楼社区注重加强服务站、网格规范化建设,以高质量的服务使居民生活更加便利,建设规范化、服务型社区。通过规范化工作制度和人员分工,社区低保、老龄、社保、残疾、住房、网格化社会管理、志愿者、信息系统等各项工作有序开展。赵家楼社区服务站三年共为31位居民申请低保,代办医疗救助78人次,为132人办理80岁居家养老服务券,为314人办理65岁老年优待卡,为159人办理60岁老年证;共减少失业档案253份,其中219人实现就业,通过下户和电话联系对失业人员提供服务1500余人次,通过各种渠道开发就业岗位120个,平均就业率达到87.9%;为64人新办、补办及发放残疾证,发放助残券235人次;查验流动人口婚育证370余人次;办理独子证初审、登记、盖章100余人次;完成北京市全员人口的新生儿上报工作303人次。最终,该社区共上报网格信息一万余条。

随着社区网格工作的逐步深化,网格员日益在社区居委会和服务站各项服务中起到重要作用。网格员从整合新社区的居民基本情况台账等基础工作做起，扎实且迅速地掌握了社区居民的基本情况，为支持社区各项工作、向居民提供各项服务打下坚实基础。

二 关于社区实惠性服务与社区文化活动之间关系的几点思考

通过对上述建国门街道几个社区的调研，笔者在社区实惠性服务与社区文化活动之间的关系问题上得出如下几方面认识。

首先，经过三十多年改革开放和市场经济的发展，今天的社会早已不是依靠五花八门的"标语"、"口号"进行社会动员的时代了。今天的普通民众较之过去更加注重实惠，在动员城市社区居民参与各类文化活动时，相应的实惠性服务必须及时跟进。换句话说，社区管理者如果面对社区居民普遍关注的诸多现实问题拿不出有效的服务项目或不能提供质量上乘的服务，那么，社区居民对社区组织的文化活动就会表现出冷漠甚至不接受的态度。笔者在实地采访一些社区居民时，从他们的情绪中能够深切地感受到这一点，但这并不是表明今天的民众思想觉悟水平降低了，而是他们对社区服务的要求提高了。他们对社区服务感觉不如意或不满意，理应受到社区管理者的高度重视，这也就促使社区实惠性服务必须有相当程度的提升。应该说，上述几个社区的实惠性服务是比较全面的，很多服务内容相当细化，赢得了社区居民的广泛好评，在这种良好条件下，社区的文化活动还应该开展得更丰富一些，目前来看，这方面还有些单调。

其次，建国门街道所属各个社区中，拥有深厚历史传统和文化底蕴的社区很多，像上述外交部街社区、西总布社区、赵家楼社区都是具有典型意义的社区，外交部街内有中华人民共和国外交部旧址、睿亲王府、藏经馆、协和医院别墅、通圣堂等；西总布社区曾经有许多近代历史名人和文化大家在此居住；赵家楼社区与五四爱国运动有着密不可分的联系。因此，这些社区在开展居民文化活动时，应该有意识地充分利用这些宝贵的历史文化资源，开发出别具特色的社区文化活动品牌。从笔者的调研中发现，这方面确实还有很大的欠缺，社区开展的文化活动特色不鲜明，一些活动项目千篇一律，与许多新建居民社区的文化活动没有多大区别。这需要社区管理者动脑筋、想办法，比如，其一，可以与某些高校建立相对固定的联系，聘请高校历史系教授给社区居民讲解这些社区的历史和介绍当年在此居住的历史文化名人，增进社区居民对本社区的文化自豪感与情感认同；其二，与北京的一些专业艺术团体加强沟通与联系，聘请一些专业演员与社区中有艺术才华的居民，结合本社区的历史文化素材，联袂创作和演出一些短小精悍的文艺节目，增强对社区居民的吸引力。当然，这需要一定的资金支持与赞助，社区管理部门可以在这方面多下些功夫。

B.15
农民市民化后的社区管理
——基于北京市大兴区的调查

李顺华*

摘　要： 相比搬迁前，大兴区搬迁农民的收入、消费、住房、保险等生活状况都得到显著改善，就业率也有所提升，生活水平显著提高，生活质量逐步改善，搬迁居民整体上对生活现状比较满意。但在实践中还存在一些问题，如日常生活结构被破坏、融入城市社会的动力不足以及融入城市主流社会的能力不够等。我们除了保障农民市民化后的长远生计之外，还要尊重失地农民的风俗生活习惯，更要强化思想观念上的引导，促使他们向城市居民全面转化，成为享受现代文明的新市民。

关键词： 农民市民化　社区化　新市民

一　课题研究的目的、意义

中共中央、国务院印发的《关于全面深化农村改革加快推进农业现代化的若干意见》和《国家新型城镇化规划》（2014～2020年）都指出农村城镇化的问题，同时也点明了人的城镇化问题。推进新型城镇化已被看作事关中国现代化发展全局的重大战略问题，这意味着会有越来越多的农村人口

---

* 李顺华，北京大学哲学博士，北京市大兴区行政学院副教授。

向城镇转移,经过"市民化"的过程变为新的城市居民。

大兴区作为首都南部城市发展新区,在建设发展亦庄新城、大兴新城、北京新航城,加快转变经济发展方式,实现超常规、高水平、跨越式发展的过程中,必然要面对农民市民化的问题,也必然要面对城市化进程中农民如何实现社区化的问题。截至2015年12月,大兴区已整建制搬迁123个村,涉及13个镇街、72个村,正在进行的北京大兴国际机场建设地区整建制转非安置有两批,第一批共计10个村,农业人口共计5726人,第二批共计4个村,农业人口2050人。① 我们再来看跟农民社区化问题直接关联的回迁社区的情况:截至2015年12月,大兴区亦庄镇有15个回迁社区,瀛海镇有10个回迁社区,黄村镇有7个回迁社区,加上其他10个乡镇和街道的31个回迁社区,大兴区共有78个回迁社区,涉及51503户回迁家庭和129628名回迁居民。那么,对城市化进程中农民如何实现社区化这个问题进行研究,指出存在的问题,提出解决之道,为政府相关部门提供决策依据和参考,规避风险、减少发展成本,寻找农民市民化的捷径,对推进城市化、新市镇建设以及城乡规划的顺利实施,实现走一体化、高端化、国际化道路,建设宜居宜业和谐新大兴的战略目标都具有重大的理论与现实意义。

二 农民社区化的含义

农民社区化源于国家城镇化进展和工业园区发展的需要,当国有土地不足以维系大发展的需求时,只能转而依靠征用集体(农民)土地来满足发展需求。因此,搬迁农民是因为国家制度性安排而被终结农民身份和居住地点的,由此生发而成的农民市民化和农民社区化也必然是一种被动的过程。②

---

① 资料来源于大兴区四有办统计数据。
② 参见文军《"被城镇化"及其问题——对城郊农民城镇化的再反思》,《华东师范大学学报》2012年第4期;张炜丽:《农民"被市民化"问题及思考》,《重庆邮电大学学报》2014年第6期。

然而，农民社区化不仅仅是简单地改变农民身份和居住地点的过程，农民社区化应该有更深的内涵。① 从表面上来看，农民社区化是农民离开土地和农业生产活动，获得城市居民的身份，入住城市社区的过程，但是，我们要更多地关注搬迁农民本身的城市化问题，特别是关注搬迁农民在行为方式、生活习惯、思想观念等方面的变化，想方设法引导他们融入城市、融入社区、融入城市社区文化、融入城市文明，不断超越自身，实现角色的完美转换，真正地享受现代城市文明生活。

三　大兴区农民社区化的基本情况

大兴区农村居民从1994年开始陆续搬迁，搬迁时间跨度较长，情况也比较复杂。从2012年开始，北京市大兴区统计局调查队陆续对大兴区搬迁农村居民生活状况进行了调查。② 大兴区统计局调查队使用两配对样本t检验法，将搬迁前农村居民的年纯收入和搬迁后农村居民的年纯收入作为分析变量，进行t检验，检验结果如表1所示。

表1　农村居民搬迁前、后年纯收入的t检验

	配对偏差					t统计量	自由度	概率值
	均值	标准差	平均数标准误差	95%的置信区间				
				下限	上限			
搬迁前居民年纯收入－搬迁后居民年纯收入	－8239.5	17597.281	223.198	－8677	－7802	－36.9	6125	0.000

从表1可以看出，如果显著性水平为0.05，由于概率值 p 低于显著性水平 α，应拒绝零假设，即认为总体上农村居民纯收入变化的平均值与0有显

---

① 郑杭生：《农民工市民化是当代中国社会学的重要课题》，2013年12月18日，社会学视野网；文军、黄锐：《超越结构与行动：论农民城镇化的困境及其出路——以上海郊区的调查为例》，《吉林大学社会科学学报》2011年第3期。
② 《大兴区搬迁农村居民生活状况调查分析》，"2012统计报告"第22期。

著不同，意味着搬迁前后的农村居民纯收入平均值存在显著差异，可以认为与搬迁前相比，农村居民搬迁后的纯收入有显著增加，且搬迁后较搬迁前农村居民纯收入平均增长8239元。

调查结果还显示，从农村居民人均纯收入（该指标按现有农村住户调查统计口径，不包含拆迁补偿款）来看，搬迁前农村居民人均年纯收入为20274元，搬迁后农村居民人均年纯收入为28513元，增长40.6%。根据农村居民纯收入的构成，农村居民搬迁后工资性收入增长24.5%（见表2），家庭经营纯收入下降25.6%，财产性纯收入增长55.8%，转移性纯收入增长88.6%，增长幅度最大。

表2　搬迁前后农村居民月工资收入结构构成

单位：元，%

指标	搬迁前人均月收入	搬迁后人均月收入	增长率
在非企业组织中劳动得到的收入	2078	2497	20.16
在本镇地域内劳动得到的收入	5846	7442	27.30
外出从业得到的收入	2686	3270	21.74
总计	10610	13209	24.50

大兴区统计局调查队对调查样本中的已回迁住户进行了2%的抽样，进一步分析搬迁农村居民的生活满意度情况。

（一）对总体生活状况的自我评价

调查结果显示，97%的搬迁农村居民认为搬迁后的生活条件较搬迁前有改善，其中47.8%的农村居民认为有很大改善，主要体现在收入、就业和子女教育三个方面，有50.7%的搬迁农村居民认为生活条件在收入方面有较大改善，有14.9%的搬迁农村居民认为子女教育条件得到了改善。

（二）对居住条件的自我评价

调查结果显示，100%的搬迁农村居民认为搬迁后的居住条件有所改善，

65.7%的搬迁农村居民认为相对于搬迁前社区更具有安全感,38.8%的搬迁农村居民认为搬迁后的社区会经常组织一些文体教育活动,46.3%的搬迁农村居民对搬迁后居住地的卫生环境感到满意,62.7%的搬迁农村居民对绿化方面的改善感到比较满意。

(三)搬迁意愿及社会保障满意度自我评价

调查结果显示,愿意搬迁的农村居民达到了92.5%,说明大部分农村居民有搬迁意愿,有62.7%的搬迁农村居民对搬迁后开展的就业帮扶工作感到满意,有98.5%的搬迁农村居民对目前的社会保障表示满意,有79.1%的搬迁农村居民对搬迁后的个人收入表示满意。

后续的调查也印证了这种情况。2013年,大兴区统计局在123个搬迁村中,随机抽选了已回迁的85个村、1700户家庭开展调查,涉及5112人。[①] 调查严格执行全国《住户收支与生活状况调查方案》,按照季度对农村搬迁居民的收支情况进行了监测和分析。数据显示,2013年,大兴区农村搬迁居民人均纯收入达到26852元,同比增长13.7%,比全区农村居民纯收入增速高2.5个百分点,比城镇居民可支配收入增速高3.6个百分点。具体情况见表3、表4和表5。

表3 2013年大兴区农村搬迁居民收入情况

单位:元,%

指标	2013年		2012年		增减绝对额	同比增长
	绝对额	收入构成	绝对额	收入构成		
搬迁居民纯收入	26852	100.0	23610	100.0	3242	13.7
其中:工资性收入	14758	55.0	13920	59.0	838	6.0
家庭经营纯收入	4569	17.0	3535	15.0	1034	29.3
财产性纯收入	3574	13.3	2644	11.2	930	35.2
转移性纯收入	3951	14.7	3511	14.8	440	12.5

---

① 苗保东:《"四有"机制新花结新果搬迁居民生活再攀高——2013年大兴区农村搬迁居民生活状况调查》,《大兴调研》2014年第6期。

表4　2013年大兴区农村居民收入情况（五等分）

单位：元

指标名称	农村居民	低收入户	中低收入户	中等收入户	中高收入户	高收入户
农村居民全年纯收入	17043	7097	12037	16551	21576	32691
其中:工资性收入	9619	2236	7546	11478	13700	14972
家庭经营纯收入	988	1849	1421	817	443	110
财产性纯收入	4074	1117	1341	2687	4954	12769
转移性纯收入	2362	1895	1729	1569	2479	4840

表5　2013年大兴区城镇居民收入情况（五等分）

单位：元

指标名称	城镇居民	低收入户	中低收入户	中等收入户	中高收入户	高收入户
城镇居民家庭总收入	38335	22095	28377	34515	42319	67805
其中:可支配收入	34128	19378	25045	30833	37651	60846
工资性收入	22122	14254	18919	17609	23527	37832
经营净收入	3076	726	1238	1417	888	11389
财产性收入	2014	804	576	1825	1419	5669
转移性收入	11123	6311	7644	13664	16485	12915

调查结果表明，在1700户被调查家庭中，有72.2%的家庭认为搬迁后的生活质量有了"很大提高"或"有提高"，有65.3%的被调查家庭对搬迁后的生活状况"很满意"或"比较满意"。

通过历年历次的调查和分析可以看出[1]（2014年与2015年的拆迁政策更多地考量了被拆迁农民的利益，搬迁农民获益更多），相比搬迁前，搬迁农民的收入、消费、住房、保险等生活状况得到了显著改善，搬迁农民就业率有所提升，搬迁后生活比较稳定，搬迁居民的生活面貌明显改观，生活水

---

[1] 《北京16个区县"亮家底"，大兴每百户拥有私家车量居首》，《法制晚报》2013年9月17日。

平显著提升，生活质量逐步改善，搬迁居民整体上对生活现状比较满意。通过城市化进程的推进，大量的违章建筑及简陋的出租房屋被拆除，农村居民通过搬迁上楼，脱离了以往脏、乱、差的居住地，生活环境和居住条件得到了显著改善。大兴区还逐步在新社区周边建立并完善公园、超市、学校等生活配套设施，解除了搬迁农村居民的后顾之忧，搬迁居民正朝着"环境美、生活富，大家同走文明路"的方向发展。

当然，在实践中还存在一些问题，这些问题将在大兴区进一步推进城市化建设过程中予以解决，未来和谐之路会更加宽广、平坦，搬迁农村居民的生活会更加幸福美满。

四 存在的问题

1. 制度性羁绊导致农民住所楼宇化而非市民化

拆迁后，村党支部、村民委员会和村级合作经济组织等正规组织仍然存在，仍然在发挥作用；拆迁农民转居上楼后所在的新社区也成立了新的管理机构——社区居委会。目前，这种双轨制的现象在新区普遍存在。双轨制容易导致的问题是：拥有着城市户籍的转居者，虽然居住在城市社区，但仍然未脱离原有村庄关系及行政区域的限制，仍然依赖村级合作经济组织的年度分红，他们依赖更多的不是社区居委会，而是村委会。这种双轨制在一定程度上阻碍了农民市民化的进程，使得他们无论在社会网络、生活方式或者价值观念上仍然会长期保留农村居民的特点，换言之，他们失去了土地，拥有了城市户籍，住在城市的楼宇里，但仍然无法完全融入市民群体，他们是处于市民群体和农民群体之间的被楼宇化的边缘人。

2. 对城市文明的认识不足、适应性差

不仅对"被市民化"的新市民来说，而且对许多长久生活在城市里的中国人而言，传统的田园牧歌式的生活已经成为他们不可复制的成长记忆和不可复原的心灵依托。在村落社会中，鸡犬相闻，邻里相望且交往密切，地

域归属感强烈；而被制度化安排的"被市民化"过程极大地改变了农民原有的生活结构，导致诸如邻里交往阻隔、社会网络中断、社区认同丧失等一系列问题。如果对拆迁农民进行城市文明的教育不到位或者缺失，搬迁后的新市民对城市文明及其生活规则就会难以适应，突出表现主要有两方面，其一，对以前从来没有听说的物业管理费的抵触；其二，难以摆脱对土地的依赖而破坏社区内绿地，自行种植蔬菜。

3. 融入城市社会的动力不足

如前文所述，大兴区在保障被拆迁居民经济收入方面的策略是相当有效的，在预防失地农民贫困、规避各种社会风险和减少家庭不安全感方面也发挥了积极作用。然而，这些政策措施也会产生另一个负面的结果，那就是促使某些新市民成为"食租者"，催生了大量的食租社区与食租家庭。因为他们无须参加集体劳动就能够享受集体经济的收益分配，参与年终分红；加之定期出租房屋的租金收益，大多数撤村建居的居民无须参加就业就能保持一个相对较高的经济生活水平。这就必然导致这些"食租者"融入社区的意愿不足与能力下降，反而改变了农民原有的勤劳善良本性。各撤村建居点的社区管理者基本会遇到的一种情况是，大量社区居民无所事事，不是无处就业而是不想就业，以及就业中"高不成、低不就"的现象。食租者群体的大量存在必然导致新居民融入城市社会的动力不足，集体经济组织的强势则会维持并固化原有的社区关系，反过来降低了新居民的城市融入能力。

4. 融入城市主流社会的能力不够

根据北京市大兴区统计局统计报告，① 大兴区搬迁居民行业选择与职业选择的情况如下。

（1）行业的选择

如图1所示，搬迁后第三产业中的居民服务、修理和其他服务业的就业率达到29.4%，是所有行业中最高的，较搬迁前提高3.8个百分点，其他

---

① 《大兴区搬迁农村居民生活状况调查分析》，"2012统计报告"第22期。

就业率比较高的行业依次为公共管理、社会保障和社会组织，制造业，交通运输和仓储邮政业，第一产业。

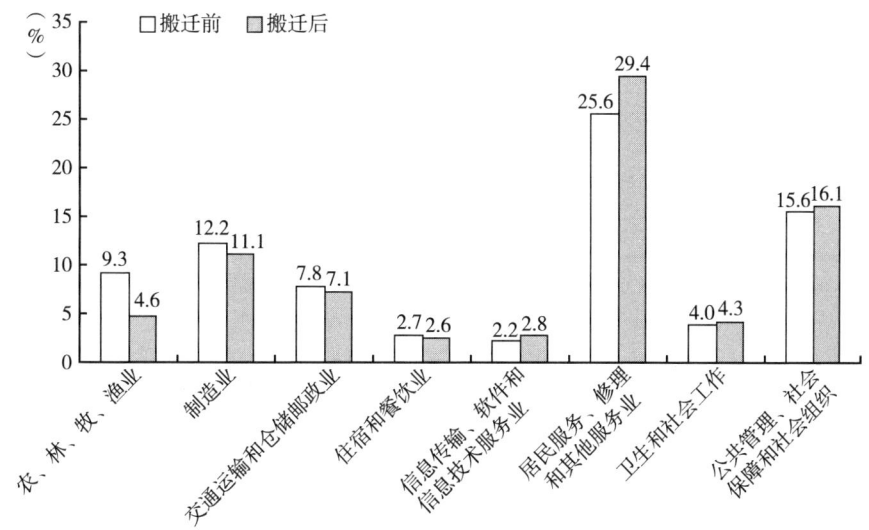

图1　行业分类与人数占比

（2）职业的选择

如图2所示，搬迁后与搬迁前相比，就业率处于前两位的职业没有发生变化，均为商业、服务业人员，办事人员和有关人员，但就业人数比例均有上升，分别上升1.6个和0.8个百分点。

图1、图2给我们的结论就是，搬迁后的新市民主要在服务行业和服务领域就业。相对低端行业的就业必然导致相对较低的行业收入，通过北京市大兴区统计局的调查数据也可以看出，农村搬迁居民工资性收入与城镇居民相比，仍有很大的差距。主要原因在于搬迁居民受教育程度及专业技术水平的限制，主要从事技术要求低、收入水平低的行业。搬迁后的新市民面对的必然是一个职业社会，如果没有令人尊重的职业地位，没有令人羡慕的职业收入，他们就很难融入城市主流社会。市民化后的农民虽然经济收入可能会很高，但社会地位却仍然处于社会底层。

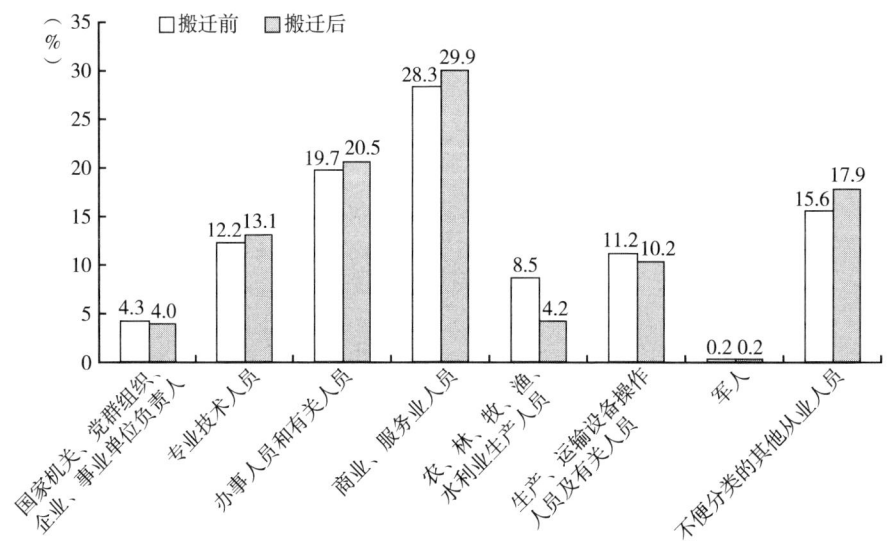

图 2 职业分类与人数占比

五 对策

1. 推进单轨制、实行政经分开，破除农民市民化的制度性羁绊

2015年11月3日，中共中央办公厅、国务院办公厅印发了《深化农村改革综合性实施方案》，指出在进行农村集体产权制度改革、组建农村股份合作经济组织的地区，探索剥离村"两委"对集体资产经营管理的职能，开展实行"政经分开"试验。如上所述，双轨制的存在维持并固化了原有的农村社区关系，降低了新市民的城市融入能力，阻碍了农民市民化的进程。那么，在农民市民化这方面，新区日后的工作重点，第一，就是逐步破除双轨制，推进单轨制，让搬迁居民彻底融入社区管理与服务之中，彻底融入城市生活；特别是对新拆迁居民而言，比如北京大兴国际机场的拆迁，在动迁伊始就对当地农村居民逐步灌输社区居委会的概念，从入住社区伊始居民就只见居委会，不见村委会。第二，村"两委"撤销后，必须在农村股份合作经济组织里成立党支部，与所在乡镇共同实施对集体资产的管理，同时接受区经管站对资金的监督管理。第三，对集体资产中的征地补偿款实施村镇两级管理，由区经管站进行监管；为规避风险，集体资产中的征地补偿款只能向区属国有企业进行委托贷款，每年的收益用来给搬迁居民分红，使搬迁农民可以带着资产进城，并且这种分红是"生不增、死不减、可转让、可继承"的，足以起到传统农业社会中"耕读传家久"的作用，以切实保障搬迁农民及其子孙后代的长远生计。第四，对集体资产中的公共款项（源于大队部、小学、村办工厂的征地拆迁补偿款）同样实施三方监管，同样向区属国有企业进行委托贷款，收益用于未来新社区的公共服务事业，使搬迁居民更好地享受城市文明。

2. 分三个时期，从三个层面强化城市文明方面的教育引导、促成向市民的全面转化

由于农业生产的特点，农民与市民在生活方式、思维方式，以及服务保障体系等方面都是有很大区别的。因此，我们想要让农民完成向市民的转变，融入城市社会，享受城市文明，那么对搬迁居民的城市化教育就要不缺位、不断档、真感情、真投入。这种教育引导可以分三个时期、三个层面进行。第一，在动迁伊始，一要引导动迁居民的租房去向，可以展开镇与镇对接、村与村对接，由其他村镇提供合适的租住房源，引导动迁居民租住；对投亲靠友者，也必须牢牢掌握他们的具体去向，纳入村镇的管理范围之内，避免"人散了、不可控"的局面，以维护社会的和谐稳定；二要开展形式多样的市民化教育，让他们明白农村生活与城市生活的不同所在，学习城市生活方式和生存技能，增强其现代市民意识和规则意识，内化新的规范准则和价值取向，缓解搬迁后的不适感。第二，在搬迁过渡期，一要引导拆迁居民与城市社区居民结对子、交朋友，定期带领他们参观不同的城市社区，让他们感性地认识城市生活、理智地看待社区规则；二要定期引导他们参观自己未来的新社区、新家园，不断以新的文明风尚、规则意识唤醒自己对未来新生活的憧憬和向往。第三，在入住社区后，要创新引导模式，拓宽观念引导途径，不断提升搬迁居民的综合素质。一要强化"就业光荣"的思想教育，让主动就业在农村搬迁居民中成为时尚，深植人心；二要强化失地农民良好的职业道德教育，树立正确的职业观、价值观、人生观，实现失地农民的基本素质、行为方式、社会参与等方面向城市居民的全面转化，避免失地农民在城市中地位的弱化和农民市民化进程的中断；三要开展健康文明的社区活动，丰富农民的业余文化生活，倡导健康文明的生活方式，自觉抵制各种低级媚俗的文化垃圾，逐步提高生活品位，增强对新社区的归属感，不断提高所融入城市的深度和广度。

3. 尊重、包容与循循善诱并重，逐步培育规则意识与文明习惯

根据民俗学的定义，民俗起源于人类社会群体生活的需要，在特定的民族、时代和地域中不断形成、扩大和演变，为民众的日常生活服务；民俗文化既是民间民众的风俗生活文化的总称，也泛指一个地区中集居的民众所创造、共享、传承的风俗生活习惯。民俗文化和民俗生活习惯历经代代传承，具有根深蒂固的特点，很难在短时间内被改变。农民的被市民化极大地改变了农民原有的风俗生活习惯和生活结构，这种支离破碎的变化不是短时间内就能够修复的，全新的生活方式也不是短时间内就能形成的。对农转居后的社区居民而言，他们所长期拥有的与城市社会生活所不同的日常生活方式，特别是婚丧嫁娶等民俗形式，仍然要延续很长一段时间。那么，第一，我们要抱有足够的耐心让他们去适应、去改变，也要给予足够的时间让他们去修复、去疗伤，使搬迁后遗症逐步痊愈。第二，作为政府管理者，特别是社区管理者，对社区新居民的某些行为，比如说婚丧嫁娶等民俗形式，不能粗暴干涉或强力阻止，要以尊重包容的态度，委婉地劝服、巧妙地引导，从而避免不必要的矛盾冲突，维护社会的和谐稳定。以红白喜事为例，社区工作者要密切关注社区居民状况，一旦发现某个家庭有红白喜事，就提前介入，循循善诱。首先解释这种行为方式会影响大家正常的生活，大家都是如此，以后就会互相影响；其次，可以适当以物质甚至金钱奖励的方式，引导他们到酒店办酒宴；最后，在"堵"的同时，加以"疏解"，选择合适的区域，提供适当的空间，比如废弃的仓库、闲置的厂房之类，引导他们在此举办红白喜事，做到和谐无震荡地移风易俗。第三，在社区管理中，除了使搬迁居民明白人人遵守、共同受益的道理，也必须有约束性的、强制性的规定，使搬迁居民逐渐形成规则意识，养成文明习惯。以物业管理费为例，出于为搬迁居民考虑，有的地方实行物业费五年减免，但是，前五年物业费的减免绝对不可以是简单的减免，可以制定一个这样的规则，即前两年凭缴费收据到村委会或农村股份合作经济组织党支部100%报销；第三年可凭缴费收据报销80%或90%；第四年可凭缴费收据报销60%或70%；第五年可凭缴费收据报销30%或50%。在逐步减免的过程中，使搬迁居民慢慢养成"缴费买服务"的习惯，逐步形成规则意识。

4. 打造多元创业支持体系，实现搬迁居民人格、品格与性格的城市自我认同和社会认同

立足党的十八届三中全会所提出的"完善扶持创业的优惠政策，形成政府激励创业、社会支持创业、劳动者勇于创业的新机制。完善城乡均等的公共就业创业服务体系，构建劳动者终身职业培训体系"。各项培训帮扶政策应该围绕以实现"个人发展"为导向的政策转向，其核心是提高新市民个体的，尤其是"拆二代"的竞争能力和融入城市社会的能力。政府作为主导者，第一，应积极地多渠道地开展面向新市民的各种形式的继续教育和职业技能培训，使其由单纯的体力型劳动者向智力型、技能型和素质型人才转变。第二，对有创业愿望和创业能力的新市民特别是"拆二代"甚至是"拆三代"持续进行经济管理、市场营销类知识的培训。第三，还要搭建创业平台，在资金扶持、税费减免、创业服务和创业奖励等方面提供更多帮助，帮助其自主创业、成功创业，真正提升他们在社会实践过程中的行动能力，实现新的超越发展。

在某种意义上，对搬迁农民来说，住房、收入、工作等外在的、物质方面的问题比较容易解决，然而在思想观念、行为方式上融入城市社区，过上幸福的社区生活，则将是一个比较漫长的过程。这不仅需要外在的积极引导、帮助和教育，更需要搬迁农民自身的积极努力，才能不断地缩小其与城市居民在价值观念、文化素养、行为方式等各方面的差别，成为真正地享受现代城市文明生活的新市民。

参考文献

何建宁：《"村改居"群体市民化的目标定位与策略分析》，《江汉学术》2015年第5期。

覃国慈：《促进农民城镇化的成功探索及启示》，《学习月刊》2015年第3期。

王有国：《回迁社区的党组织设置与功能》，《前线》2013年第2期。

张国庆：《公共行政学》，北京大学出版社，2007。

陈剩勇：《政府创新、治理转型与浙江模式》，《浙江社会科学》2009年第4期。

史柏年：《治理：社区建设的新视》，《社会工作》2006年第7期。

任强、毛丹：《构建从农民到市民的连续谱——关于农民城镇化政策的观察与评论》，《浙江社会科学》2008年第2期。

文军：《"被城镇化"及其问题——对城郊农民城镇化的再反思》，《华东师范大学学报》（哲学社会科学版）2012年第4期。

林聚任、马光川：《"城市新居民"城镇化与"制度阀"效应》，《人文杂志》2015年第1期。

苗保东：《"四有"机制新花结新果搬迁居民生活再攀高——2013年大兴区农村搬迁居民生活状况调查》，《大兴调研》2014年第6期。

韩立达、谢鑫：《变"权"为"利"，突破农业转移人口城镇化私人成本障碍》，《理论与改革》2015年第1期。

文军、黄锐：《超越结构与行动：论农民城镇化的困境及其出路——以上海郊区的调查为例》，《吉林大学社会科学学报》2011年第3期。

B.16
北京新城社区公共服务设施优化研究

袁 蕾[*]

摘 要： 北京新城社区人口来源、年龄结构、社区类型和居民需求与中心城区有所不同，现有社区公共服务设施档次较低、便利性不足，教育、医疗、治安和文体娱乐等居民需求尚不能得到满足，撤村建居社区尤甚。据此，本文提出全面提高新城社区公共服务设施规划建设标准，以居民需求为导向，差异化配置服务设施，强化居民参与、提高社区设施使用效率，将新城社区公共服务设施优化作为提高新城城市品质的着力点等对策建议。

关键词： 社区 公共服务设施 新城

北京新城是京津冀协同发展的桥头堡，是疏解非首都功能和承接人口转移的重要承载地，是北京未来发展的重点战略区域。社区是新城建设和居民发展的基本单元，社区公共服务设施不仅事关新城居民的生活质量，更构成新城社会承载力的核心要素，影响新城的吸引力和竞争力，进而影响非首都功能疏解和京津冀协同发展战略的实施，成为新城发展的基础性课题。

因此，笔者对通州、顺义和亦庄新城的社区进行了实地调研，重点分析北京市新城社区居民的需求意向、公共服务资源的配置情况及问题，

---

[*] 袁蕾，经济学博士，北京市社会科学院城市所副研究员，研究方向：城市经济学与新城发展。

提出优化新城社区公共服务的对策建议，为新城社区建设和相关政策的制定提供参考。

一 新城社区居民特征与需求分析

《北京城市总体规划（2004～2020年）》提出"在原有卫星城和重大基础设施的基础上，建设相对独立、功能完善的健康新城"，这些新城将作为城市空间布局的重要节点。除亦庄之外，在远郊区县的原有县城基础上规划建设11个新城，其中通州、顺义和亦庄为规划建设的重点新城。2007年，北京11个新城规划公布，启动了以基础设施和公共服务设施、产业升级以及人口导入为重点的新城建设。2015年，北京提出新城是落实京津冀协同发展战略、促进非首都功能疏解的重要载体，要在通州建设市行政副中心。

新城建设全面启动以来，与中心城区相比，新城经济高速增长、人口加快集聚、城市规模不断扩张，在社区发展相关领域也呈现出与中心城区不同的若干特征。

首先，新城人口来源多元，不同类型社区共存，居民服务需求各异。总体上新城居民与中心城居民同样认为社区环境、安全和物业管理等非区位因素非常重要，其次为医疗保健、超市购物、餐饮娱乐、教育设施和交通便利等。但是，与中心城相比，新城仍然处于快速城镇化进程之中，人口总量增长较快。新城新增人口主要包括三个来源，即承接中心城疏解人口、吸纳外来人口和本地城镇化人口，形成了中心城居民外迁安置社区、普通商品房社区和撤村建居社区混合共存的局面，居住的空间分化和社会隔离程度不如中心城显著。调查中发现，三类社区居民的公共服务需求重点不同。由于原居住社区及周边设施环境发展成熟，公共服务水平较高，中心城疏解居民对新城社区公共服务设施的满意度最低，希望全面提升社区公共服务设施档次，特别是便民商服设施、医疗服务设施和文化休闲娱乐设施。部分外迁安置社区居民老龄化程度较高。对社区养老服务的需求也比较高。新城外来人口增长迅速，近年来占人口增长总量的比例一直在60%以上，外来人口由于生活习惯和收入水平等原因对社区服务设施要求不高，提出应增加职业培训、就业中介等社区服务设施。另外，由于带眷迁移的比例越来越高，外来人员对教育设施提出了较高要求，特别是托幼机构。而"农转居"社区大部分由撤村前的多个行政村构成，拆迁居民在满足自身居住需求外，多余的房屋用来出租，从而形成本地人口与外来人口混居的复杂局面，居住人口密度高，社区卫生环境建设与服务需求较高。同时，"农转居"居民整体素质不高，文化层次偏低，迫切需要就业和劳动保障服务，以及帮助其向市民转变的培训再教育服务。

表1　2014年北京市各圈层常住人口年龄结构

单位：%

	0~14岁	15~64岁	65岁及以上
全　　市	9.90	80.23	9.87
首都功能核心区	9.94	75.60	14.46
城市功能拓展区	9.25	81.18	9.57
城市发展新区	10.64	80.89	8.47
生态涵养发展区	10.77	78.05	11.19

资料来源：北京市统计局，年度区县数据发布，http://www.bjstats.gov.cn。

其次，新城人口年龄和家庭结构与中心城存在较大差别。表1为北京市不同地域圈层常住人口的年龄结构，与中心城特别是核心区对比，重点新城所在的城市发展新区呈现出人口老龄化程度低、青少年比例较高的特征。劳动年龄人口与全市平均水平基本持平。通州、顺义、亦庄三个重点新城这一特征更为明显，老龄人口比重均在8%以下。不同年龄段居民的社区服务需求也存在显著差异，青少年更注重社区图书室和娱乐设施；中青年更注重社区体育健身设施、儿童课后照顾和社区心理咨询服务；老年人则更加关注社区活动场地、社区食堂、医疗看护等养老服务设施。新城户均人口数为3.1人，高于中心城（2.8人），且三代户的比重高，说明老人多与子孙同堂而居。已婚有子女的家庭比例最高，占70%左右，所有家庭中有60岁以上老人的占23%，有未成年孩子的占50%，以独生子女为主。未婚居民对购物、娱乐和餐饮等设施更加重视；已婚有子女的家庭对中小学、幼儿园等文化教育设施需求较高；有老年人的家庭则更看重社区医疗保健、养老服务和社区安全。总体来看，新城居民对基础教育设施的需求高于养老设施。

再次，新城社区居民与中心城联系较强，社区归属感较弱。访谈中发现，居住在新城但就业在中心城且医疗、购物和休闲娱乐等活动高度依赖中心城的社区居民仍然占很大比重（61%）。因此，新城居民对交通出行的便利性有较高需求，访谈中很多居民提出社区应该提供一些交通服务，如社区至地铁站的摆渡车等。对新城社区有归属感的居民仅占39%。在新城工作的居民，有更多时间和机会接触新城的各种事物，对新城的归属感和关注度都高于在中心城工作的居民。社区建设越完善、周边发展越成熟，居民对社区的评价越高，其对新城的归属感也越强。

二 新城社区公共服务设施的现状与问题

社区公共服务设施，主要指除市政公用设施和金融邮电设施之外，与居民生活密切相关的基础性设施，包括三类：一是社区生活服务设施，指在社区层面由市场提供的便民生活服务设施，包括社区商店、超市、餐馆、修理店、洗衣店、美容店等；二是社会管理设施，指为实现社区社会管理职能而配置的公共服务设施，包括社区管理用房、社区警务室等；三是社会福利设施，指为居民提供科、教、文、卫等社会福利的公共服务设施，包括幼儿园、中小学校、图书室、卫生服务站、老人护理照料室、职介培训中心、文体设施、公共活动室等。[①]

（一）社区生活服务设施档次较低，便利性不足

新城社区具备基本生活服务业，居民日常生活的简单需求可以得到满足。

---

① 陈伟东、张大维：《社区公共服务设施分类及其配置：城乡比较》，《华中师范大学学报》2008年第1期。

但现代生活服务业发展滞后，尤其缺乏高素质居民所需的高档次生活服务业，包括高档商场、餐饮业、休闲娱乐会所、体育健身场馆等。商场、超市、餐饮、健身、休闲娱乐设施的规模和层次仍普遍偏低，不能满足较高收入居民的购物、娱乐需求，生活较为不便。①社区公共空间和文化休闲娱乐设施数量少、档次低。虽然新城极为重视整体自然环境的建设和公园等公共休闲娱乐设施建设，但在社区步行尺度内的运动健身、文化娱乐、交往休息公共空间与居民的需求还存在一定的差距或不匹配现象，并不能完全满足居民特别是中高层次居民对于日常休闲、娱乐的需求。而缺乏社区公共空间、娱乐休闲设施也使得居民找不到合适场所进行充分交流，阻碍信息溢出。此外，面向某些特定人群的休闲设施，如儿童游乐设施、中老年人运动健身设施等严重不足。②社区便民商业网点不足，中等商场和超市数量有限。尚未形成合理的公共服务设施分级配置，商品质量、购物环境较差，种类少，人们消费选择的余地较小。另外，多个社区的居民表示希望增加规范便捷的菜市场。③社区餐饮等其他生活服务业数量相对不足，风味种类少、分布分散、品质参差不齐。④部分社区设施布局不合理。由于区内设施的布局对居民出行路线和使用频率等需求考虑不足，总体便利性和安全性较低。

（二）社区文化教育、医疗卫生、公共安全和养老等公共服务水平不能满足需求

新城社区公共服务特别是优质公共服务匮乏。基础教育办学水平远远落后于中心城区，尽管目前已经有部分城区优质中小学在新城建设分校，但是新城基础教育总体水平较低，缺乏师资力量强、口碑好的中小学，难以满足居民尤其是高素质居民对子女教育的需求。新城社区年轻家庭所占比例较大，对幼儿园有较高需求，但新城目前教学质量和学费水平能达到居民需求的幼儿园数量过少。调研中还发现，在幼儿园和小学阶段，新城社区内就学占比较大，但到初中之后迅速下降。新城学校缺乏吸引力，限制了一些有孩子的新居民在新城的家庭居住规划，并且随着孩子年龄增长，其对教育设施的不满日益增加，已定居的家庭，如有能力，还是会选择搬离新城前往教育

资源优质的区县。

居民对社区卫生站的需求较为紧迫，希望其能在诊治感冒等常见病方面发挥作用，避开大医院的拥挤人流，但同时现有的社区卫生服务站在常见病、多发病和慢性病的诊疗和护理上不理想，家庭医疗服务基本缺失，导致在社区卫生站就医的居民非常少，社区卫生站使用效率低。

社区科技、文化、体育等公共服务尚处于起步阶段，图书室、活动中心等设施与成熟社区相比极为匮乏。此外，社区周边应配建的公安派出所、卫生服务中心、康复托养所等公共服务设施配备存在明显滞后，造成社区公共服务设施供需紧张，容易引发矛盾。

（三）撤村建居社区公共服务设施更为匮乏，水平低下

撤村建居社区公共服务设施明显不足，由于投入渠道比较单一，社区服务投入总量相对较少，造成社区服务设施不足，服务类型单一，服务规模小，与新城普通社区存在一定差距。其中有些设施还是原来的村委会保留下来的，条件相对简陋，如个别社区的医疗卫生服务设施甚至是由原来的村个体诊室转变而来，服务水平和服务质量难以满足社区居民需求。另外，社区服务水平不高，欠规范。撤村建居后，社区居委会基本沿用行政村的服务模式，肩负着村、社区的双重治理任务，既承担着原行政村的工作，又承担了大量来自政府职能部门的指令性任务，疲于应付各类活动、检查及评比工作，社区工作人员少有精力从事社区公共事务和提供公益事业服务，服务人员专业化、职业化水平不高，导致服务水平和服务质量差强人意，影响社区规范化建设的速度和效果。此外，社区服务设施的配置仅以户籍人口为基数测算，忽视了外来人口的使用需求，造成服务设施的短缺。

综上所述，在新城高速发展的大背景下，社区公共服务设施无论从量上还是从质上都无法满足居民日益增长的需求，严重影响了社区的健康发展。不仅不利于新城自身的发展，也严重影响其发挥承接非首都功能疏解和带动区域发展的节点功能。

三 优化新城社区公共服务设施配置的对策建议

社区建设是社会发展的基础,将新城优质社区和丰富生活打造为新城的名片,以优化新城社区公共服务设施配置为着力点,建设高服务水平的新城社区,提升新城宜居环境,创造高水平的城市品质,增强新城对高端人才和朝阳产业的吸引力,提高新城内生发展动力,实现经济、社会与环境的协调发展,在承接非首都功能疏解和促进京津冀协调发展中发挥更大作用。

(一)全面提高新城社区公共服务设施规划建设标准

优化新城社区公共服务设施,必须首先在规划层面全面提高新城的社区规划设计标准,优化投资与经营管理机制,健全社区服务网络,以"互联网+"创新服务方式和社区互动,发展全方位、多层次的社区就业、养老、救助、卫生、文体、教育、公共安全和商业等公共服务设施。

优质教育和医疗公共服务短缺是新城社区居民反映最为强烈的问题,应该引导中心城部分优质中小学和优质医疗机构向新城整体搬迁而非仅仅设立分支机构,增加公立幼儿园数量;建设有档次的社区文化休闲娱乐场所,为居民提供丰富多样的文化生活;培育形成特色教育培训体系、文化休闲娱乐集群和广覆盖体育设施网络。培育构建具有新城特色的社区生活服务体系,如积极引导企业以连锁经营等方式到城市社区设立便利店、餐厅、洗理店等各类社区商业网点,并逐步搭载完善便民服务功能,推动农贸市场规范化,加快建设一批标准化便民菜市场,满足居民最基本的生活需求;在社区公共服务提供中推行"互联网+"方式,建立各项服务的统一信息平台,形成实时高效的社区服务体系。尽管新城老年人比例相对较低,但在一些老龄化严重的社区需要更加细致地考虑老年人的出行和活动特点,在社区内设立老年大学,就近提供服务老年人的公园绿地、棋牌室、体育器材等休闲场所和设施，配备常见病和慢性病治疗、家庭出诊等及时完善的社区医疗服务。

社区公共服务设施的区位选择应根据居民日常交通和消费习惯，结合地铁站点、大型公交换乘站以及区域内主要公交路线，结合公共绿地、社区公园、广场等城市开放空间系统，结合幼儿园与中小学教育设施等进行部署，以方便社区居民对公共服务设施的使用。

（二）以社区居民需求为导向，差异化配置公共服务设施

目前，国内对社区公共服务设施的规划存在单纯采用千人指标的倾向，各地政府制定的居住区公共服务设施配置标准大部分按照服务人口和服务半径来制定，且主要针对成熟的城市社区。然而新城发展日新月异，社区及导入人口处于不断发展变动中，与中心城社区存在不同的特征，不同类型的社区，其地理位置、资源条件、人口数量、人口结构等因素差异较大，不同年龄、性别、职业和文化程度的社区居民对公共服务设施的多元化需求越来越明显，传统的配套规划办法难以适用。社区服务设施的配置应以满足居民需求为目标而不仅是追求设施分布的公平，有必要研究公共服务设施使用者的需求和偏好及当前没有使用公共服务设施居民的未来使用意愿，在现状调研基础上，结合规划设置标准，以居民当前需求和未来需求预测为导向制定修正系数，最终确定该社区公共服务设施配置的适宜指标，以更好地满足社区居民对公共服务设施的需求。

（三）强化居民参与，提高设施配置科学性和使用效率

居民参与的先决条件是对社区公共服务有全面的了解，因此社区管理者应当加大对服务设施和服务内容的宣传介绍。通过发放调查问卷、定期举办社区听证会等工作方式，社区管理者深入调查居民对社区公共服务设施的意见建议以及居民需求的动态变化，从而保障服务的需求导向。根据居民期望，调整社区活动的内容、形式和举办频率等，引导更多的居民参与到社区公共活动中，增强居民的相互沟通交流，提高居民对社区的归属

感和依恋感，进而提升居民参与公共服务的主动程度。大力推动社区服务网络化，建设社区公共服务信息的网络共享平台，使居民可以在线实时提出需求并反馈对社区服务的意见建议，增强居民话语权，提高社区公共服务供给的及时性和回应性。

参考文献

何芳、李晓丽：《保障性社区公共服务设施供需特征及满意度因子的实证研究为例——以上海市宝山区顾村镇"四高小区"为例》，《城市规划学刊》2010年第4期。

戴翔：《城市新建地区社区公共设施优化配置的思考与建议——以南京市河西地区为例》，《现代城市研究》2014年第1期。

陈伟东、张大维：《社区公共服务设施分类及其配置：城乡比较》，《华中师范大学学报》2008年第1期。

杜继芳：《撤村建居新建社区服务模式研究——以天津武清区下朱庄街为例》，《天津行政学院学报》2015年第5期。

任晋锋、吕斌：《北京核心城区社区公共服务设施问题及对策研究——以西城区调研为例》，《现代城市研究》2012年第2期。

B.17
需求发现和公益创投：推动社区社会组织成长的"三社"模式

马丽华*

摘　要：　上城区的社区组织培育主要是以枢纽型社会组织网络为基础，以社区需求发现和社区公益创投作为内外驱动力，依托枢纽型社会组织网络构建各类社会主体参与社区治理的"枢纽"，促进社区社会组织的成长，以此催生多元复合的社区治理格局。

关键词：　社区需求　社区　社会组织

上城区是杭州市的中心城区，下辖6个街道、54个社区，区域面积18.1平方公里，常住人口34万。借助社区建设起步早、基础好、发展快的地域和平台优势，上城区围绕"基层社会治理体系和治理能力的现代化"目标，充分利用民间社会组织的亲民性、灵活性和开放性特质，致力于社区社会组织成长的民间组织化和服务本土化发展策略，创新性构建和实践了枢纽型社会组织服务社区社会组织成长的"三社"发展模式。

一　创新主体和实施范围

上城区枢纽型社会组织服务社区社会组织成长的"三社"发展模式，

---

* 马丽华，杭州上城区民政局副局长。

其创新主体是提供各种服务体制机制保障的上城区委、区政府，实施主体是上城区社会组织服务中心、上城区社会组织发展基金会、上城区社会工作协会以及各街道社区社会组织服务中心和各社区社会组织联合会，实施范围涵盖全区的所有政府部门、各企事业单位和党群组织、社区社会组织和社区工作者，直接和间接受益对象则是辖区三十多万居民。

具体来说，就是以枢纽型社会组织网络为基础，以社区需求发现和社区公益创投作为内外驱动力，依托枢纽型社会组织网络构建各类社会主体参与社区治理的"枢纽"，促进社区社会组织的成长，以此催生多元复合的社区治理格局，使得社区治理全盘皆活。枢纽型社会组织网络与社区社会组织是系统与个体的关系。社区需求发现和社区公益创投是车之两轮，枢纽型社会组织网络是整个车厢，社区社会组织则是车厢中的包厢；社区治理创新则是多元社会力量整合和社区社会组织发展的成果，具体如图1所示。

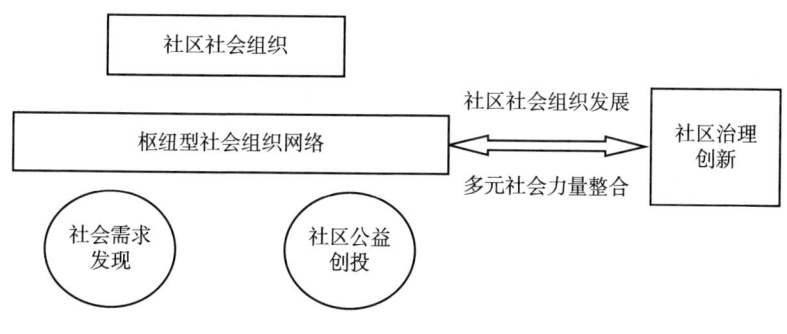

图1　社区治理创新的过程

二　主要做法

（一）建设专业学习型和本土实践型社会组织人才队伍

以区、街道和社区三级社区社会组织服务中心、上城区社会组织发展基金会、上城区社会工作协会等组成的枢纽型社会组织网络为基础，大力建设专业学习型和本土实践型社工人才队伍，提高服务社区需求的能力。首先，建立专家联系机制。邀请社会组织实践和研究领域的国内专家调研、考察上城区的社区社会组织，以社会组织人才队伍的本土实践为导向，举行各种专家讲座和论证会等，传播相关领域前沿知识和观念。其次，开发具有本土特色的社工人才培训课程。开发志愿者管理、基金管理、社会工作实务能力训练等课程，以考察交流、集中培训、一对一辅导、小组沙龙、开放空间会议技术等方式，提升社会组织工作者服务本土社区的人文素养。最后，建设社会工作者合作伙伴关系。依托枢纽型社会组织网络，以"工作坊"的形式，组织研讨会、经验交流会等，促成专业学习和本土实践相结合的社会组织工作者骨干人才伙伴关系，传播和推广有效的社区社会组织的成长经验。

（二）以社区社会需求和社区公益创投为内外驱动力

上城区以枢纽型社会组织网络为依托，引导和鼓励社区社会组织发现社区社会需求，设计公益服务项目，以项目整合多元社会力量，吸引各方参与公益创投，使社区服务需求和社区公益创投成为社区社会组织成长的内外驱动力。首先，调查分析社区居民需求。枢纽型社会组织与社区社会组织联合，以发放问卷、走访调查、网上征集等形式，共同收集和分析松散的、个性化的民众需求，以此为基础，研究设计公益项目。其次，组织社区公益项目创投"相亲会"。连续两年组织开展面向全区、多层次的公益创投相亲会，吸引政府部门、企业、党群组织、高校、志愿者等主体参与，并对优秀的社区公益项目提供资金、知识、信息、人才等支持。最后，开展绩效评估。聘请第三方评估机构和专家，结合社区公众的评价，评估公益项目的社会服务成效，对绩效良好的项目予以持续推进和扩展。

（三）社区公共空间和公益项目激活社区公众参与

以枢纽型社会组织网络为支持，以社区公共空间为载体，构建既承载社区公益项目，又激活和吸纳社区公众参与的社区公共空间。首先，根据各街道的具体条件，重点设计和构建场馆化的公共空间。比如，小营红巷生活广场、望江红港·睦邻驿站、清波幸福·家综合社区服务中心、紫阳"公益伊甸园"。其次，在场馆化的公共空间中引入基于社区民生需求的重点公益项目和相应的社区社会组织，由此激活和吸纳公众参与，实现公共需求，使空间和项目的公共性得以落实。比如小营红巷生活广场可容纳五十多家社区社会组织，已开展170多场活动，服务近五万人次。最后，社区公众参与拓展和再生产社区公益。社区居民借助公共空间和公益服务项目，在受益于社区公共空间和公益项目过程中，通过志愿服务、资源分享、合作交往等形式，使社区公益和公共空间得以持续性拓展和再生产。

（四）多元多层合作网络增加社区治理的社会资本

枢纽型社区组织网络服务社区社会组织的成长，并在社区公益的直接和间接参与者之间构建起多重合作网络，增益社区合作互助的社会资本，催生多元复合的社区治理。首先，在专业学习型和本土实践性社区社会组织建设过程中，构建了区、街道、社区三级社会组织服务平台之间密切的合作网络。其次，在调研社区公众需求，组织多层次的社区公益项目设计和培训过程中，与社区自治组织、社区工作者、社区社会组织之间建构起合作网络。最后，社区公益项目创投，使政府部门、企业、高校等单位和党群组织等与社区社会组织结成灵活多样的社区公益服务合作网络，由此带动社区公众参与社区治理。

三 主要成效

上城区枢纽型社会组织网络服务社区社会组织成长的"三社"模式，扎根于社区，并向社会回归，发现社会需求，整合社会力量，服务"三社"的联动发展。具体成就表现在以下方面。

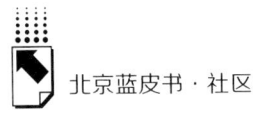

（一）培育优质社区公益服务项目

经过近两年的服务和实践，上城区已初步培育三十多个成熟的、可持续发展的优质社区公益服务项目。比如涌金门科普服务社的邻里生态格子铺项目、青少年"都Do城"实践体验项目、大爱无疆帮扶中心的临终关怀项目、支点社会工作发展中心的"暖色时光"新杭人青少年社会工作服务项目等，涉及社区的青少年教育、心理健康、社区文化保育、残障与弱势群体帮扶、邻里互助、社区生态保护等方面。

（二）打造社区社会组织示范工程

根据辖区社会组织的绩效评估与运行状况，每年确定30家重点打造的社区社会组织作为组织运行与项目推进的示范性工程。比如湖滨晴雨工作室、在水一方养老服务集团、大爱无疆帮扶中心这些原有的老品牌与明德公益事业发展中心、艺途无障碍公益服务中心、词宣文化公益发展中心这些后发的新品牌进行优势互补，打造社区社会组织服务本土化与专业化结合的成功范例。

（三）提升社区社会组织服务社区的能力

社区公益创投相亲会使政府、社区、社区社会组织、社会工作者、爱心企事业单位等多方资源汇集于社区公益项目，并及时开展社区服务以繁荣社区公益事业。2014年，仅望江街道就组织街道范围的41个公益创投项目，筹措资金78.3万元；面向社区社会组织的区级公益创投共入围102个项目，筹集资金425万元，惠及居民三十多万人。

（四）拓展社区公众参与渠道

发挥居民参与社区自治的正能量，通过社区能人工作室、社区治理"十佳金点子"、社区公益创投活动、社区邻居节等多种方式调动广大居民以受益者、组织者、运营者、志愿者等多重身份、多种角色参与社区治理。

比如在2014年的社区治理"十佳金点子"评选中,望江街道的"物业自治"案例因其切实反映社区居民需求、真正实现还权于民且具有良好的社会效益从而摘得上城区社区治理"十佳金点子"案例桂冠。

上城区以枢纽型社会组织助推社区公益事业发展,使社区居民、社区社会组织受益,获得公众赞誉。2014年以来,上城区先后荣获首批全国社会工作服务示范区、全国社会组织建设创新示范区、全国和谐社区建设示范区、中国社会创新奖"优胜奖"等国家级荣誉,吸引了中央电视台、新华网、浙江电视台等主流媒体的关注。

B.18
创新社区治理,缔造海沧样本

厦门市海沧区政府*

摘　要： 以"共谋、共建、共管、共评、共享"的共同缔造机制推动社区治理现代化。一是以"五共"为引领,让"共同缔造"体制转起来,即"决策共谋、发展共建、建设共管、效果共评、成果共享"。二是以互动为杠杆,让"共同缔造"机制活起来。探索出以公共服务为牵引,以项目为依托的社会参与机制,通过社会组织发展方案、企业共建机制等完善群众、社会组织、企业等不同主体的参与机制。三是以平台为依托,让"共同缔造"载体实起来,建立数字化信息化云平台,实现了手机、电脑、电视三屏互通,把政府与百姓紧密地联系在一起。四是以转型为抓手,让"共同缔造"工作动起来。以政府转型为抓手,激发基层治理的动力。

关键词： 创新　社会参与　社区治理

虽然基层群众自治已有六十多年发展历史,然而在实践中遇到了发展瓶颈,自治长期停留在墙上,而未真正落地。面对基层治理的重重困境,厦门市海沧区结合"美丽厦门·共同缔造"的建设契机,开始提升社区治理现代化的探索,即以"核心在共同,基础在社区"为引领,以"共谋、共建、共管、共评、共享"为核心,以机制创新为手段,以平台搭建为载体,创

---

* 厦门市海沧区政府社区办。

新社区治理现代化的"共同缔造法"。海沧的改革实践为地方实现创新社区治理提供了经验，也为党的十八届三中全会提出的"治理现代化"提供了地方样本。

一 主要做法

（一）以"五共"为引领，让"共同缔造"体制转起来

"共同缔造"的核心就是"同驻共治"，其实现途径便是"五共"，即"决策共谋、发展共建、建设共管、效果共评、成果共享"。首先，海沧着力转变干部思维，通过座谈会、问卷调查、"话仙场"等传统方式，结合QQ群、微信、公共平台等信息化手段，问计于民、问需于民，让群众参与决策。在试点的五个月内，全区参与各类试点项目建设的座谈、征求意见人数超过10万人次，共征集意见3.8万条，采纳1476条。其次，海沧在项目建设中积极发动企业、社会组织等力量共建、共管，如海沧湾公园的改造项目，有51家企业参与共建、共管，认捐资金115.78万元。再次，多方共评，如山边村的低保民主评议、社会组织评议等，从"官评"走向"众评"，从事后监督走向过程监督，保障群众的监督权。最后，发展成果共享，海沧始终坚持"美好环境与和谐社会共同缔造、经济社会发展与民生保障同步推进、新城建设与老百姓愿望同频共融"的共享理念，使群众共享经济增长、社会建设以及生态建设的成果。

（二）以互动为杠杆，让"共同缔造"机制活起来

一是完善参与机制，确立治理基础。海沧区在"共同缔造"实践中，探索出一套以公共服务为牵引，以项目为依托的社会参与机制，通过社会组织发展方案、企业共建机制等完善群众、社会组织、企业等不同主体的参与机制。二是强化激励机制，提供缔造动力。海沧通过落实"以奖代补"、模范带动、义工积分等机制，以奖励优秀为动力，提高群众、企业、社会组织

等主体参与共同缔造的积极性，激发共治动力。三是巩固服务机制，提升群众满意度。立足网格化基础，海沧进一步完善公共服务机制，把公共服务通过网格输送到基层治理每一个角落；借鉴台湾专业、成熟的志愿者管理方式，完善志愿服务机制；以新厦门人需求为导向，创建"新厦门人服务综合体"，建立外来员工"同城市、同管理、同参与、同服务、同待遇"的"五同"服务机制。四是创新微治机制，激活自治力量。海沧创新社区微自治，以小事为抓手、以生活为平台、以居民为主体、以参与为核心，将自治内容嵌入居民日常生活，通过绿地认养、空间认管等形式，让社区自治、民主参与内化为居民的一种生活习惯。五是建构融合机制，不断深化联系台商、对台司法等配套服务机制，探索在地台胞以担任居委会主任助理、业委会主任、社区居民大学名誉校长等形式参与社区治理，打造具有"台味"的试点社区，组织街镇、村居与台湾乡、里建立长期交流关系，不断推动两岸融合。

（三）以平台为依托，让"共同缔造"载体实起来

群众参与需要一定的载体和途径加以落实，海沧区"共同缔造"为此创建了平台。一是组织平台。社会组织是社会治理的重要载体，对于组织群众实现自我管理具有不可替代的作用。海沧区各社区结合本地实际，引导、培育社会组织发展，建立乡贤理事会、社区同住共建理事会等自治组织，发展"两岸义工联盟"等公益组织，培育"四民家园""特色之家"等多元社会组织。通过发展社会组织搭建起居民议事协商平台。二是制度平台。海沧区在治理创新中做出了一系列的制度尝试，效果突出。例如，探索党群、社群、政社协商调节制度，建立科学规范的考评制度，探索社区自治章程、楼栋轮管制度等自治制度，为基层治理的法治化和基层协商的制度化提供了有益探索。三是技术平台。海沧利用信息技术，搭建群众参与的虚拟平台。三级网格联动系统实现了信息的互相联通，方便群众网上办事。其一，通过网站、微博、QQ群、微信公众号、论坛等信息平台沟通信息；其二，2014年兴旺社区建立数字化、信息化云平台，实现了手机、电脑、

电视三屏互通,把政府与百姓紧密地联系在一起,创新了信息技术服务群众的手段;其三,居民可以通过投票评议、答卷建议、互动交流等形式参与社区治理,实现了治理方式的现代化。

(四)以转型为抓手,让"共同缔造"工作动起来

社区治理的创新离不开政府改革的保障,包办式、父爱式的政府必然无法适应社区治理的新要求。为此,海沧区以政府转型为抓手,激发基层治理的动力,分别从以下四个层面抓起。从区级层面来看,建立区委社会治理工作委员会,统筹社会治理工作;建立政务综合体,加强公共服务;加快简政放权,出台政府购买服务细则、制定社区工作准入制度和下放服务审批事项清单,推动职能事项下放。从镇(街)层面来看,强化社会治理职能,实行大部制改革,建立"一办两中心"(党政办,经济服务中心、社会服务中心)。从社区层面来看,政府部门下放的服务职能交由社区工作站、网格员等承担,让居民办事不出社区;社区居委会回归自治。从网格层面来看,建立网格党支部,加大网格内社会组织、业委会、物业等协同参与力度,共建社区。

二 主要成效

"共同缔造"是认识论,也是方法论;既是新时期党的群众路线的创新实践,也是社区治理现代化的有效实现形式。"共同缔造"的实质就在于党民同心,加强社区建设,激活社会力量,共同实现基层治理现代化。海沧的改革探索为当前社会治理创新提供了有益经验。

(一)"共同缔造"——重建党的执政基础

习近平总书记强调,群众路线是我们党的生命线和根本工作路线。虽然党一直教育干部要"尊重群众、依靠群众、相信群众",但是长期工作形成的"家长作风"和"父爱主义"使得部分干部不会做群众工作。海沧区通

过"共同缔造"机制将群众参与作为关键内容，并通过丰富参与机制、参与主体及参与内容，赋予了群众路线实体内容。海沧区的"共同缔造"是新形势下群众路线实践的创新，实现了从群众动员到群众参与的提升，打破了政府与群众、干部与群众的信任隔阂，党的执政基础得以巩固。群众口中的"你们政府"变成"我们政府"，干部与群众的关系拉近了，彼此间的信任也加强了，2014年上半年群众对干部作风的满意率达到97.1%。另外，随着党支部进网格、党小组进楼栋、党组织进企业等基层党组织建设的推进，党的组织得以落地，凸显了党的核心领导。

（二）"共同缔造"——提升社区治理水平

作为快速发展起来的新城，海沧区社会发展动力不足，社会力量薄弱，面临着许多当前社区治理的共同困境，如居民需求多元化、生人社区难以凝聚共识、政府与群众隔阂大等。"共同缔造"机制通过"五共"激发了群众的公民意识，使居民自发地构建居民生活共同体、利益共同体、命运共同体，"生人社区"变成"熟人社区"。院前社依托"共同缔造"项目——"城市菜地"，建立起济生缘合作社，吸纳了近五十名年轻人返乡创业，空心村不再"空心"。另外，"共同缔造"促进了政府角色的重新定位，由原来社会管理的"包办人"，转变为社会治理的参与者、公共服务的提供者，促进了政府职能的转型和行政效率的提高。同时，通过"以奖代补"、政府购买服务等方式促进社会组织做大做强，目前海沧区有各类社会组织268个，每万人拥有社会组织数达4.8个，是全国平均水平的两倍。同时，通过"认捐认管""公益创投"等项目的开展，企业力量也得以激活，从而形成政府与社会、市场的良性互动和有效协同。

（三）"共同缔造"——促进群众自治落地

当前的社区规模动辄就有两万人左右，这种大规模的客观现实必然限制居民自治的实现，使居民自治流于形式，基本停留在墙上。2014年中央一号文件提出"探索不同情况下村民自治的有效实现形式"。"共同缔造"一方面通过"微自治"创新,从群众身边小事做起、从群众切身利益相关的事情切入,丰富了自治的方式和内容,找准了自治的着力点;另一方面,海沧区通过划小自治单元,探索网格自治、楼栋自治,打造了"社区—网格—楼栋"三级自治体系,使得每个居民都有机会直接参与自我管理,提升了社区的自治能力,推进了基层自治的有效运转。

Abstract

The community is the sum of multiple social relations and social cultures made by the inhabit residents in a certain area. *Annual Report on Community Development of China 2016 – 2017* has carried out a large scale survey and case studies for eight urban communities in China from the community practice level, which shows the changes of communities' organizational structure and the innovation of the governance model, reflects the new content of community culture , the new preferences of community inhabitants and proposes the bearing pressure of the environment of communities and the new direction of green development for communities. From the level of community development theory, the Report also puts forward the new problems and new ideas in the process of community development from different perspectives of sociology, urbanology and environmentalology.

Contents

I Primary Report

B. 1 The Development of China's Communities:
New Models and New Challenges
Yu Yanyan / 001

II Theoretical Discussion and New Challenges

B. 2 Administration of Community Governance: Problems
and Countermeasures
Jiao Ruoshui / 011

Abstract: The problem of community governance is an important issue of China's grassroots social governance innovation, the existing laws and regulations to define fuzzy neighborhood responsibilities, administrative reform lags behind, the community administrative affairs, inspection and assessment, the meeting, not to prove the reasonable accounting problems such as long-term difficult to solve. Administration of community service nationwide based on case study, put forward the modernization of public administration and community governance of the two dimensions of community public service demand oriented design process based on promoting professional dynamic transformation of government public services, the introduction of social organizational expertise necessary to amend the relevant laws and regulations policy construction to the national governance system construction requirements the new pattern of community governance.

Keywords: Neighborhood Committee Administration; Public Administration Modernization; Community Governance

B. 3　Urban Community Residents Activities of the Organization and Progressive Process Analysis　*Feng Meng* / 027

Abstract: Community activities are not only in all aspects of social affairs, but also the core of the community construction and community governance. They are the first steps to drive community development. Under economic sociology perspective, this article makes a comprehensive interpretation of relevant issues in community activities through differentiating the stages of preparation, implementation, operation and continuation, combined with the empirical investigations. We think that first, at thebeginning of community activities, residents, as rational actors, will make a choice in whether and how to participate in activities by the principle of maximizing the effectiveness. Community members come to realize that the significance and effectiveness incentives of community activities can offer preparations for community activities. So that community activities can be launched. Second, during the community activities, different participant contacts and competes, divides and cooperates, and founds the rule of collective action. So these activities can be in a stable way. Third, in the direction of community activities, they are under the constraint of both official and informal sides. The combination of system and action decides the direction of community activities. It is viable to remove the restriction of community activities and ensure that they will last by turning them to the regular path.

Keywords: Community Activity; Activity Course; Community Mobilization; Resident Participation

B. 4 The Theory and Practice of Social Innovation
and "Bonum Commune" *Imasato Shigeru* / 041

Abstract: The human beings destined to exist on the universe and live on this magical world, are obligated to promote the sustainable development of society and defend the virtues of mankind. Only when we strive for social innovation which is thoroughly powered by the belief "following our heart and defending virtues of mankind" can this obligation be genuinely fulfilled. Social innovation helps to eliminate bad factors which do harm to the development of "bonum commune". In a sense, the history of human beings' development is regarded as the history of social innovation. So far, people have developed social innovation activities by means of institution, technology and value. In the era of big government, though, most social innovation activities were monopolized because of the public policies implemented by government. However, in the 1990s, the people's power which represented Social Entrepreneurship and Social Business arose rapidly with the gradually powerlessness of government. Thus, the trend of social innovation was triggered when it came to new epoch. In response to this trend, I have developed a serious of social innovation activities in the fields of community construction, environmental production, public welfare, organic agriculture, and political election. Besides, I also designed courses for Ph. D. and postgraduate students on social innovation education in Doshisha University, in 2005.

Keywords: Social Innovation; Bonum Commune; Social Entrepreneurship; Sustainable Development

B. 5 Study on Evaluation System of Green Community Construction
Zhao Qing / 053

Abstract: The evaluation system of green community construction can not only change the connotation of green community into operational target, but also be

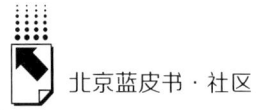

an important tool for community ecological construction and management. In this paper, the connotation and characteristics of green community based on the three system of community green system, green environment, green culture dimension, constructs the evaluation system of green community construction includes 7 criteria layers and 22 indicators and corresponding standards, will be more targeted to clear green community construction priority areas of action, so as to the community the basic unit of the society and promote the sustainable development of green city.

Keywords: Green Community; System of Evaluation; Community Building

B.6 Shifting From Service Provision to Building Community: Researching an Urban Community Changed from Rural Community

Zheng Zhongyu, Liang Benlong and Gao Yunhong / 063

Abstract: There are a consensus in research of the urban community changed from rural community, i.e. which lacks basic establishment and services, inclusive of needs to to make community workers quality and work ability. During researching D community, we find out that the problem is changing. D community have very good establishment and community worker possessing management experience. New problems have been emerging. Firstly, community workers could not understand complexity in daily life based on simplification perspective. Secondly, from "urban-village" dualism, they ignore lots of costs during radical change, traditional culture and social memory contributing to make community identity. Finally, community governance should think how to make community identity and culture by means of traditional culture and collective memory, shifting from providing services to building community.

Keywords: the Urban Community Changed From Rural Community; Seeing Like a State; Community Services; Building Community

B. 7　The Research of the Rise and Influence of the Gated Community

Song Mei / 082

Abstract: Different social-background and ethnic community have had the "gate" and the "wall" to realize the isolation whether in the West or in the East, "wall" and the "door" is not only a war "fortress", is also a kind of safety symbol, the member living within "door" and "wall" have a sense of security. Since the end of 1970s, "access" —this ancient city defense form appeared in the American modern residential area, then has become a trend of the spread in the world. Why do consumers eagerly seek the gated community as a cultural icon around the world? What is the driving force behind the global spread of access control community? Is it a sign of a fundamental change in the nature of neighborhood life? The answers to these questions need to look for from the root of the history and culture, also need to consider the influence of globalization and the development of community.

Keywords: Gated Community; Safety; Life Style

Ⅲ　Local Practice and Experience

B. 8　Review and Reflection Beijing Grid Management System of Social Service

Yin Xingchen / 091

Abstract: Beijing gridded social service management system initially built, compared with traditional social service management tools, grid service management adapted to the new situation and new tasks, more positive, proactive, conscious, with clear terms of reference and information resource sharing technology, power resource integration, service management more efficient, social integration and other prominent features, but there are few people understand vague laws and regulations lag, supervision and evaluation mechanism not perfect, business is not high quality grid administrators, social organizations and social units involved, lack of uniform

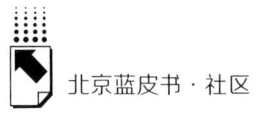

standards for the city's problems in information system building, the next step should focus on innovative ideas, speeding up the legislative process related to innovation supervision and evaluation system and other work.

Keywords: Beijing; Community Services; Community Management

B.9 The Resource-environment Base for Modern Urbanization of Beijing

Yang Bo / 101

Abstract: Along with the acceleration of the process of urbanization and industrialization, urbn development of Beijing has got into a new period of pressure growth, and the polarized effects of modern resource and environment utilization tends to be more and more significantly. The key of sustainable development for modern urbanization of Beijing is correctly dealt with exploitation and guarantee of the resource-environment base. Overall analysis of those five elements of the resource-environment base shows that Beijing is facing such problem as limited per-capita and high loss elements. In order to release a higher pressure on the weakening resource-environmental base for modern urbanization in Beijing, this paper raises the followings suggestions: Firstly, set up a full set of management systems for urban planning and bring about coordinated development for all the districts and counties in accordance with major function-oriented zone planning; Secondly, further adjusting the industrial structure, and promoting more intensive utilization of elements of the resource-environment base; Thirdly, widening the resource-environment base, and safeguarding the supply of external elements of the resource-environment base.

Keywords: Modern Urbanization; Resource-environment Base; Sustainable Development; Beijing

B. 10 Study on the Environment Construction Model of

Old Communities in Beijing   *Feng Gang* / 112

Abstract: In recent years, Beijing in the environmental construction continued to promote the old district environment to enhance the renovation project, efforts to solve the environmental problems around the masses, and promote the development of Beijing urban high-rise buildings bright and shady alley environment chaotic uncoordinated development. This paper summarizes the situation of the old community environment construction in Beijing, analyzes the existing problems of the old community environment construction. On this basis, the author puts forward the environmental problems of the masses as the starting point and the high starting point, Urban construction key projects, focusing on building community environmental characteristics and other ideas.

Keywords: Community; Environment; Construction

B. 11 Analysis of the Questionnaire Regarding the Opening of

Party Work of Community Party Organizations

—*Based on the Balizhuang Street*   *Yu Yanyan* / 120

Abstract: In order to understand the grassroots community party organization of public affairs work, the research group of China community development report on the community village in Balizhuang Street area surveyed the residents. This investigation is in accordance with the principle of random sampling to sample, takes the form of questionnaires for residents according to the theme of the answer, and then collect the related information, and the corresponding analysis of survey results.

Keywords: Party Organizations of Community; Party Affairs of Community; Autonomy of Community

B.12 Study on the Present Situation of Urban Community Residents' Autonomy Based on the Investigation and Analysis of Beijing, Changping District
　　—Based on the Investigation
　　　　　　　　　　　　　　　　　　　　　　Tan Rihui / 144

Abstract: Through the questionnaire survey of Changping urban residents and community governance, found that urban residents awared of urban community construction and the residents' autonomy needed to be further improved; the initiative of urban community construction and the residents' autonomy needed to be further improved; urban residents to participate in community construction and resident autonomy provide conditions to be further strengthened; the residents of the community the "six building" attention than satisfaction; community residents satisfaction index of the "two committees" work was relatively high; community cadres were urban construction and community inhabitant autonomy backbone.

Keywords: Urban Community; Residents' Governance; Social Governance

B.13 Attempt on New System of Community Governance of Separation between Committee and Service Station under Street Office's Co-ordination
　　—Based on the Practice of Yuetan Street, Xicheng District
　　　　　　　　　　　　　　　　　　　　　　Ma Xiaoyan / 172

Abstract: As government's administrative tip, the development of community autonomy has long been restricted. It will be helpful to reduce gradually community committees' administrative affairs which realize separation between committee and service station. It will be helpful to promote the modernization of social governance which attempt to construct new community governance system.

Keywords: Community Governance; Separation of Committee and Service Station; Governance System

B.14 Relationship between Affordable Services and the Participation in Cultural Activities of Communitites
—*Based on the Jianguomen Street*

Zhang Ning / 182

Abstract: Community cultural activity is one of the important contents to improve the emotional connection and group identification of community residents. But the expansion of this activity is inseparable from the corresponding supporting services, the so-called "supporting services", we use "affordable service" to summarize. In today's society, people's life in the pursuit of more practical value of benefits, which of course is biased, encourage and guide the community residents to increase life in the pursuit of a spiritual level is undoubtedly the community management should pay attention to. But the corresponding affordable service, if not in place or imperfect, this guidance and encouragement will not produce the desired results.

Keywords: "Affordable Service"; "Four Exploration, One Embodiment"; "Red 1 +1"

B.15 Community Management after the Citizenization of Farmers
—*Based on the Survey in Beijing, Daxing District*

Li Shunhua / 199

Abstract: Compared to before the relocation, the relocation of Daxing District farmers' income, consumption, housing, insurance and other living conditions are improved, the employment rate also improved, significantly improve the level of life, quality of life gradually improved, the overall relocation of residents satisfied with the status quo of life. But in practice, there are still some problems: the destruction of the daily structure of life, the lackof power to integrate into urban society, and the lack of the ability to integrate into the mainstream urban society. In addition we guarantee the citizenization of peasants after the long-term livelihood of landless peasants, and respect the customs and habits, but also to strengthen the ideological guidance, to promote their comprehensive transformation of city residents, become new citizens enjoy modern civilization.

Keywords: Citizenization of Farmers; Community; New Citizens

B.16 Research of Community Public Service Facilities Optimization in Beijing New Town

Yuan Lei / 213

Abstract: There are some differences between Beijing new town and central city in community population sources, age structure, the type of community and the demand of residents aspects. Now community public service facilities are lower-grade and inconvenience. The need of Residents for education, health, security and entertainment still can not be met. The urbanization communities are even worse. Therefore some suggestions are given such as comprehensive improving planning and construction standards of community public service facilities in new town, demand-oriented configuration of public service facilities, strengthen residents participation to improve efficiency in the use of community facilities. The optimization of new town community public service facilities is the focal point of improving the quality of new town.

Keywords: Community; Public Service Facilities; New Town

B. 17 Demand Discovery and Venture Philanthropy: to Promote the "Community, Social Organizations and Social Workes" Model for the Growth of Communities and Social Organizations

Ma Lihua / 222

Abstract: ShangCheng organization cultivation is the main hub of social network based on community needs and community philanthropy as internal and external driving force, relying on the hub type social organization set up a communication network of various social subjects to participate in community governance "hub", to promote the development of community social organizations, in order to create a community governance pattern multiple.

Keywords: Community Needs; Community; Social Organization

B. 18 Innovate the Governance of Community, Establish the Example of Haicang   *Haicang District Government of Xiamen / 228*

Abstract: The "common construction, co-construction, common management, common evaluation and sharing" co-creation mechanism promotes the modernization of community governance. It is with "Five" as a guide, to jointly create a "turn up" the decision-making system, collusion, construction, construction management, development effect evaluation, achievement sharing "; The second is to interact as a lever, let" together to create a mechanism to live up to. In the public service for the traction mechanism of social participate in the project, through the development of programs, social organizations enterprises to build a mechanism to improve the masses, social organizations and enterprises in different participation mechanisms; The third is a platform, let "together to create a vehicle to establish digital information cloud platform, implementation the mobile phone, computer, TV screen three to exchange, the government and the people closely together; The fourth is to transiti to the starting point, to jointly create a?" move to the transformation of the government as the starting point, motivate the grassroots governance.

Keywords: Innovation; Community Participation; Community Governance

社会科学文献出版社　　　　　　　　　　　　　**皮书系列**

✤ 皮书起源 ✤

"皮书"起源于十七、十八世纪的英国，主要指官方或社会组织正式发表的重要文件或报告，多以"白皮书"命名。在中国，"皮书"这一概念被社会广泛接受，并被成功运作、发展成为一种全新的出版形态，则源于中国社会科学院社会科学文献出版社。

✤ 皮书定义 ✤

皮书是对中国与世界发展状况和热点问题进行年度监测，以专业的角度、专家的视野和实证研究方法，针对某一领域或区域现状与发展态势展开分析和预测，具备原创性、实证性、专业性、连续性、前沿性、时效性等特点的公开出版物，由一系列权威研究报告组成。

✤ 皮书作者 ✤

皮书系列的作者以中国社会科学院、著名高校、地方社会科学院的研究人员为主，多为国内一流研究机构的权威专家学者，他们的看法和观点代表了学界对中国与世界的现实和未来最高水平的解读与分析。

✤ 皮书荣誉 ✤

皮书系列已成为社会科学文献出版社的著名图书品牌和中国社会科学院的知名学术品牌。2016年，皮书系列正式列入"十三五"国家重点出版规划项目；2012~2016年，重点皮书列入中国社会科学院承担的国家哲学社会科学创新工程项目；2017年，55种院外皮书使用"中国社会科学院创新工程学术出版项目"标识。

权威报告·热点资讯·特色资源

皮书数据库
ANNUAL REPORT(YEARBOOK) DATABASE

当代中国与世界发展高端智库平台

所获荣誉

- 2016年，入选"国家'十三五'电子出版物出版规划骨干工程"
- 2015年，荣获"搜索中国正能量 点赞2015""创新中国科技创新奖"
- 2013年，荣获"中国出版政府奖·网络出版物奖"提名奖
- 连续多年荣获中国数字出版博览会"数字出版·优秀品牌"奖

成为会员

通过网址www.pishu.com.cn或使用手机扫描二维码进入皮书数据库网站，进行手机号码验证或邮箱验证即可成为皮书数据库会员（建议通过手机号码快速验证注册）。

会员福利

- 使用手机号码首次注册会员可直接获得100元体验金，不需充值即可购买和查看数据库内容（仅限使用手机号码快速注册）。
- 已注册用户购书后可免费获赠100元皮书数据库充值卡。刮开充值卡涂层获取充值密码，登录并进入"会员中心"—"在线充值"—"充值卡充值"，充值成功后即可购买和查看数据库内容。

社会科学文献出版社 皮书系列
卡号：693532868976
密码：

数据库服务热线：400-008-6695
数据库服务QQ：2475522410
数据库服务邮箱：database@ssap.cn
图书销售热线：010-59367070/7028
图书服务QQ：1265056568
图书服务邮箱：duzhe@ssap.cn

子库介绍
Sub-Database Introduction

中国经济发展数据库

涵盖宏观经济、农业经济、工业经济、产业经济、财政金融、交通旅游、商业贸易、劳动经济、企业经济、房地产经济、城市经济、区域经济等领域，为用户实时了解经济运行态势、把握经济发展规律、洞察经济形势、做出经济决策提供参考和依据。

中国社会发展数据库

全面整合国内外有关中国社会发展的统计数据、深度分析报告、专家解读和热点资讯构建而成的专业学术数据库。涉及宗教、社会、人口、政治、外交、法律、文化、教育、体育、文学艺术、医药卫生、资源环境等多个领域。

中国行业发展数据库

以中国国民经济行业分类为依据，跟踪分析国民经济各行业市场运行状况和政策导向，提供行业发展最前沿的资讯，为用户投资、从业及各种经济决策提供理论基础和实践指导。内容涵盖农业，能源与矿产业，交通运输业，制造业，金融业，房地产业，租赁和商务服务业，科学研究，环境和公共设施管理，居民服务业，教育，卫生和社会保障，文化、体育和娱乐业等100余个行业。

中国区域发展数据库

对特定区域内的经济、社会、文化、法治、资源环境等领域的现状与发展情况进行分析和预测。涵盖中部、西部、东北、西北等地区，长三角、珠三角、黄三角、京津冀、环渤海、合肥经济圈、长株潭城市群、关中—天水经济区、海峡经济区等区域经济体和城市圈，北京、上海、浙江、河南、陕西等34个省份及中国台湾地区。

中国文化传媒数据库

包括文化事业、文化产业、宗教、群众文化、图书馆事业、博物馆事业、档案事业、语言文字、文学、历史地理、新闻传播、广播电视、出版事业、艺术、电影、娱乐等多个子库。

世界经济与国际关系数据库

以皮书系列中涉及世界经济与国际关系的研究成果为基础，全面整合国内外有关世界经济与国际关系的统计数据、深度分析报告、专家解读和热点资讯构建而成的专业学术数据库。包括世界经济、国际政治、世界文化与科技、全球性问题、国际组织与国际法、区域研究等多个子库。

法律声明

"皮书系列"（含蓝皮书、绿皮书、黄皮书）之品牌由社会科学文献出版社最早使用并持续至今，现已被中国图书市场所熟知。"皮书系列"的LOGO（ ）与"经济蓝皮书""社会蓝皮书"均已在中华人民共和国国家工商行政管理总局商标局登记注册。"皮书系列"图书的注册商标专用权及封面设计、版式设计的著作权均为社会科学文献出版社所有。未经社会科学文献出版社书面授权许可，任何使用与"皮书系列"图书注册商标、封面设计、版式设计相同或者近似的文字、图形或其组合的行为均系侵权行为。

经作者授权，本书的专有出版权及信息网络传播权为社会科学文献出版社享有。未经社会科学文献出版社书面授权许可，任何就本书内容的复制、发行或以数字形式进行网络传播的行为均系侵权行为。

社会科学文献出版社将通过法律途径追究上述侵权行为的法律责任，维护自身合法权益。

欢迎社会各界人士对侵犯社会科学文献出版社上述权利的侵权行为进行举报。电话：010-59367121，电子邮箱：fawubu@ssap.cn。

社会科学文献出版社

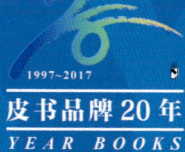

皮书系列

2017年

智库成果出版与传播平台

社会科学文献出版社
SOCIAL SCIENCES ACADEMIC PRESS (CHINA)

社长致辞

2017年正值皮书品牌专业化二十周年之际，世界每天都在发生着让人眼花缭乱的变化，而唯一不变的，是面向未来无数的可能性。作为个体，如何获取专业信息以备不时之需？作为行政主体或企事业主体，如何提高决策的科学性让这个世界变得更好而不是更糟？原创、实证、专业、前沿、及时、持续，这是1997年"皮书系列"品牌创立的初衷。

1997~2017，从最初一个出版社的学术产品名称到媒体和公众使用频率极高的热点词语，从专业术语到大众话语，从官方文件到独特的出版型态，作为重要的智库成果，"皮书"始终致力于为成为海量信息时代的信息过滤器，成为经济社会发展的记录仪，成为政策制定、评估、调整的智力源，社会科学研究的资料集成库。"皮书"的概念不断延展，"皮书"的种类更加丰富，"皮书"的功能日渐完善。

1997~2017，皮书及皮书数据库已成为中国新型智库建设不可或缺的抓手与平台，成为政府、企业和各类社会组织决策的利器，成为人文社科研究最基本的资料库，成为世界系统完整及时认知当代中国的窗口和通道！"皮书"所具有的凝聚力正在形成一种无形的力量，吸引着社会各界关注中国的发展，参与中国的发展。

二十年的"皮书"正值青春，愿每一位皮书人付出的年华与智慧不辜负这个时代！

社会科学文献出版社社长
中国社会学会秘书长

2016年11月

社会科学文献出版社简介

社会科学文献出版社成立于1985年，是直属于中国社会科学院的人文社会科学学术出版机构。成立以来，社科文献出版社依托于中国社会科学院和国内外人文社会科学界丰厚的学术出版和专家学者资源，始终坚持"创社科经典，出传世文献"的出版理念、"权威、前沿、原创"的产品定位以及学术成果和智库成果出版的专业化、数字化、国际化、市场化的经营道路。

社科文献出版社是中国新闻出版业转型与文化体制改革的先行者。积极探索文化体制改革的先进方向和现代企业经营决策机制，社科文献出版社先后荣获"全国文化体制改革工作先进单位"、中国出版政府奖·先进出版单位奖，中国社会科学院先进集体、全国科普工作先进集体等荣誉称号。多人次荣获"第十届韬奋出版奖""全国新闻出版行业领军人才""数字出版先进人物""北京市新闻出版广电行业领军人才"等称号。

社科文献出版社是中国人文社会科学学术出版的大社名社，也是以皮书为代表的智库成果出版的专业强社。年出版图书2000余种，其中皮书350余种，出版新书字数5.5亿字，承印与发行中国社科院院属期刊72种，先后创立了皮书系列、列国志、中国史话、社科文献学术译库、社科文献学术文库、甲骨文书系等一大批既有学术影响又有市场价值的品牌，确立了在社会学、近代史、苏东问题研究等专业学科及领域出版的领先地位。图书多次荣获中国出版政府奖、"三个一百"原创图书出版工程、"五个'一'工程奖"、"大众喜爱的50种图书"等奖项，在中央国家机关"强素质·做表率"读书活动中，入选图书品种数位居各大出版社之首。

社科文献出版社是中国学术出版规范与标准的倡议者与制定者，代表全国50多家出版社发起实施学术著作出版规范的倡议，承担学术著作规范国家标准的起草工作，率先编撰完成《皮书手册》对皮书品牌进行规范化管理，并在此基础上推出中国版芝加哥手册——《SSAP学术出版手册》。

社科文献出版社是中国数字出版的引领者，拥有皮书数据库、列国志数据库、"一带一路"数据库、减贫数据库、集刊数据库等4大产品线11个数据库产品，机构用户达1300余家，海外用户百余家，荣获"数字出版转型示范单位""新闻出版标准化先进单位""专业数字内容资源知识服务模式试点企业标准化示范单位"等称号。

社科文献出版社是中国学术出版走出去的践行者。社科文献出版社海外图书出版与学术合作业务遍及全球40余个国家和地区并于2016年成立俄罗斯分社，累计输出图书500余种，涉及近20个语种，累计获得国家社科基金中华学术外译项目资助76种、"丝路书香工程"项目资助60种、中国图书对外推广计划项目资助71种以及经典中国国际出版工程资助28种，被商务部认定为"2015-2016年度国家文化出口重点企业"。

如今，社科文献出版社拥有固定资产3.6亿元，年收入近3亿元，设置了七大出版分社、六大专业部门，成立了皮书研究院和博士后科研工作站，培养了一支近400人的高素质与高效率的编辑、出版、营销和国际推广队伍，为未来成为学术出版的大社、名社、强社，成为文化体制改革与文化企业转型发展的排头兵奠定了坚实的基础。

经 济 类

经济类皮书涵盖宏观经济、城市经济、大区域经济，提供权威、前沿的分析与预测

经济蓝皮书
2017年中国经济形势分析与预测

李扬／主编　2017年1月出版　定价：89.00元

◆ 本书为总理基金项目，由著名经济学家李扬领衔，联合中国社会科学院等数十家科研机构、国家部委和高等院校的专家共同撰写，系统分析了2016年的中国经济形势并预测2017年中国经济运行情况。

中国省域竞争力蓝皮书
中国省域经济综合竞争力发展报告（2015～2016）

李建平　李闽榕　高燕京／主编　2017年5月出版　定价：198.00元

◆ 本书融多学科的理论为一体，深入追踪研究了省域经济发展与中国国家竞争力的内在关系，为提升中国省域经济综合竞争力提供有价值的决策依据。

城市蓝皮书
中国城市发展报告 No.10

潘家华　单菁菁／主编　2017年9月出版　估价：89.00元

◆ 本书是由中国社会科学院城市发展与环境研究中心编著的，多角度、全方位地立体展示了中国城市的发展状况，并对中国城市的未来发展提出了许多建议。该书有强烈的时代感，对中国城市发展实践有重要的参考价值。

经济类

人口与劳动绿皮书
中国人口与劳动问题报告 No.18

蔡昉 张车伟 / 主编　2017年10月出版　估价：89.00元

◆　本书为中国社会科学院人口与劳动经济研究所主编的年度报告，对当前中国人口与劳动形势做了比较全面和系统的深入讨论，为研究中国人口与劳动问题提供了一个专业性的视角。

世界经济黄皮书
2017年世界经济形势分析与预测

张宇燕 / 主编　2017年1月出版　定价：89.00元

◆　本书由中国社会科学院世界经济与政治研究所的研究团队撰写，2016年世界经济增速进一步放缓，就业增长放慢。世界经济面临许多重大挑战同时，地缘政治风险、难民危机、大国政治周期、恐怖主义等问题也仍然在影响世界经济的稳定与发展。预计2017年按PPP计算的世界GDP增长率约为3.0%。

国际城市蓝皮书
国际城市发展报告（2017）

屠启宇 / 主编　2017年2月出版　定价：79.00元

◆　本书作者以上海社会科学院从事国际城市研究的学者团队为核心，汇集同济大学、华东师范大学、复旦大学、上海交通大学、南京大学、浙江大学相关城市研究专业学者。立足动态跟踪介绍国际城市发展时间中，最新出现的重大战略、重大理念、重大项目、重大报告和最佳案例。

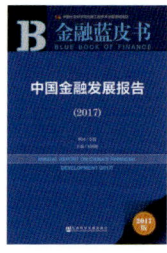

金融蓝皮书
中国金融发展报告（2017）

王国刚 / 主编　2017年2月出版　定价：79.00元

◆　本书由中国社会科学院金融研究所组织编写，概括和分析了2016年中国金融发展和运行中的各方面情况，研讨和评论了2016年发生的主要金融事件，有利于读者了解掌握2016年中国的金融状况，把握2017年中国金融的走势。

经济类 皮书系列 重点推荐

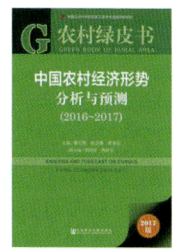

农村绿皮书
中国农村经济形势分析与预测（2016～2017）

魏后凯　杜志雄　黄秉信/主编　2017年4月出版　估价：89.00元

◆ 本书描述了2016年中国农业农村经济发展的一些主要指标和变化，并对2017年中国农业农村经济形势的一些展望和预测，提出相应的政策建议。

西部蓝皮书
中国西部发展报告（2017）

徐璋勇/主编　2017年7月出版　估价：89.00元

◆ 本书由西北大学中国西部经济发展研究中心主编，汇集了源自西部本土以及国内研究西部问题的权威专家的第一手资料，对国家实施西部大开发战略进行年度动态跟踪，并对2017年西部经济、社会发展态势进行预测和展望。

经济蓝皮书·夏季号
中国经济增长报告（2016～2017）

李扬/主编　2017年9月出版　估价：98.00元

◆ 中国经济增长报告主要探讨2016~2017年中国经济增长问题，以专业视角解读中国经济增长，力求将其打造成一个研究中国经济增长、服务宏微观各级决策的周期性、权威性读物。

就业蓝皮书
2017年中国本科生就业报告

麦可思研究院/编著　2017年6月出版　估价：98.00元

◆ 本书基于大量的数据和调研，内容翔实，调查独到，分析到位，用数据说话，对中国大学生就业及学校专业设置起到了很好的建言献策作用。

皮书系列重点推荐　社会政法类

社会政法类

 社会政法类皮书聚焦社会发展领域的热点、难点问题，提供权威、原创的资讯与视点

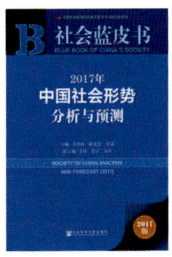

社会蓝皮书
2017年中国社会形势分析与预测

李培林　陈光金　张翼 / 主编　2016年12月出版　定价：89.00元

◆ 本书由中国社会科学院社会学研究所组织研究机构专家、高校学者和政府研究人员撰写，聚焦当下社会热点，对2016年中国社会发展的各个方面内容进行了权威解读，同时对2017年社会形势发展趋势进行了预测。

法治蓝皮书
中国法治发展报告 No.15（2017）

李林　田禾 / 主编　2017年3月出版　定价：118.00元

◆ 本年度法治蓝皮书回顾总结了2016年度中国法治发展取得的成就和存在的不足，对中国政府、司法、检务透明度进行了跟踪调研，并对2017年中国法治发展形势进行了预测和展望。

社会体制蓝皮书
中国社会体制改革报告 No.5（2017）

龚维斌 / 主编　2017年3月出版　定价：89.00元

◆ 本书由国家行政学院社会治理研究中心和北京师范大学中国社会管理研究院共同组织编写，主要对2016年社会体制改革情况进行回顾和总结，对2017年的改革走向进行分析，提出相关政策建议。

社会心态蓝皮书
中国社会心态研究报告（2017）

王俊秀 杨宜音 / 主编　2017 年 12 月出版　估价：89.00 元

◆ 本书是中国社会科学院社会学研究所社会心理研究中心"社会心态蓝皮书课题组"的年度研究成果，运用社会心理学、社会学、经济学、传播学等多种学科的方法进行了调查和研究，对于目前中国社会心态状况有较广泛和深入的揭示。

生态城市绿皮书
中国生态城市建设发展报告（2017）

刘举科　孙伟平　胡文臻 / 主编　2017 年 7 月出版　估价：118.00 元

◆ 报告以绿色发展、循环经济、低碳生活、民生宜居为理念，以更新民众观念、提供决策咨询、指导工程实践、引领绿色发展为宗旨，试图探索一条具有中国特色的城市生态文明建设新路。

城市生活质量蓝皮书
中国城市生活质量报告（2017）

中国经济实验研究院 / 主编　2017 年 7 月出版　估价：89.00 元

◆ 本书对全国 35 个城市居民的生活质量主观满意度进行了电话调查，同时对 35 个城市居民的客观生活质量指数进行了计算，为中国城市居民生活质量的提升，提出了针对性的政策建议。

公共服务蓝皮书
中国城市基本公共服务力评价（2017）

钟君　刘志昌　吴正杲 / 主编　2017 年 12 月出版　估价：89.00 元

◆ 中国社会科学院经济与社会建设研究室与华图政信调查组成联合课题组，从 2010 年开始对基本公共服务力进行研究，研创了基本公共服务力评价指标体系，为政府考核公共服务与社会管理工作提供了理论工具。

皮书系列 重点推荐　行业报告类

行业报告类

 行业报告类皮书立足重点行业、新兴行业领域，提供及时、前瞻的数据与信息

企业社会责任蓝皮书
中国企业社会责任研究报告（2017）

黄群慧　钟宏武　张蒽　翟利峰 / 著　2017年10月出版　估价：89.00元

◆ 本书剖析了中国企业社会责任在2016～2017年度的最新发展特征，详细解读了省域国有企业在社会责任方面的阶段性特征，生动呈现了国内外优秀企业的社会责任实践。对了解中国企业社会责任履行现状、未来发展，以及推动社会责任建设有重要的参考价值。

新能源汽车蓝皮书
中国新能源汽车产业发展报告（2017）

中国汽车技术研究中心　日产（中国）投资有限公司　东风汽车有限公司 / 编著　2017年7月出版　估价：98.00元

◆ 本书对中国2016年新能源汽车产业发展进行了全面系统的分析，并介绍了国外的发展经验。有助于相关机构、行业和社会公众等了解中国新能源汽车产业发展的最新动态，为政府部门出台新能源汽车产业相关政策法规、企业制定相关战略规划，提供必要的借鉴和参考。

杜仲产业绿皮书
中国杜仲橡胶资源与产业发展报告（2016～2017）

杜红岩　胡文臻　俞锐 / 主编　2017年4月出版　估价：85.00元

◆ 本书对2016年杜仲产业的发展情况、研究团队在杜仲研究方面取得的重要成果、部分地区杜仲产业发展的具体情况、杜仲新标准的制定情况等进行了较为详细的分析与介绍，使广大关心杜仲产业发展的读者能够及时跟踪产业最新进展。

企业蓝皮书

中国企业绿色发展报告 No.2（2017）

李红玉 朱光辉 / 主编　　2017年8月出版　　估价：89.00元

◆ 本书深入分析中国企业能源消费、资源利用、绿色金融、绿色产品、绿色管理、信息化、绿色发展政策及绿色文化方面的现状，并对目前存在的问题进行研究，剖析因果，谋划对策，为企业绿色发展提供借鉴，为中国生态文明建设提供支撑。

中国上市公司蓝皮书

中国上市公司发展报告（2017）

张平　王宏淼 / 主编　　2017年10月出版　　估价：98.00元

◆ 本书由中国社会科学院上市公司研究中心组织编写的，着力于全面、真实、客观反映当前中国上市公司财务状况和价值评估的综合性年度报告。本书详尽分析了2016年中国上市公司情况，特别是现实中暴露出的制度性、基础性问题，并对资本市场改革进行了探讨。

资产管理蓝皮书

中国资产管理行业发展报告（2017）

智信资产管理研究院 / 编著　　2017年6月出版　　估价：89.00元

◆ 中国资产管理行业刚刚兴起，未来将成为中国金融市场最有看点的行业。本书主要分析了2016年度资产管理行业的发展情况，同时对资产管理行业的未来发展做出科学的预测。

体育蓝皮书

中国体育产业发展报告（2017）

阮伟　钟秉枢 / 主编　　2017年12月出版　　估价：89.00元

◆ 本书运用多种研究方法，在体育竞赛业、体育用品业、体育场馆业、体育传媒业等传统产业研究的基础上，并对2016年体育领域内的各种热点事件进行研究和梳理，进一步拓宽了研究的广度、提升了研究的高度、挖掘了研究的深度。

皮书系列 重点推荐　　国别与地区类

国际问题类

 国际问题类皮书关注全球重点国家与地区，
提供全面、独特的解读与研究

美国蓝皮书
美国研究报告（2017）

郑秉文　黄平 / 主编　2017年6月出版　估价：89.00元

◆ 本书是由中国社会科学院美国研究所主持完成的研究成果，它回顾了美国2016年的经济、政治形势与外交战略，对2017年以来美国内政外交发生的重大事件及重要政策进行了较为全面的回顾和梳理。

日本蓝皮书
日本研究报告（2017）

杨伯江 / 主编　2017年5月出版　估价：89.00元

◆ 本书对2016年日本的政治、经济、社会、外交等方面的发展情况做了系统介绍，对日本的热点及焦点问题进行了总结和分析，并在此基础上对该国2017年的发展前景做出预测。

亚太蓝皮书
亚太地区发展报告（2017）

李向阳 / 主编　2017年4月出版　估价：89.00元

◆ 本书是中国社会科学院亚太与全球战略研究院的集体研究成果。2017年的"亚太蓝皮书"继续关注中国周边环境的变化。该书盘点了2016年亚太地区的焦点和热点问题，为深入了解2016年及未来中国与周边环境的复杂形势提供了重要参考。

皮书系列 重点推荐
国别与地区类

德国蓝皮书
德国发展报告（2017）

郑春荣 / 主编　2017年6月出版　估价：89.00元

◆ 本报告由同济大学德国研究所组织编撰，由该领域的专家学者对德国的政治、经济、社会文化、外交等方面的形势发展情况，进行全面的阐述与分析。

日本经济蓝皮书
日本经济与中日经贸关系研究报告（2017）

张季风 / 编著　2017年5月出版　估价：89.00元

◆ 本书系统、详细地介绍了2016年日本经济以及中日经贸关系发展情况，在进行了大量数据分析的基础上，对2017年日本经济以及中日经贸关系的大致发展趋势进行了分析与预测。

俄罗斯黄皮书
俄罗斯发展报告（2017）

李永全 / 编著　2017年7月出版　估价：89.00元

◆ 本书系统介绍了2016年俄罗斯经济政治情况，并对2016年该地区发生的焦点、热点问题进行了分析与回顾；在此基础上，对该地区2017年的发展前景进行了预测。

非洲黄皮书
非洲发展报告No.19（2016～2017）

张宏明 / 主编　2017年8月出版　估价：89.00元

◆ 本书是由中国社会科学院西亚非洲研究所组织编撰的非洲形势年度报告，比较全面、系统地分析了2016年非洲政治形势和热点问题，探讨了非洲经济形势和市场走向，剖析了大国对非洲关系的新动向；此外，还介绍了国内非洲研究的新成果。

地方发展类

地方发展类皮书关注中国各省份、经济区域，提供科学、多元的预判与资政信息

北京蓝皮书
北京公共服务发展报告（2016~2017）

施昌奎 / 主编　2017年3月出版　定价：79.00元

◆ 本书是由北京市政府职能部门的领导、首都著名高校的教授、知名研究机构的专家共同完成的关于北京市公共服务发展与创新的研究成果。

河南蓝皮书
河南经济发展报告（2017）

张占仓　完世伟 / 主编　2017年4月出版　估价：89.00元

◆ 本书以国内外经济发展环境和走向为背景，主要分析当前河南经济形势，预测未来发展趋势，全面反映河南经济发展的最新动态、热点和问题，为地方经济发展和领导决策提供参考。

广州蓝皮书
2017年中国广州经济形势分析与预测

庾建设　陈浩钿　谢博能 / 主编　2017年7月出版　估价：85.00元

◆ 本书由广州大学与广州市委政策研究室、广州市统计局联合主编，汇集了广州科研团体、高等院校和政府部门诸多经济问题研究专家、学者和实际部门工作者的最新研究成果，是关于广州经济运行情况和相关专题分析、预测的重要参考资料。

 文化传媒类 皮书系列 重点推荐

文化传媒类

文化传媒类皮书透视文化领域、文化产业，
探索文化大繁荣、大发展的路径

新媒体蓝皮书
中国新媒体发展报告 No.8（2017）

唐绪军/主编　2017年6月出版　估价：89.00元
◆ 本书是由中国社会科学院新闻与传播研究所组织编写的关于新媒体发展的最新年度报告，旨在全面分析中国新媒体的发展现状，解读新媒体的发展趋势，探析新媒体的深刻影响。

移动互联网蓝皮书
中国移动互联网发展报告（2017）

官建文/主编　2017年6月出版　估价：89.00元
◆ 本书着眼于对2016年度中国移动互联网的发展情况做深入解析，对未来发展趋势进行预测，力求从不同视角、不同层面全面剖析中国移动互联网发展的现状、年度突破及热点趋势等。

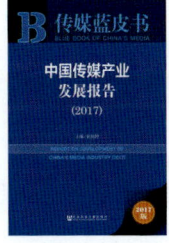

传媒蓝皮书
中国传媒产业发展报告（2017）

崔保国/主编　2017年5月出版　估价：98.00元
◆ "传媒蓝皮书"连续十多年跟踪观察和系统研究中国传媒产业发展。本报告在对传媒产业总体以及各细分行业发展状况与趋势进行深入分析基础上，对年度发展热点进行跟踪，剖析新技术引领下的商业模式，对传媒各领域发展趋势、内体经营、传媒投资进行解析，为中国传媒产业正在发生的变革提供前瞻行参考。

皮书系列 2017全品种 经济类

经济类

"三农"互联网金融蓝皮书
中国"三农"互联网金融发展报告（2017）
著(编)者：李勇坚 王弢　2017年8月出版 / 估价：98.00元
PSN B-2016-561-1/1

G20国家创新竞争力黄皮书
二十国集团（G20）国家创新竞争力发展报告（2016~2017）
著(编)者：李建平 李闽榕 赵新力 周天勇
2017年8月出版　估价：158.00元
PSN Y-2011-229-1/1

产业蓝皮书
中国产业竞争力报告（2017）No.7
著(编)者：张其仔　2017年12月出版 / 估价：98.00元
PSN B-2010-175-1/1

城市创新蓝皮书
中国城市创新报告（2017）
著(编)者：周天勇 旷建伟　2017年11月出版 / 估价：89.00元
PSN B-2013-340-1/1

城市蓝皮书
中国城市发展报告 No.10
著(编)者：潘家华 单菁菁　2017年9月出版 / 估价：89.00元
PSN B-2007-091-1/1

城乡一体化蓝皮书
中国城乡一体化发展报告（2016~2017）
著(编)者：汝信 付崇兰　2017年7月出版 / 估价：85.00元
PSN B-2011-226-1/2

城镇化蓝皮书
中国新型城镇化健康发展报告（2017）
著(编)者：张占斌　2017年8月出版 / 估价：89.00元
PSN B-2014-396-1/1

创新蓝皮书
创新型国家建设报告（2016~2017）
著(编)者：詹正茂　2017年12月出版 / 估价：89.00元
PSN B-2009-140-1/1

创业蓝皮书
中国创业发展报告（2016~2017）
著(编)者：黄群慧 赵卫星 钟宏武等
2017年11月出版 / 估价：89.00元
PSN B-2016-578-1/1

低碳发展蓝皮书
中国低碳发展报告（2016~2017）
著(编)者：齐晔 张希良　2017年3月出版 / 估价：98.00元
PSN B-2011-223-1/1

低碳经济蓝皮书
中国低碳经济发展报告（2017）
著(编)者：薛进军 赵忠秀　2017年6月出版 / 估价：85.00元
PSN B-2011-194-1/1

东北蓝皮书
中国东北地区发展报告（2017）
著(编)者：姜晓秋　2017年2月出版 / 定价：79.00元
PSN B-2006-067-1/1

发展与改革蓝皮书
中国经济发展和体制改革报告No.8
著(编)者：邹东涛 王再文　2017年4月出版 / 估价：98.00元
PSN B-2008-122-1/1

工业化蓝皮书
中国工业化进程报告（2017）
著(编)者：黄群慧　2017年12月出版 / 估价：158.00元
PSN B-2007-095-1/1

管理蓝皮书
中国管理发展报告（2017）
著(编)者：张晓东　2017年10月出版 / 估价：98.00元
PSN B-2014-416-1/1

国际城市蓝皮书
国际城市发展报告（2017）
著(编)者：屠启宇　2017年2月出版 / 定价：79.00元
PSN B-2012-260-1/1

国家创新蓝皮书
中国创新发展报告（2017）
著(编)者：陈劲　2017年12月出版 / 估价：89.00元
PSN B-2014-370-1/1

金融蓝皮书
中国金融发展报告（2017）
著(编)者：王国刚　2017年2月出版 / 定价：79.00元
PSN B-2004-031-1/6

京津冀金融蓝皮书
京津冀金融发展报告（2017）
著(编)者：王爱俭 李向前
2017年4月出版 / 估价：89.00元
PSN B-2016-528-1/1

京津冀蓝皮书
京津冀发展报告（2017）
著(编)者：文魁 祝尔娟　2017年4月出版 / 估价：89.00元
PSN B-2012-262-1/1

经济蓝皮书
2017年中国经济形势分析与预测
著(编)者：李扬　2017年1月出版 / 定价：89.00元
PSN B-1996-001-1/1

经济蓝皮书·春季号
2017年中国经济前景分析
著(编)者：李扬　2017年6月出版 / 估价：89.00元
PSN B-1999-008-1/1

经济蓝皮书·夏季号
中国经济增长报告（2016~2017）
著(编)者：李扬　2017年9月出版 / 估价：98.00元
PSN B-2010-176-1/1

经济信息绿皮书
中国与世界经济发展报告（2017）
著(编)者：杜平　2017年12月出版 / 估价：89.00元
PSN G-2003-023-1/1

就业蓝皮书
2017年中国本科生就业报告
著(编)者：麦可思研究院　2017年6月出版 / 估价：98.00元
PSN B-2009-146-1/2

经济类 皮书系列 2017全品种

就业蓝皮书
2017年中国高职高专生就业报告
著(编)者：麦可思研究院　2017年6月出版 / 估价：98.00元
PSN B-2015-472-2/2

科普能力蓝皮书
中国科普能力评价报告（2017）
著(编)者：李富 强李群　2017年8月出版 / 估价：89.00元
PSN B-2016-556-1/1

临空经济蓝皮书
中国临空经济发展报告（2017）
著(编)者：连玉明　2017年9月出版 / 估价：89.00元
PSN B-2014-421-1/1

农村绿皮书
中国农村经济形势分析与预测（2016~2017）
著(编)者：魏后凯 杜志雄 黄秉信
2017年4月出版 / 估价：89.00元
PSN G-1998-003-1/1

农业应对气候变化蓝皮书
气候变化对中国农业影响评估报告 No.3
著(编)者：矫梅燕　2017年8月出版 / 估价：98.00元
PSN B-2014-413-1/1

气候变化绿皮书
应对气候变化报告（2017）
著(编)者：王伟光 郑国光　2017年6月出版 / 估价：89.00元
PSN G-2009-144-1/1

区域蓝皮书
中国区域经济发展报告（2016~2017）
著(编)者：赵弘　2017年6月出版 / 估价：89.00元
PSN B-2004-034-1/1

全球环境竞争力绿皮书
全球环境竞争力报告（2017）
著(编)者：李建平 李闽榕 王金南
2017年12月出版 / 估价：198.00元
PSN G-2013-363-1/1

人口与劳动绿皮书
中国人口与劳动问题报告 No.18
著(编)者：蔡昉 张车伟　2017年11月出版 / 估价：89.00元
PSN G-2000-012-1/1

商务中心区蓝皮书
中国商务中心区发展报告 No.3（2016）
著(编)者：李国红 单菁菁　2017年4月出版 / 估价：89.00元
PSN B-2015-444-1/1

世界经济黄皮书
2017年世界经济形势分析与预测
著(编)者：张宇燕　2017年1月出版 / 定价：89.00元
PSN Y-1999-006-1/1

世界旅游城市绿皮书
世界旅游城市发展报告（2017）
著(编)者：宋宇　2017年4月出版 / 估价：128.00元
PSN G-2014-400-1/1

土地市场蓝皮书
中国农村土地市场发展报告（2016~2017）
著(编)者：李光荣　2017年4月出版 / 估价：89.00元
PSN B-2016-527-1/1

西北蓝皮书
中国西北发展报告（2017）
著(编)者：高建龙　2017年4月出版 / 估价：89.00元
PSN B-2012-261-1/1

西部蓝皮书
中国西部发展报告（2017）
著(编)者：徐璋勇　2017年7月出版 / 估价：89.00元
PSN B-2005-039-1/1

新型城镇化蓝皮书
新型城镇化发展报告（2017）
著(编)者：李伟 宋敏 沈体雁　2017年4月出版 / 估价：98.00元
PSN B-2014-431-1/1

新兴经济体蓝皮书
金砖国家发展报告（2017）
著(编)者：林跃勤 周文　2017年12月出版 / 估价：89.00元
PSN B-2011-195-1/1

长三角蓝皮书
2017年新常态下深化一体化的长三角
著(编)者：王庆五　2017年12月出版 / 估价：88.00元
PSN B-2005-038-1/1

中部竞争力蓝皮书
中国中部经济社会竞争力报告（2017）
著(编)者：教育部人文社会科学重点研究基地
　　　　　南昌大学中国中部经济社会发展研究中心
2017年12月出版 / 估价：88.00元
PSN B-2012-276-1/1

中部蓝皮书
中国中部地区发展报告（2017）
著(编)者：宋亚平　2017年12月出版 / 估价：88.00元
PSN B-2007-089-1/1

中国省域竞争力蓝皮书
中国省域经济综合竞争力发展报告（2017）
著(编)者：李建平 李闽榕 高燕京
2017年2月出版 / 定价：198.00元
PSN B-2007-088-1/1

中三角蓝皮书
长江中游城市群发展报告（2017）
著(编)者：秦尊文　2017年9月出版 / 估价：89.00元
PSN B-2014-417-1/1

中小城市绿皮书
中国中小城市发展报告（2017）
著(编)者：中国城市经济学会中小城市经济发展委员会
　　　　　中国城镇化促进会中小城市发展委员会
　　　　　《中国中小城市发展报告》编纂委员会
　　　　　中小城市发展战略研究院
2017年11月出版 / 估价：128.00元
PSN G-2010-161-1/1

中原蓝皮书
中原经济区发展报告（2017）
著(编)者：李英杰　2017年6月出版 / 估价：88.00元
PSN B-2011-192-1/1

自贸区蓝皮书
中国自贸区发展报告（2017）
著(编)者：王力　2017年7月出版 / 估价：89.00元
PSN B-2016-559-1/1

社会政法类

北京蓝皮书
中国社区发展报告（2017）
著（编）者：于燕燕　　2017年4月出版／估价：89.00元
PSN B-2007-083-5/8

殡葬绿皮书
中国殡葬事业发展报告（2017）
著（编）者：李伯森　　2017年4月出版／估价：158.00元
PSN G-2010-180-1/1

城市管理蓝皮书
中国城市管理报告（2016~2017）
著（编）者：刘林　刘承水　2017年5月出版／估价：158.00元
PSN B-2013-336-1/1

城市生活质量蓝皮书
中国城市生活质量报告（2017）
著（编）者：中国经济实验研究院
2018年7月出版／估价：89.00元
PSN B-2013-326-1/1

城市政府能力蓝皮书
中国城市政府公共服务能力评估报告（2017）
著（编）者：何艳玲　　2017年4月出版／估价：89.00元
PSN B-2013-338-1/1

慈善蓝皮书
中国慈善发展报告（2017）
著（编）者：杨团　　2017年6月出版／估价：89.00元
PSN B-2009-142-1/1

党建蓝皮书
党的建设研究报告No.2（2017）
著（编）者：崔建民　陈东平　2017年4月出版／估价：89.00元
PSN B-2016-524-1/1

地方法治蓝皮书
中国地方法治发展报告No.3（2017）
著（编）者：李林　田禾　2017年4出版／估价：108.00元
PSN B-2015-442-1/1

法治蓝皮书
中国法治发展报告No.15（2017）
著（编）者：李林　田禾　2017年3月出版／定价：118.00元
PSN B-2004-027-1/1

法治政府蓝皮书
中国法治政府发展报告（2017）
著（编）者：中国政法大学法治政府研究院
2017年4月出版／估价：98.00元
PSN B-2015-502-1/2

法治政府蓝皮书
中国法治政府评估报告（2017）
著（编）者：中国政法大学法治政府研究院
2017年11月出版／估价：98.00元
PSN B-2016-577-2/2

法治蓝皮书
中国法院信息化发展报告No.1（2017）
著（编）者：李林　田禾　2017年2月出版／定价：108.00元
PSN B-2017-604-3/3

反腐倡廉蓝皮书
中国反腐倡廉建设报告No.7
著（编）者：张英伟　　2017年12月出版／估价：89.00元
PSN B-2012-259-1/1

非传统安全蓝皮书
中国非传统安全研究报告（2016~2017）
著（编）者：余潇枫　魏志江　2017年6月出版／估价：89.00元
PSN B-2012-273-1/1

妇女发展蓝皮书
中国妇女发展报告No.7
著（编）者：王金玲　　2017年9月出版／估价：148.00元
PSN B-2006-069-1/1

妇女教育蓝皮书
中国妇女教育发展报告No.4
著（编）者：张李玺　　2017年10月出版／估价：78.00元
PSN B-2008-121-1/1

妇女绿皮书
中国性别平等与妇女发展报告（2017）
著（编）者：谭琳　　2017年12月出版／估价：99.00元
PSN G-2006-073-1/1

公共服务蓝皮书
中国城市基本公共服务力评价（2017）
著（编）者：钟君　刘志昌　吴正杲　2017年12月出版／估价：89.00元
PSN B-2011-214-1/1

公民科学素质蓝皮书
中国公民科学素质报告（2016~2017）
著（编）者：李群　陈雄　马宗文
2017年4月出版／估价：89.00元
PSN B-2014-379-1/1

公共关系蓝皮书
中国公共关系发展报告（2017）
著（编）者：柳斌杰　　2017年11月出版／估价：89.00元
PSN B-2016-580-1/1

公益蓝皮书
中国公益慈善发展报告（2017）
著（编）者：朱健刚　　2018年4月出版／估价：118.00元
PSN B-2012-283-1/1

国际人才蓝皮书
中国国际移民报告（2017）
著（编）者：王辉耀　　2017年4月出版／估价：89.00元
PSN B-2012-304-3/4

国际人才蓝皮书
中国留学发展报告（2017）No.5
著（编）者：王辉耀　苗绿　2017年10月出版／估价：89.00元
PSN B-2012-244-2/4

海洋社会蓝皮书
中国海洋社会发展报告（2017）
著（编）者：崔凤　宋宁而　2017年7月出版／估价：89.00元
PSN B-2015-478-1/1

社会政法类 — 皮书系列 2017全品种

行政改革蓝皮书
中国行政体制改革报告（2017）No.6
著(编)者：魏礼群　2017年5月出版／估价：98.00元
PSN B-2011-231-1/1

华侨华人蓝皮书
华侨华人研究报告（2017）
著(编)者：贾益民　2017年12月出版／估价：128.00元
PSN B-2011-204-1/1

环境竞争力绿皮书
中国省域环境竞争力发展报告（2017）
著(编)者：李建平　李闽榕　王金南
2017年11月出版／估价：198.00元
PSN G-2010-165-1/1

环境绿皮书
中国环境发展报告（2017）
著(编)者：刘鉴强　2017年4月出版／估价：89.00元
PSN G-2006-048-1/1

基金会蓝皮书
中国基金会发展报告（2016~2017）
著(编)者：中国基金会发展报告课题组
2017年4月出版／估价：85.00元
PSN B-2013-368-1/1

基金会绿皮书
中国基金会发展独立研究报告（2017）
著(编)者：基金会中心网　中央民族大学基金会研究中心
2017年6月出版／估价：88.00元
PSN G-2011-213-1/1

基金会透明度蓝皮书
中国基金会透明度发展研究报告（2017）
著(编)者：基金会中心网　清华大学廉政与治理研究中心
2017年12月出版／估价：89.00元
PSN B-2015-509-1/1

家庭蓝皮书
中国"创建幸福家庭活动"评估报告（2017）
国务院发展研究中心"创建幸福家庭活动评估"课题组著
2017年8月出版／估价：89.00元
PSN B-2015-508-1/1

健康城市蓝皮书
中国健康城市建设研究报告（2017）
著(编)者：王鸿春　解树江　盛继洪
2017年9月出版／估价：89.00元
PSN B-2016-565-2/2

教师蓝皮书
中国中小学教师发展报告（2017）
著(编)者：曾晓东　鱼霞　2017年6月出版／估价：89.00元
PSN B-2012-289-1/1

教育蓝皮书
中国教育发展报告（2017）
著(编)者：杨东平　2017年4月出版／估价：89.00元
PSN B-2006-047-1/1

科普蓝皮书
中国基层科普发展报告（2016~2017）
著(编)者：赵立　新陈玲　2017年9月出版／估价：89.00元
PSN B-2016-569-3/3

科普蓝皮书
中国科普基础设施发展报告（2017）
著(编)者：任福君　2017年6月出版／估价：89.00元
PSN B-2010-174-1/3

科普蓝皮书
中国科普人才发展报告（2017）
著(编)者：郑念　任嵘嵘　2017年4月出版／估价：98.00元
PSN B-2015-512-2/3

科学教育蓝皮书
中国科学教育发展报告（2017）
著(编)者：罗晖　王康友　2017年10月出版／估价：89.00元
PSN B-2015-487-1/1

劳动保障蓝皮书
中国劳动保障发展报告（2017）
著(编)者：刘燕斌　2017年9月出版／估价：188.00元
PSN B-2014-415-1/1

老龄蓝皮书
中国老年宜居环境发展报告（2017）
著(编)者：党俊武　周燕珉　2017年4月出版／估价：89.00元
PSN B-2013-320-1/1

连片特困区蓝皮书
中国连片特困区发展报告（2017）
著(编)者：游俊　冷志明　丁建军
2017年4月出版／估价：98.00元
PSN B-2013-321-1/1

流动儿童蓝皮书
中国流动儿童教育发展报告（2016）
著(编)者：杨东平　2017年1月出版／定价：79.00元
PSN B-2017-600-1/1

民调蓝皮书
中国民生调查报告（2017）
著(编)者：谢耘耕　2017年12月出版／估价：98.00元
PSN B-2014-398-1/1

民族发展蓝皮书
中国民族发展报告（2017）
著(编)者：郝时远　王延中　王希恩
2017年4月出版／估价：98.00元
PSN B-2006-070-1/1

女性生活蓝皮书
中国女性生活状况报告 No.11（2017）
著(编)者：韩湘景　2017年10月出版／估价：98.00元
PSN B-2006-071-1/1

汽车社会蓝皮书
中国汽车社会发展报告（2017）
著(编)者：王俊秀　2017年12月出版／估价：89.00元
PSN B-2011-224-1/1

皮书系列 2017全品种

社会政法类

青年蓝皮书
中国青年发展报告（2017）No.3
著(编)者：廉思 等　2017年4月出版 / 估价：89.00元
PSN B-2013-333-1/1

青少年蓝皮书
中国未成年人互联网运用报告（2017）
著(编)者：李文革 沈洁 季为民
2017年11月出版 / 估价：89.00元
PSN B-2010-165-1/1

青少年体育蓝皮书
中国青少年体育发展报告（2017）
著(编)者：郭建军 杨桦　2017年9月出版 / 估价：89.00元
PSN B-2015-482-1/1

群众体育蓝皮书
中国群众体育发展报告（2017）
著(编)者：刘国永 杨桦　2017年12月出版 / 估价：89.00元
PSN B-2016-519-2/3

人权蓝皮书
中国人权事业发展报告 No.7（2017）
著(编)者：李君如　2017年9月出版 / 估价：98.00元
PSN B-2011-215-1/1

社会保障绿皮书
中国社会保障发展报告（2017）No.8
著(编)者：王延中　2017年1月出版 / 估价：98.00元
PSN G-2001-014-1/1

社会风险评估蓝皮书
风险评估与危机预警评估报告（2017）
著(编)者：唐钧　2017年8月出版 / 估价：85.00元
PSN B-2016-521-1/1

社会管理蓝皮书
中国社会管理创新报告 No.5
著(编)者：连玉明　2017年11月出版 / 估价：89.00元
PSN B-2012-300-1/1

社会蓝皮书
2017年中国社会形势分析与预测
著(编)者：李培林 陈光金 张翼
2016年12月出版 / 估价：89.00元
PSN B-1998-002-1/1

社会体制蓝皮书
中国社会体制改革报告No.5（2017）
著(编)者：龚维斌　2017年3月出版 / 定价：89.00元
PSN B-2013-330-1/1

社会心态蓝皮书
中国社会心态研究报告（2017）
著(编)者：王俊秀 杨宜音　2017年12月出版 / 估价：89.00元
PSN B-2011-199-1/1

社会组织蓝皮书
中国社会组织发展报告（2016~2017）
著(编)者：黄晓勇　2017年1月出版 / 定价：89.00元
PSN B-2008-118-1/2

社会组织蓝皮书
中国社会组织评估发展报告（2017）
著(编)者：徐家良 廖鸿　2017年12月出版 / 估价：89.00元
PSN B-2013-366-1/1

生态城市绿皮书
中国生态城市建设发展报告（2017）
著(编)者：刘举科 孙伟平 胡文臻
2017年9月出版 / 估价：118.00元
PSN G-2012-269-1/1

生态文明绿皮书
中国省域生态文明建设评价报告（ECI 2017）
著(编)者：严耕　2017年12月出版 / 估价：98.00元
PSN G-2010-170-1/1

土地整治蓝皮书
中国土地整治发展研究报告 No.4
著(编)者：国土资源部土地整治中心
2017年7月出版 / 估价：89.00元
PSN B-2014-401-1/1

土地政策蓝皮书
中国土地政策研究报告（2017）
著(编)者：高延利 李宪文
2017年12月出版 / 定价：89.00元
PSN B-2015-506-1/1

医改蓝皮书
中国医药卫生体制改革报告（2017）
著(编)者：文学国 房志武　2017年11月出版 / 估价：98.00元
PSN B-2014-432-1/1

医疗卫生绿皮书
中国医疗卫生发展报告 No.7（2017）
著(编)者：申宝忠 韩玉珍　2017年4月出版 / 估价：85.00元
PSN G-2004-033-1/1

应急管理蓝皮书
中国应急管理报告（2017）
著(编)者：宋英华　2017年9月出版 / 估价：98.00元
PSN B-2016-563-1/1

政治参与蓝皮书
中国政治参与报告（2017）
著(编)者：房宁　2017年9月出版 / 估价：118.00元
PSN B-2011-200-1/1

宗教蓝皮书
中国宗教报告（2016）
著(编)者：邱永辉　2017年4月出版 / 估价：89.00元
PSN B-2008-117-1/1

行业报告类

SUV蓝皮书
中国SUV市场发展报告（2016~2017）
著(编)者：靳军　2017年9月出版 / 估价：89.00元
PSN B-2016-572-1/1

保健蓝皮书
中国保健服务产业发展报告 No.2
著(编)者：中国保健协会　中共中央党校
2017年7月出版 / 估价：198.00元
PSN B-2012-272-3/3

保健蓝皮书
中国保健食品产业发展报告 No.2
著(编)者：中国保健协会
中国社会科学院食品药品产业发展与监管研究中心
2017年7月出版 / 估价：198.00元
PSN B-2012-271-2/3

保健蓝皮书
中国保健用品产业发展报告 No.2
著(编)者：中国保健协会
国务院国有资产监督管理委员会研究中心
2017年4月出版 / 估价：198.00元
PSN B-2012-270-1/3

保险蓝皮书
中国保险业竞争力报告（2017）
著(编)者：项俊波　2017年12月出版 / 估价：99.00元
PSN B-2013-311-1/1

冰雪蓝皮书
中国滑雪产业发展报告（2017）
著(编)者：孙承华　伍斌　魏庆华　张鸿俊
2017年8月出版 / 估价：89.00元
PSN B-2016-560-1/1

彩票蓝皮书
中国彩票发展报告（2017）
著(编)者：益彩基金　2017年4月出版 / 估价：98.00元
PSN B-2015-462-1/1

餐饮产业蓝皮书
中国餐饮产业发展报告（2017）
著(编)者：邢颖　2017年6月出版 / 估价：98.00元
PSN B-2009-151-1/1

测绘地理信息蓝皮书
新常态下的测绘地理信息研究报告（2017）
著(编)者：库热西·买合苏提
2017年12月出版 / 估价：118.00元
PSN B-2009-145-1/1

茶业蓝皮书
中国茶产业发展报告（2017）
著(编)者：杨江帆　李闽榕　2017年10月出版 / 估价：88.00元
PSN B-2010-164-1/1

产权市场蓝皮书
中国产权市场发展报告（2016~2017）
著(编)者：曹和平　2017年5月出版 / 估价：89.00元
PSN B-2009-147-1/1

产业安全蓝皮书
中国出版传媒产业安全报告（2016~2017）
著(编)者：北京印刷学院文化产业安全研究院
2017年4月出版 / 估价：89.00元
PSN B-2014-384-13/14

产业安全蓝皮书
中国文化产业安全报告（2017）
著(编)者：北京印刷学院文化产业安全研究院
2017年12月出版 / 估价：89.00元
PSN B-2014-378-12/14

产业安全蓝皮书
中国新媒体产业安全报告（2017）
著(编)者：北京印刷学院文化产业安全研究院
2017年12月出版 / 估价：89.00元
PSN B-2015-500-14/14

城投蓝皮书
中国城投行业发展报告（2017）
著(编)者：王展艳　丁伯康　2017年11月出版 / 估价：300.00元
PSN B-2016-514-1/1

电子政务蓝皮书
中国电子政务发展报告（2016~2017）
著(编)者：李季　杜平　2017年7月出版 / 估价：89.00元
PSN B-2003-022-1/1

杜仲产业绿皮书
中国杜仲橡胶资源与产业发展报告（2016~2017）
著(编)者：杜红岩　胡文臻　俞锐
2017年4月出版 / 估价：85.00元
PSN G-2013-350-1/1

房地产蓝皮书
中国房地产发展报告 No.14（2017）
著(编)者：李春华　王业强　2017年5月出版 / 估价：89.00元
PSN B-2004-028-1/1

服务外包蓝皮书
中国服务外包产业发展报告（2017）
著(编)者：王晓红　刘德军
2017年6月出版 / 估价：89.00元
PSN B-2013-331-2/2

服务外包蓝皮书
中国服务外包竞争力报告（2017）
著(编)者：王力　刘春生　黄育华
2017年11月出版 / 估价：85.00元
PSN B-2011-216-1/2

工业和信息化蓝皮书
世界网络安全发展报告（2016~2017）
著(编)者：洪京一　2017年4月出版 / 估价：89.00元
PSN B-2015-452-5/5

工业和信息化蓝皮书
世界信息化发展报告（2016~2017）
著(编)者：洪京一　2017年4月出版 / 估价：89.00元
PSN B-2015-451-4/5

皮书系列 2017全品种 — 行业报告类

工业和信息化蓝皮书
世界信息技术产业发展报告（2016~2017）
著（编）者：洪京一　　2017年4月出版 / 估价：89.00元
PSN B-2015-449-2/5

工业和信息化蓝皮书
移动互联网产业发展报告（2016~2017）
著（编）者：洪京一　　2017年4月出版 / 估价：89.00元
PSN B-2015-448-1/5

工业和信息化蓝皮书
战略性新兴产业发展报告（2016~2017）
著（编）者：洪京一　　2017年4月出版 / 估价：89.00元
PSN B-2015-450-3/5

工业设计蓝皮书
中国工业设计发展报告（2017）
著（编）者：王晓红　于炜　张立群
2017年9月出版 / 估价：138.00元
PSN B-2014-420-1/1

黄金市场蓝皮书
中国商业银行黄金业务发展报告（2016~2017）
著（编）者：平安银行　　2017年4月出版 / 估价：98.00元
PSN B-2016-525-1/1

互联网金融蓝皮书
中国互联网金融发展报告（2017）
著（编）者：李东荣　　2017年9月出版 / 估价：128.00元
PSN B-2014-374-1/1

互联网医疗蓝皮书
中国互联网医疗发展报告（2017）
著（编）者：宫晓东　　2017年9月出版 / 估价：89.00元
PSN B-2016-568-1/1

会展蓝皮书
中外会展业动态评估年度报告（2017）
著（编）者：张敏　　2017年4月出版 / 估价：88.00元
PSN B-2013-327-1/1

金融监管蓝皮书
中国金融监管报告（2017）
著（编）者：胡滨　　2017年6月出版 / 估价：89.00元
PSN B-2012-281-1/1

金融蓝皮书
中国金融中心发展报告（2017）
著（编）者：王力　黄育华　　2017年11月出版 / 估价：85.00元
PSN B-2011-186-6/6

建筑装饰蓝皮书
中国建筑装饰行业发展报告（2017）
著（编）者：刘晓一　葛道顺　　2017年7月出版 / 估价：198.00元
PSN B-2016-554-1/1

客车蓝皮书
中国客车产业发展报告（2016~2017）
著（编）者：姚蔚　　2017年10月出版 / 估价：85.00元
PSN B-2013-361-1/1

旅游安全蓝皮书
中国旅游安全报告（2017）
著（编）者：郑向敏　谢朝武　　2017年5月出版 / 估价：128.00元
PSN B-2012-280-1/1

旅游绿皮书
2016~2017年中国旅游发展分析与预测
著（编）者：宋瑞　　2017年2月出版 / 定价：89.00元
PSN G-2002-018-1/1

煤炭蓝皮书
中国煤炭工业发展报告（2017）
著（编）者：岳福斌　　2017年12月出版 / 估价：85.00元
PSN B-2008-123-1/1

民营企业社会责任蓝皮书
中国民营企业社会责任报告（2017）
著（编）者：中华全国工商业联合会
2017年12月出版 / 估价：89.00元
PSN B-2015-510-1/1

民营医院蓝皮书
中国民营医院发展报告（2017）
著（编）者：庄一强　　2017年10月出版 / 估价：85.00元
PSN B-2012-299-1/1

闽商蓝皮书
闽商发展报告（2017）
著（编）者：李闽榕　王日根　林琛
2017年12月出版 / 估价：89.00元
PSN B-2012-298-1/1

能源蓝皮书
中国能源发展报告（2017）
著（编）者：崔民选　王军生　陈义和
2017年10月出版 / 估价：98.00元
PSN B-2006-049-1/1

农产品流通蓝皮书
中国农产品流通产业发展报告（2017）
著（编）者：贾敬敦　张东科　张玉玺　张鹏毅　周伟
2017年4月出版 / 估价：89.00元
PSN B-2012-288-1/1

企业公益蓝皮书
中国企业公益研究报告（2017）
著（编）者：钟宏武　汪杰　顾一　黄晓娟　等
2017年12月出版 / 估价：89.00元
PSN B-2015-501-1/1

企业国际化蓝皮书
中国企业国际化报告（2017）
著（编）者：王辉耀　　2017年11月出版 / 估价：98.00元
PSN B-2014-427-1/1

企业蓝皮书
中国企业绿色发展报告No.2（2017）
著（编）者：李红玉　朱光辉　　2017年8月出版 / 估价：89.00元
PSN B-2015-481-2/2

企业社会责任蓝皮书
中国企业社会责任研究报告（2017）
著（编）者：黄群慧　钟宏武　张蒽　翟利峰
2017年11月出版 / 估价：89.00元
PSN B-2009-149-1/1

企业社会责任蓝皮书
中资企业海外社会责任研究报告（2016~2017）
著（编）者：钟宏武　叶柳红　张蒽
2017年1月出版 / 定价：79.00元
PSN B-2017-603-2/2

行业报告类

皮书系列
2017全品种

汽车安全蓝皮书
中国汽车安全发展报告（2017）
著（编）者：中国汽车技术研究中心
2017年7月出版 / 估价：89.00元
PSN B-2014-385-1/1

汽车电子商务蓝皮书
中国汽车电子商务发展报告（2017）
著（编）者：中华全国工商业联合会汽车经销商商会
　　　　　北京易观智库网络科技有限公司
2017年10月出版 / 估价：128.00元
PSN B-2015-485-1/1

汽车工业蓝皮书
中国汽车工业发展年度报告（2017）
著（编）者：中国汽车工业协会 中国汽车技术研究中心
　　　　　丰田汽车（中国）投资有限公司
2017年4月出版 / 估价：128.00元
PSN B-2015-463-1/2

汽车工业蓝皮书
中国汽车零部件产业发展报告（2017）
著（编）者：中国汽车工业协会 中国汽车工程研究院
2017年10月出版 / 估价：98.00元
PSN B-2016-515-2/2

汽车蓝皮书
中国汽车产业发展报告（2017）
著（编）者：国务院发展研究中心产业经济研究部
　　　　　中国汽车工程学会 大众汽车集团（中国）
2017年8月出版 / 估价：98.00元
PSN B-2008-124-1/1

人力资源蓝皮书
中国人力资源发展报告（2017）
著（编）者：余兴安　2017年11月出版 / 估价：89.00元
PSN B-2012-287-1/1

融资租赁蓝皮书
中国融资租赁业发展报告（2016~2017）
著（编）者：李光荣 王力　2017年8月出版 / 估价：89.00元
PSN B-2015-443-1/1

商会蓝皮书
中国商会发展报告No.5（2017）
著（编）者：王钦敏　2017年7月出版 / 估价：89.00元
PSN B-2008-125-1/1

输血服务蓝皮书
中国输血行业发展报告（2017）
著（编）者：朱永明 耿鸿武　2016年8月出版 / 估价：89.00元
PSN B-2016-583-1/1

社会责任管理蓝皮书
中国上市公司社会责任能力成熟度报告（2017）No.2
著（编）者：肖红军 王晓光 李伟阳
2017年12月出版 / 估价：98.00元
PSN B-2015-507-2/2

社会责任管理蓝皮书
中国企业公众透明度报告(2017)No.3
著（编）者：黄速建 熊梦 王晓光 肖红军
2017年4月出版 / 估价：98.00元
PSN B-2015-440-1/2

食品药品蓝皮书
食品药品安全与监管政策研究报告（2016~2017）
著（编）者：唐民皓　2017年6月出版 / 估价：89.00元
PSN B-2009-129-1/1

世界能源蓝皮书
世界能源发展报告（2017）
著（编）者：黄晓勇　2017年6月出版 / 估价：99.00元
PSN B-2013-349-1/1

水利风景区蓝皮书
中国水利风景区发展报告（2017）
著（编）者：谢婵才 兰思仁　2017年5月出版 / 估价：89.00元
PSN B-2015-480-1/1

碳市场蓝皮书
中国碳市场报告（2017）
著（编）者：定金彪　2017年11月出版 / 估价：89.00元
PSN B-2014-430-1/1

体育蓝皮书
中国体育产业发展报告（2017）
著（编）者：阮伟 钟秉枢　2017年12月出版 / 估价：89.00元
PSN B-2010-179-1/4

网络空间安全蓝皮书
中国网络空间安全发展报告（2017）
著（编）者：惠志斌 唐涛　2017年4月出版 / 估价：89.00元
PSN B-2015-466-1/1

西部金融蓝皮书
中国西部金融发展报告（2017）
著（编）者：李忠民　2017年8月出版 / 估价：85.00元
PSN B-2010-160-1/1

协会商会蓝皮书
中国行业协会商会发展报告（2017）
著（编）者：景朝阳 李勇　2017年4月出版 / 估价：99.00元
PSN B-2015-461-1/1

新能源汽车蓝皮书
中国新能源汽车产业发展报告（2017）
著（编）者：中国汽车技术研究中心
　　　　　日产（中国）投资有限公司 东风汽车有限公司
2017年7月出版 / 估价：98.00元
PSN B-2013-347-1/1

新三板蓝皮书
中国新三板市场发展报告（2017）
著（编）者：王力　2017年6月出版 / 估价：89.00元
PSN B-2016-534-1/1

信托市场蓝皮书
中国信托业市场报告（2016~2017）
著（编）者：用益信托研究院
2017年1月出版 / 定价：198.00元
PSN B-2014-371-1/1

信息化蓝皮书
中国信息化形势分析与预测（2016~2017）
著（编）者：周宏仁　2017年8月出版 / 估价：98.00元
PSN B-2010-168-1/1

21

皮书系列 2017全品种
行业报告类

信用蓝皮书
中国信用发展报告（2017）
著(编)者：章政 田侃　2017年4月出版／估价：99.00元
PSN B-2013-328-1/1

休闲绿皮书
2017年中国休闲发展报告
著(编)者：宋瑞　2017年10月出版／估价：89.00元
PSN G-2010-158-1/1

休闲体育蓝皮书
中国休闲体育发展报告（2016～2017）
著(编)者：李相如 钟炳枢　2017年10月出版／估价：89.00元
PSN G-2016-516-1/1

养老金融蓝皮书
中国养老金融发展报告（2017）
著(编)者：董克用 姚余栋
2017年8月出版／估价：89.00元
PSN B-2016-584-1/1

药品流通蓝皮书
中国药品流通行业发展报告（2017）
著(编)者：佘鲁林 温再兴　2017年8月出版／估价：158.00元
PSN B-2014-429-1/1

医院蓝皮书
中国医院竞争力报告（2017）
著(编)者：庄一强 曾益新　2017年3月出版／定价：108.00元
PSN B-2016-529-1/1

邮轮绿皮书
中国邮轮产业发展报告（2017）
著(编)者：汪泓　2017年10月出版／估价：89.00元
PSN G-2014-419-1/1

智能养老蓝皮书
中国智能养老产业发展报告（2017）
著(编)者：朱勇　2017年10月出版／估价：89.00元
PSN B-2015-488-1/1

债券市场蓝皮书
中国债券市场发展报告（2016～2017）
著(编)者：杨农　2017年10月出版／估价：89.00元
PSN B-2016-573-1/1

中国节能汽车蓝皮书
中国节能汽车发展报告（2016~2017）
著(编)者：中国汽车工程研究院股份有限公司
2017年9月出版／估价：98.00元
PSN B-2016-566-1/1

中国上市公司蓝皮书
中国上市公司发展报告（2017）
著(编)者：张平 王宏淼
2017年10月出版／估价：98.00元
PSN B-2014-414-1/1

中国陶瓷产业蓝皮书
中国陶瓷产业发展报告（2017）
著(编)者：左和平 黄速建　2017年10月出版／估价：98.00元
PSN B-2016-574-1/1

中国总部经济蓝皮书
中国总部经济发展报告（2016～2017）
著(编)者：赵弘　2017年9月出版／估价：89.00元
PSN B-2005-036-1/1

中医文化蓝皮书
中国中医药文化传播发展报告（2017）
著(编)者：毛嘉陵　2017年7月出版／估价：89.00元
PSN B-2015-468-1/1

装备制造业蓝皮书
中国装备制造业发展报告（2017）
著(编)者：徐东华　2017年12月出版／估价：148.00元
PSN B-2015-505-1/1

资本市场蓝皮书
中国场外交易市场发展报告（2016～2017）
著(编)者：高峦　2017年4月出版／估价：89.00元
PSN B-2009-153-1/1

资产管理蓝皮书
中国资产管理行业发展报告（2017）
著(编)者：智信资产管理研究院
2017年6月出版／估价：89.00元
PSN B-2014-407-2/2

文化传媒类

皮书系列 2017全品种

文化传媒类

传媒竞争力蓝皮书
中国传媒国际竞争力研究报告（2017）
著(编)者：李本乾 刘强
2017年11月出版 / 估价：148.00元
PSN B-2013-356-1/1

传媒蓝皮书
中国传媒产业发展报告（2017）
著(编)者：崔保国 2017年5月出版 / 估价：98.00元
PSN B-2005-035-1/1

传媒投资蓝皮书
中国传媒投资发展报告（2017）
著(编)者：张向东 谭云明
2017年6月出版 / 估价：128.00元
PSN B-2015-474-1/1

动漫蓝皮书
中国动漫产业发展报告（2017）
著(编)者：卢斌 郑玉明 牛兴侦
2017年9月出版 / 估价：89.00元
PSN B-2011-198-1/1

非物质文化遗产蓝皮书
中国非物质文化遗产发展报告（2017）
著(编)者：陈平 2017年5月出版 / 估价：98.00元
PSN B-2015-469-1/1

广电蓝皮书
中国广播电影电视发展报告（2017）
著(编)者：国家新闻出版广电总局发展研究中心
2017年7月出版 / 估价：98.00元
PSN B-2006-072-1/1

广告主蓝皮书
中国广告主营销传播趋势报告 No.9
著(编)者：黄升民 杜国清 邵华冬 等
2017年10月出版 / 估价：148.00元
PSN B-2005-041-1/1

国际传播蓝皮书
中国国际传播发展报告（2017）
著(编)者：胡正荣 李继东 姬德强
2017年11月出版 / 估价：89.00元
PSN B-2014-408-1/1

国家形象蓝皮书
中国国家形象传播报告（2016）
著(编)者：张昆 2017年3月出版 / 定价：98.00元
PSN B-2017-605-1/1

纪录片蓝皮书
中国纪录片发展报告（2017）
著(编)者：何苏六 2017年9月出版 / 估价：89.00元
PSN B-2011-222-1/1

科学传播蓝皮书
中国科学传播报告（2017）
著(编)者：詹正茂 2017年7月出版 / 估价：89.00元
PSN B-2008-120-1/1

两岸创意经济蓝皮书
两岸创意经济研究报告（2017）
著(编)者：罗昌智 林咏能
2017年10月出版 / 估价：98.00元
PSN B-2014-437-1/1

媒介与女性蓝皮书
中国媒介与女性发展报告（2016~2017）
著(编)者：刘利群 2017年9月出版 / 估价：118.00元
PSN B-2013-345-1/1

媒体融合蓝皮书
中国媒体融合发展报告（2017）
著(编)者：梅宁华 宋建武 2017年7月出版 / 估价：89.00元
PSN B-2015-479-1/1

全球传媒蓝皮书
全球传媒发展报告（2017）
著(编)者：胡正荣 李继东 唐晓芬
2017年11月出版 / 估价：89.00元
PSN B-2012-237-1/1

少数民族非遗蓝皮书
中国少数民族非物质文化遗产发展报告（2017）
著(编)者：肖远平（彝） 柴立（满）
2017年8月出版 / 估价：98.00元
PSN B-2015-467-1/1

视听新媒体蓝皮书
中国视听新媒体发展报告（2017）
著(编)者：国家新闻出版广电总局发展研究中心
2017年7月出版 / 估价：98.00元
PSN B-2011-184-1/1

文化创新蓝皮书
中国文化创新报告（2017）No.7
著(编)者：于平 傅才武 2017年7月出版 / 估价：98.00元
PSN B-2009-143-1/1

文化建设蓝皮书
中国文化发展报告（2016~2017）
著(编)者：江畅 孙伟平 戴茂堂
2017年6月出版 / 估价：116.00元
PSN B-2014-392-1/1

文化科技蓝皮书
文化科技创新发展报告（2017）
著(编)者：于平 李凤亮 2017年11月出版 / 估价：89.00元
PSN B-2013-342-1/1

文化蓝皮书
中国公共文化服务发展报告（2017）
著(编)者：刘新成 张永新 张旭
2017年12月出版 / 估价：89.00元
PSN B-2007-093-2/10

文化蓝皮书
中国公共文化投入增长测评报告（2017）
著(编)者：王亚南 2017年2月出版 / 定价：79.00元
PSN B-2014-435-10/10

皮书系列 2017全品种

文化传媒类·地方发展类

文化蓝皮书
中国少数民族文化发展报告（2016~2017）
著(编)者：武翠英 张晓明 任乌晶
2017年9月出版 / 估价：89.00元
PSN B-2013-369-9/10

文化蓝皮书
中国文化产业发展报告（2016~2017）
著(编)者：张晓明 王家新 章建刚
2017年4月出版 / 估价：89.00元
PSN B-2002-019-1/10

文化蓝皮书
中国文化产业供需协调检测报告（2017）
著(编)者：王亚南 2017年2月出版 / 定价：79.00元
PSN B-2013-323-8/10

文化蓝皮书
中国文化消费需求景气评价报告（2017）
著(编)者：王亚南 2017年2月出版 / 定价：79.00元
PSN B-2011-236-4/10

文化品牌蓝皮书
中国文化品牌发展报告（2017）
著(编)者：欧阳友权 2017年5月出版 / 估价：98.00元
PSN B-2012-277-1/1

文化遗产蓝皮书
中国文化遗产事业发展报告（2017）
著(编)者：苏杨 张颖岚 王宇飞
2017年8月出版 / 估价：98.00元
PSN B-2008-119-1/1

文学蓝皮书
中国文情报告（2016~2017）
著(编)者：白烨 2017年5月出版 / 估价：49.00元
PSN B-2011-221-1/1

新媒体蓝皮书
中国新媒体发展报告No.8（2017）
著(编)者：唐绪军 2017年6月出版 / 估价：89.00元
PSN B-2010-169-1/1

新媒体社会责任蓝皮书
中国新媒体社会责任研究报告（2017）
著(编)者：钟瑛 2017年11月出版 / 估价：89.00元
PSN B-2014-423-1/1

移动互联网蓝皮书
中国移动互联网发展报告（2017）
著(编)者：官建文 2017年6月出版 / 估价：89.00元
PSN B-2012-282-1/1

舆情蓝皮书
中国社会舆情与危机管理报告（2017）
著(编)者：谢耘耕 2017年9月出版 / 估价：128.00元
PSN B-2011-235-1/1

影视蓝皮书
中国影视产业发展报告（2017）
著(编)者：司若 2017年4月出版 / 估价：138.00元
PSN B-2016-530-1/1

地方发展类

安徽经济蓝皮书
合芜蚌国家自主创新综合示范区研究报告（2016~2017）
著(编)者：黄家海 王开玉 蔡宪
2017年7月出版 / 估价：89.00元
PSN B-2014-383-1/1

安徽蓝皮书
安徽社会发展报告（2017）
著(编)者：程桦 2017年4月出版 / 估价：89.00元
PSN B-2013-325-1/1

澳门蓝皮书
澳门经济社会发展报告（2016~2017）
著(编)者：吴志良 郝雨凡 2017年6月出版 / 估价：98.00元
PSN B-2009-138-1/1

北京蓝皮书
北京公共服务发展报告（2016~2017）
著(编)者：施昌奎 2017年3月出版 / 定价：79.00元
PSN B-2008-103-7/8

北京蓝皮书
北京经济发展报告（2016~2017）
著(编)者：杨松 2017年6月出版 / 估价：89.00元
PSN B-2006-054-2/8

北京蓝皮书
北京社会发展报告（2016~2017）
著(编)者：李伟东 2017年6月出版 / 估价：89.00元
PSN B-2006-055-3/8

北京蓝皮书
北京社会治理发展报告（2016~2017）
著(编)者：殷星辰 2017年5月出版 / 估价：89.00元
PSN B-2014-391-8/8

北京蓝皮书
北京文化发展报告（2016~2017）
著(编)者：李建盛 2017年4月出版 / 估价：89.00元
PSN B-2007-082-4/8

北京律师绿皮书
北京律师发展报告No.3（2017）
著(编)者：王隽 2017年7月出版 / 估价：88.00元
PSN G-2012-301-1/1

北京旅游蓝皮书
北京旅游发展报告（2017）
著(编)者：北京旅游学会 2017年4月出版 / 估价：88.00元
PSN B-2011-217-1/1

皮书系列 2017全品种
地方发展类

北京人才蓝皮书
北京人才发展报告（2017）
著(编)者：于淼　2017年12月出版／估价：128.00元
PSN B-2011-201-1/1

北京社会心态蓝皮书
北京社会心态分析报告（2016~2017）
著(编)者：北京社会心理研究所
2017年8月出版／估价：89.00元
PSN B-2014-422-1/1

北京社会组织管理蓝皮书
北京社会组织发展与管理（2016~2017）
著(编)者：黄江松　2017年4月出版／估价：88.00元
PSN B-2015-446-1/1

北京体育蓝皮书
北京体育产业发展报告（2016~2017）
著(编)者：钟秉枢　陈杰　杨铁黎
2017年9月出版／估价：89.00元
PSN B-2015-475-1/1

北京养老产业蓝皮书
北京养老产业发展报告（2017）
著(编)者：周明明　冯喜良　2017年8月出版／估价：89.00元
PSN B-2015-465-1/1

滨海金融蓝皮书
滨海新区金融发展报告（2017）
著(编)者：王爱俭　张锐钢　2017年12月出版／估价：89.00元
PSN B-2014-424-1/1

城乡一体化蓝皮书
中国城乡一体化发展报告·北京卷（2016~2017）
著(编)者：张宝秀　黄序　2017年5月出版／估价：89.00元
PSN B-2012-258-2/2

创意城市蓝皮书
北京文化创意产业发展报告（2017）
著(编)者：张京成　王国华　2017年10月出版／估价：89.00元
PSN B-2012-263-1/7

创意城市蓝皮书
天津文化创意产业发展报告（2016~2017）
著(编)者：谢思全　2017年6月出版／估价：89.00元
PSN B-2016-537-7/7

创意城市蓝皮书
武汉文化创意产业发展报告（2017）
著(编)者：黄永林　陈汉桥　2017年9月出版／估价：99.00元
PSN B-2013-354-4/7

创意上海蓝皮书
上海文化创意产业发展报告（2016~2017）
著(编)者：王慧敏　王兴全　2017年8月出版／估价：89.00元
PSN B-2016-562-1/1

福建妇女发展蓝皮书
福建省妇女发展报告（2017）
著(编)者：刘群英　2017年11月出版／估价：88.00元
PSN B-2011-220-1/1

福建自贸区蓝皮书
中国（福建）自由贸易试验区发展报告（2016~2017）
著(编)者：黄茂兴　2017年4月出版／估价：108.00元
PSN B-2017-532-1/1

甘肃蓝皮书
甘肃经济发展分析与预测（2017）
著(编)者：安文华　罗哲　2017年1月出版／定价：79.00元
PSN B-2013-312-1/6

甘肃蓝皮书
甘肃社会发展分析与预测（2017）
著(编)者：安文华　包晓霞　谢增虎
2017年1月出版／定价：79.00元
PSN B-2013-313-2/6

甘肃蓝皮书
甘肃文化发展分析与预测（2017）
著(编)者：王俊莲　周小华　2017年1月出版／定价：79.00元
PSN B-2013-314-3/6

甘肃蓝皮书
甘肃县域和农村发展报告（2017）
著(编)者：朱智文　包东红　王建兵
2017年1月出版／定价：79.00元
PSN B-2013-316-5/6

甘肃蓝皮书
甘肃舆情分析与预测（2017）
著(编)者：陈双梅　张谦元　2017年1月出版／定价：79.00元
PSN B-2013-315-4/6

甘肃蓝皮书
甘肃商贸流通发展报告（2017）
著(编)者：张应华　王福生　王晓芳
2017年1月出版／定价：79.00元
PSN B-2016-523-6/6

广东蓝皮书
广东全面深化改革发展报告（2017）
著(编)者：周林生　涂成林　2017年12月出版／估价：89.00元
PSN B-2015-504-3/3

广东蓝皮书
广东社会工作发展报告（2017）
著(编)者：罗观翠　2017年6月出版／估价：89.00元
PSN B-2014-402-2/3

广东外经贸蓝皮书
广东对外经济贸易发展研究报告（2016~2017）
著(编)者：陈万灵　2017年8月出版／估价：98.00元
PSN B-2012-286-1/1

广西北部湾经济区蓝皮书
广西北部湾经济区开放开发报告（2017）
著(编)者：广西北部湾经济区规划建设管理委员会办公室
广西社会科学院广西北部湾发展研究院
2017年4月出版／估价：89.00元
PSN B-2010-181-1/1

巩义蓝皮书
巩义经济社会发展报告（2017）
著(编)者：丁同民　朱军　2017年4月出版／估价：58.00元
PSN B-2016-533-1/1

广州蓝皮书
2017年中国广州经济形势分析与预测
著(编)者：庾建设　陈浩钿　谢博能
2017年7月出版／估价：85.00元
PSN B-2011-185-9/14

地方发展类

广州蓝皮书
2017年中国广州社会形势分析与预测
著(编)者：张强 陈怡霓 杨秦　2017年6月出版 / 估价：85.00元
PSN B-2008-110-5/14

广州蓝皮书
广州城市国际化发展报告（2017）
著(编)者：朱名宏　2017年8月出版 / 估价：79.00元
PSN B-2012-246-11/14

广州蓝皮书
广州创新型城市发展报告（2017）
著(编)者：尹涛　2017年7月出版 / 估价：79.00元
PSN B-2012-247-12/14

广州蓝皮书
广州经济发展报告（2017）
著(编)者：朱名宏　2017年7月出版 / 估价：79.00元
PSN B-2005-040-1/14

广州蓝皮书
广州农村发展报告（2017）
著(编)者：朱名宏　2017年8月出版 / 估价：79.00元
PSN B-2010-167-8/14

广州蓝皮书
广州汽车产业发展报告（2017）
著(编)者：杨再高 冯兴亚　2017年7月出版 / 估价：79.00元
PSN B-2006-066-3/14

广州蓝皮书
广州青年发展报告（2016~2017）
著(编)者：徐柳 张强　2017年9月出版 / 估价：79.00元
PSN B-2013-352-13/14

广州蓝皮书
广州商贸业发展报告（2017）
著(编)者：李江涛 肖振宇 荀振英
2017年7月出版 / 估价：79.00元
PSN B-2012-245-10/14

广州蓝皮书
广州社会保障发展报告（2017）
著(编)者：蔡国萱　2017年8月出版 / 估价：79.00元
PSN B-2014-425-14/14

广州蓝皮书
广州文化创意产业发展报告（2017）
著(编)者：徐咏虹　2017年7月出版 / 估价：79.00元
PSN B-2008-111-6/14

广州蓝皮书
中国广州城市建设与管理发展报告（2017）
著(编)者：董鹪 陈小钢 李江涛
2017年7月出版 / 估价：85.00元
PSN B-2007-087-4/14

广州蓝皮书
中国广州科技创新发展报告（2017）
著(编)者：邹采荣 马正勇 陈爽
2017年7月出版 / 估价：79.00元
PSN B-2006-065-2/14

广州蓝皮书
中国广州文化发展报告（2017）
著(编)者：徐俊忠 陆志强 顾涧清
2017年7月出版 / 估价：79.00元
PSN B-2009-134-7/14

贵阳蓝皮书
贵阳城市创新发展报告No.2（白云篇）
著(编)者：连玉明　2017年10月出版 / 估价：89.00元
PSN B-2015-491-3/10

贵阳蓝皮书
贵阳城市创新发展报告No.2（观山湖篇）
著(编)者：连玉明　2017年10月出版 / 估价：89.00元
PSN B-2011-235-1/1

贵阳蓝皮书
贵阳城市创新发展报告No.2（花溪篇）
著(编)者：连玉明　2017年10月出版 / 估价：89.00元
PSN B-2015-490-2/10

贵阳蓝皮书
贵阳城市创新发展报告No.2（开阳篇）
著(编)者：连玉明　2017年10月出版 / 估价：89.00元
PSN B-2015-492-4/10

贵阳蓝皮书
贵阳城市创新发展报告No.2（南明篇）
著(编)者：连玉明　2017年10月出版 / 估价：89.00元
PSN B-2015-496-8/10

贵阳蓝皮书
贵阳城市创新发展报告No.2（清镇篇）
著(编)者：连玉明　2017年10月出版 / 估价：89.00元
PSN B-2015-489-1/10

贵阳蓝皮书
贵阳城市创新发展报告No.2（乌当篇）
著(编)者：连玉明　2017年10月出版 / 估价：89.00元
PSN B-2015-495-7/10

贵阳蓝皮书
贵阳城市创新发展报告No.2（息烽篇）
著(编)者：连玉明　2017年10月出版 / 估价：89.00元
PSN B-2015-493-5/10

贵阳蓝皮书
贵阳城市创新发展报告No.2（修文篇）
著(编)者：连玉明　2017年10月出版 / 估价：89.00元
PSN B-2015-494-6/10

贵阳蓝皮书
贵阳城市创新发展报告No.2（云岩篇）
著(编)者：连玉明　2017年10月出版 / 估价：89.00元
PSN B-2015-498-10/10

贵州房地产蓝皮书
贵州房地产发展报告No.4（2017）
著(编)者：武廷方　2017年7月出版 / 估价：89.00元
PSN B-2014-426-1/1

贵州蓝皮书
贵州册亨经济社会发展报告(2017)
著(编)者：黄德林　2017年3月出版 / 估价：89.00元
PSN B-2016-526-8/9

皮书系列 2017全品种
地方发展类

贵州蓝皮书
贵安新区发展报告（2016~2017）
著(编)者：马长青 吴大华　2017年6月出版 / 估价：89.00元
PSN B-2015-459-4/9

贵州蓝皮书
贵州法治发展报告（2017）
著(编)者：吴大华　2017年5月出版 / 估价：89.00元
PSN B-2012-254-2/9

贵州蓝皮书
贵州国有企业社会责任发展报告（2016~2017）
著(编)者：郭丽 周航 万强
2017年12月出版 / 估价：89.00元
PSN B-2015-511-6/9

贵州蓝皮书
贵州民航业发展报告（2017）
著(编)者：申振东 吴大华　2017年10月出版 / 估价：89.00元
PSN B-2015-471-5/9

贵州蓝皮书
贵州民营经济发展报告（2017）
著(编)者：杨静 吴大华　2017年4月出版 / 估价：89.00元
PSN B-2016-531-9/9

贵州蓝皮书
贵州人才发展报告（2017）
著(编)者：于杰 吴大华　2017年9月出版 / 估价：89.00元
PSN B-2014-382-3/9

贵州蓝皮书
贵州社会发展报告（2017）
著(编)者：王兴骥　2017年6月出版 / 估价：89.00元
PSN B-2010-166-1/9

贵州蓝皮书
贵州国家级开放创新平台发展报告（2017）
著(编)者：申晓庆 吴大华 李泓
2017年6月出版 / 估价：89.00元
PSN B-2016-518-1/9

海淀蓝皮书
海淀区文化和科技融合发展报告（2017）
著(编)者：陈名杰 孟景伟　2017年5月出版 / 估价：85.00元
PSN B-2013-329-1/1

杭州都市圈蓝皮书
杭州都市圈发展报告（2017）
著(编)者：沈翔 戚建国　2017年5月出版 / 估价：128.00元
PSN B-2012-302-1/1

杭州蓝皮书
杭州妇女发展报告（2017）
著(编)者：魏颖　2017年6月出版 / 估价：89.00元
PSN B-2014-403-1/1

河北经济蓝皮书
河北省经济发展报告（2017）
著(编)者：马树强 金浩 张贵
2017年4月出版 / 估价：89.00元
PSN B-2014-380-1/1

河北蓝皮书
河北经济社会发展报告（2017）
著(编)者：郭金平　2017年1月出版 / 定价：79.00元
PSN B-2014-372-1/2

河北蓝皮书
京津冀协同发展报告（2017）
著(编)者：陈路　2017年1月出版 / 定价：79.00元
PSN B-2017-601-2/2

河北食品药品安全蓝皮书
河北食品药品安全研究报告（2017）
著(编)者：丁锦霞　2017年6月出版 / 估价：89.00元
PSN B-2015-473-1/1

河南经济蓝皮书
2017年河南经济形势分析与预测
著(编)者：王世炎　2017年3月出版 / 定价：79.00元
PSN B-2007-086-1/1

河南蓝皮书
2017年河南社会形势分析与预测
著(编)者：刘道兴 牛苏林　2017年4月出版 / 估价89.00元
PSN B-2005-043-1/8

河南蓝皮书
河南城市发展报告（2017）
著(编)者：张占仓 王建国　2017年5月出版 / 估价：89.00元
PSN B-2009-131-3/8

河南蓝皮书
河南法治发展报告（2017）
著(编)者：丁同民 张林海　2017年5月出版 / 估价：89.00元
PSN B-2014-376-6/8

河南蓝皮书
河南工业发展报告（2017）
著(编)者：张占仓 丁同民　2017年5月出版 / 估价：89.00元
PSN B-2013-317-5/8

河南蓝皮书
河南金融发展报告（2017）
著(编)者：河南省社会科学院
2017年6月出版 / 估价：89.00元
PSN B-2014-390-7/8

河南蓝皮书
河南经济发展报告（2017）
著(编)者：张占仓 完世伟　2017年4月出版 / 估价：89.00元
PSN B-2010-157-4/8

河南蓝皮书
河南农业农村发展报告（2017）
著(编)者：吴海峰　2017年4月出版 / 估价：89.00元
PSN B-2015-445-8/8

河南蓝皮书
河南文化发展报告（2017）
著(编)者：卫绍生　2017年4月出版 / 估价：88.00元
PSN B-2008-106-2/8

河南商务蓝皮书
河南商务发展报告（2017）
著(编)者：焦锦淼 穆荣国　2017年6月出版 / 估价：88.00元
PSN B-2014-399-1/1

黑龙江蓝皮书
黑龙江经济发展报告（2017）
著(编)者：朱宇　2017年1月出版 / 定价：79.00元
PSN B-2011-190-2/2

皮书系列 重点推荐 地方发展类

黑龙江蓝皮书
黑龙江社会发展报告（2017）
著(编)者：谢宝禄　2017年1月出版 / 定价：79.00元
PSN B-2011-189-1/2

湖北文化蓝皮书
湖北文化发展报告（2017）
著(编)者：吴成国　2017年10月出版 / 估价：95.00元
PSN B-2016-567-1/1

湖南城市蓝皮书
区域城市群整合
著(编)者：童中贤　韩未名
2017年12月出版 / 估价：89.00元
PSN B-2006-064-1/1

湖南蓝皮书
2017年湖南产业发展报告
著(编)者：梁志峰　2017年5月出版 / 估价：128.00元
PSN B-2011-207-2/8

湖南蓝皮书
2017年湖南电子政务发展报告
著(编)者：梁志峰　2017年5月出版 / 估价：128.00元
PSN B-2014-394-6/8

湖南蓝皮书
2017年湖南经济展望
著(编)者：梁志峰　2017年5月出版 / 估价：128.00元
PSN B-2011-206-1/8

湖南蓝皮书
2017年湖南两型社会与生态文明发展报告
著(编)者：梁志峰　2017年5月出版 / 估价：128.00元
PSN B-2011-208-3/8

湖南蓝皮书
2017年湖南社会发展报告
著(编)者：梁志峰　2017年5月出版 / 估价：128.00元
PSN B-2014-393-5/8

湖南蓝皮书
2017年湖南县域经济社会发展报告
著(编)者：梁志峰　2017年5月出版 / 估价：128.00元
PSN B-2014-395-7/8

湖南蓝皮书
湖南城乡一体化发展报告（2017）
著(编)者：陈文胜　王文强　陆福兴　邝奕轩
2017年6月出版 / 估价：89.00元
PSN B-2015-477-8/8

湖南县域绿皮书
湖南县域发展报告No.3
著(编)者：袁准　周小毛　黎仁寅
2017年3月出版 / 定价：79.00元
PSN G-2012-274-1/1

沪港蓝皮书
沪港发展报告（2017）
著(编)者：尤安山　2017年9月出版 / 估价：89.00元
PSN B-2013-362-1/1

吉林蓝皮书
2017年吉林经济社会形势分析与预测
著(编)者：邵汉明　2016年12月出版 / 定价：79.00元
PSN B-2013-319-1/1

吉林省城市竞争力蓝皮书
吉林省城市竞争力报告（2016~2017）
著(编)者：崔岳春　张磊　2016年12月出版 / 定价：79.00元
PSN B-2015-513-1/1

济源蓝皮书
济源经济社会发展报告（2017）
著(编)者：喻新安　2017年4月出版 / 估价：89.00元
PSN B-2014-387-1/1

健康城市蓝皮书
北京健康城市建设研究报告（2017）
著(编)者：王鸿春　2017年8月出版 / 估价：89.00元
PSN B-2015-460-1/2

江苏法治蓝皮书
江苏法治发展报告 No.6（2017）
著(编)者：蔡道通　龚廷泰　2017年8月出版 / 估价：98.00元
PSN B-2012-290-1/1

江西蓝皮书
江西经济社会发展报告（2017）
著(编)者：张勇　姜玮　梁勇　2017年10月出版 / 估价：89.00元
PSN B-2015-484-1/2

江西蓝皮书
江西设区市发展报告（2017）
著(编)者：姜玮　梁勇　2017年10月出版 / 估价：79.00元
PSN B-2016-517-2/2

江西文化蓝皮书
江西文化产业发展报告（2017）
著(编)者：张圣才　汪春翔
2017年10月出版 / 估价：128.00元
PSN B-2015-499-1/1

街道蓝皮书
北京街道发展报告No.2（白纸坊篇）
著(编)者：连玉明　2017年8月出版 / 估价：98.00元
PSN B-2016-544-7/15

街道蓝皮书
北京街道发展报告No.2（椿树篇）
著(编)者：连玉明　2017年8月出版 / 估价：98.00元
PSN B-2016-548-11/15

街道蓝皮书
北京街道发展报告No.2（大栅栏篇）
著(编)者：连玉明　2017年8月出版 / 估价：98.00元
PSN B-2016-552-15/15

街道蓝皮书
北京街道发展报告No.2（德胜篇）
著(编)者：连玉明　2017年8月出版 / 估价：98.00元
PSN B-2016-551-14/15

街道蓝皮书
北京街道发展报告No.2（广安门内篇）
著(编)者：连玉明　2017年8月出版 / 估价：98.00元
PSN B-2016-540-3/15

地方发展类 | **皮书系列 重点推荐**

街道蓝皮书
北京街道发展报告No.2（广安门外篇）
著(编)者：连玉明　2017年8月出版 / 估价：98.00元
PSN B-2016-547-10/15

街道蓝皮书
北京街道发展报告No.2（金融街篇）
著(编)者：连玉明　2017年8月出版 / 估价：98.00元
PSN B-2016-538-1/15

街道蓝皮书
北京街道发展报告No.2（牛街篇）
著(编)者：连玉明　2017年8月出版 / 估价：98.00元
PSN B-2016-545-8/15

街道蓝皮书
北京街道发展报告No.2（什刹海篇）
著(编)者：连玉明　2017年8月出版 / 估价：98.00元
PSN B-2016-546-9/15

街道蓝皮书
北京街道发展报告No.2（陶然亭篇）
著(编)者：连玉明　2017年8月出版 / 估价：98.00元
PSN B-2016-542-5/15

街道蓝皮书
北京街道发展报告No.2（天桥篇）
著(编)者：连玉明　2017年8月出版 / 估价：98.00元
PSN B-2016-549-12/15

街道蓝皮书
北京街道发展报告No.2（西长安街篇）
著(编)者：连玉明　2017年8月出版 / 估价：98.00元
PSN B-2016-543-6/15

街道蓝皮书
北京街道发展报告No.2（新街口篇）
著(编)者：连玉明　2017年8月出版 / 估价：98.00元
PSN B-2016-541-4/15

街道蓝皮书
北京街道发展报告No.2（月坛篇）
著(编)者：连玉明　2017年8月出版 / 估价：98.00元
PSN B-2016-539-2/15

街道蓝皮书
北京街道发展报告No.2（展览路篇）
著(编)者：连玉明　2017年8月出版 / 估价：98.00元
PSN B-2016-550-13/15

经济特区蓝皮书
中国经济特区发展报告（2017）
著(编)者：陶一桃　2017年12月出版 / 估价：98.00元
PSN B-2009-139-1/1

辽宁蓝皮书
2017年辽宁经济社会形势分析与预测
著(编)者：曹晓峰　梁启东
2017年4月出版 / 估价：79.00元
PSN B-2006-053-1/1

洛阳蓝皮书
洛阳文化发展报告（2017）
著(编)者：刘福兴　陈启明　2017年7月出版 / 估价：89.00元
PSN B-2015-476-1/1

南京蓝皮书
南京文化发展报告（2017）
著(编)者：徐宁　2017年10月出版 / 估价：89.00元
PSN B-2014-439-1/1

南宁蓝皮书
南宁法治发展报告（2017）
著(编)者：杨维超　2017年12月出版 / 估价：79.00元
PSN B-2015-509-1/3

南宁蓝皮书
南宁经济发展报告（2017）
著(编)者：胡建华　2017年9月出版 / 估价：79.00元
PSN B-2016-570-2/3

南宁蓝皮书
南宁社会发展报告（2017）
著(编)者：胡建华　2017年9月出版 / 估价：79.00元
PSN B-2016-571-3/3

内蒙古蓝皮书
内蒙古反腐倡廉建设报告No.2
著(编)者：张志华　无极　2017年12月出版 / 估价：79.00元
PSN B-2013-365-1/1

浦东新区蓝皮书
上海浦东经济发展报告（2017）
著(编)者：沈开艳　周奇　2017年2月出版 / 定价：79.00元
PSN B-2011-225-1/1

青海蓝皮书
2017年青海经济社会形势分析与预测
著(编)者：陈玮　2016年12月出版 / 定价：79.00元
PSN B-2012-275-1/1

人口与健康蓝皮书
深圳人口与健康发展报告（2017）
著(编)者：陆杰华　罗乐宣　苏杨
2017年11月出版 / 估价：89.00元
PSN B-2011-228-1/1

山东蓝皮书
山东经济形势分析与预测（2017）
著(编)者：李广杰　2017年7月出版 / 估价：89.00元
PSN B-2014-404-1/4

山东蓝皮书
山东社会形势分析与预测（2017）
著(编)者：张华　唐洲雁　2017年6月出版 / 估价：89.00元
PSN B-2014-405-2/4

山东蓝皮书
山东文化发展报告（2017）
著(编)者：涂可国　2017年11月出版 / 估价：98.00元
PSN B-2014-406-3/4

山西蓝皮书
山西资源型经济转型发展报告（2017）
著(编)者：李志强　2017年7月出版 / 估价：89.00元
PSN B-2011-197-1/1

皮书系列重点推荐 — 地方发展类

陕西蓝皮书
陕西经济发展报告（2017）
著(编)者：任宗哲 白宽犁 裴成荣
2017年1月出版 / 定价：69.00元
PSN B-2009-135-1/5

陕西蓝皮书
陕西社会发展报告（2017）
著(编)者：任宗哲 白宽犁 牛昉
2017年1月出版 / 定价：69.00元
PSN B-2009-136-2/5

陕西蓝皮书
陕西文化发展报告（2017）
著(编)者：任宗哲 白宽犁 王长寿
2017年1月出版 / 定价：69.00元
PSN B-2009-137-3/5

上海蓝皮书
上海传媒发展报告（2017）
著(编)者：强荧 焦雨虹 2017年2月出版 / 定价：79.00元
PSN B-2012-295-5/7

上海蓝皮书
上海法治发展报告（2017）
著(编)者：叶青 2017年6月出版 / 估价：89.00元
PSN B-2012-296-6/7

上海蓝皮书
上海经济发展报告（2017）
著(编)者：沈开艳 2017年2月出版 / 定价：79.00元
PSN B-2006-057-1/7

上海蓝皮书
上海社会发展报告（2017）
著(编)者：杨雄 周海旺 2017年2月出版 / 定价：79.00元
PSN B-2006-058-2/7

上海蓝皮书
上海文化发展报告（2017）
著(编)者：荣跃明 2017年2月出版 / 定价：79.00元
PSN B-2006-059-3/7

上海蓝皮书
上海文学发展报告（2017）
著(编)者：陈圣来 2017年6月出版 / 估价：89.00元
PSN B-2012-297-7/7

上海蓝皮书
上海资源环境发展报告（2017）
著(编)者：周冯琦 汤庆合
2017年2月出版 / 定价：79.00元
PSN B-2006-060-4/7

社会建设蓝皮书
2017年北京社会建设分析报告
著(编)者：宋贵伦 冯虹 2017年10月出版 / 估价：89.00元
PSN B-2010-173-1/1

深圳蓝皮书
深圳法治发展报告（2017）
著(编)者：张骁儒 2017年6月出版 / 估价：89.00元
PSN B-2015-470-6/7

深圳蓝皮书
深圳经济发展报告（2017）
著(编)者：张骁儒 2017年7月出版 / 估价：89.00元
PSN B-2008-112-3/7

深圳蓝皮书
深圳劳动关系发展报告（2017）
著(编)者：汤庭芬 2017年6月出版 / 估价：89.00元
PSN B-2007-097-2/7

深圳蓝皮书
深圳社会建设与发展报告（2017）
著(编)者：张骁儒 陈东平 2017年7月出版 / 估价：89.00元
PSN B-2008-113-4/7

深圳蓝皮书
深圳文化发展报告(2017)
著(编)者：张骁儒 2017年7月出版 / 估价：89.00元
PSN B-2016-555-7/7

丝绸之路蓝皮书
丝绸之路经济带发展报告（2017）
著(编)者：任宗哲 白宽犁 谷孟宾
2017年1月出版 / 定价：75.00元
PSN B-2014-410-1/1

法治蓝皮书
四川依法治省年度报告 No.3（2017）
著(编)者：李林 杨天宗 田禾
2017年3月出版 / 定价：118.00元
PSN B-2015-447-1/1

四川蓝皮书
2017年四川经济形势分析与预测
著(编)者：杨钢 2017年1月出版 / 定价：98.00元
PSN B-2007-098-2/7

四川蓝皮书
四川城镇化发展报告（2017）
著(编)者：侯水平 陈炜 2017年4月出版 / 估价：85.00元
PSN B-2015-456-7/7

四川蓝皮书
四川法治发展报告（2017）
著(编)者：郑泰安 2017年4月出版 / 估价：89.00元
PSN B-2015-441-5/7

四川蓝皮书
四川企业社会责任研究报告（2016~2017）
著(编)者：侯水平 盛毅 翟刚
2017年4月出版 / 估价：89.00元
PSN B-2014-386-4/7

四川蓝皮书
四川社会发展报告（2017）
著(编)者：李羚 2017年5月出版 / 估价：89.00元
PSN B-2008-127-3/7

四川蓝皮书
四川生态建设报告（2017）
著(编)者：李晟之 2017年4月出版 / 估价：85.00元
PSN B-2015-455-6/7

皮书系列重点推荐

地方发展类・国际问题类

四川蓝皮书
四川文化产业发展报告（2017）
著(编)者：向宝云 张立伟
2017年4月出版 / 估价：89.00元
PSN B-2006-074-1/7

体育蓝皮书
上海体育产业发展报告（2016~2017）
著(编)者：张林 黄海燕
2017年10月出版 / 估价：89.00元
PSN B-2015-454-4/4

体育蓝皮书
长三角地区体育产业发展报告（2016~2017）
著(编)者：张林
2017年4月出版 / 估价：89.00元
PSN B-2015-453-3/4

天津金融蓝皮书
天津金融发展报告（2017）
著(编)者：王爱俭 孔德昌
2017年12月出版 / 估价：98.00元
PSN B-2014-418-1/1

图们江区域合作蓝皮书
图们江区域合作发展报告（2017）
著(编)者：李铁
2017年6月出版 / 估价：98.00元
PSN B-2015-464-1/1

温州蓝皮书
2017年温州经济社会形势分析与预测
著(编)者：潘忠强 王春光 金浩
2017年4月出版 / 估价：89.00元
PSN B-2008-105-1/1

西咸新区蓝皮书
西咸新区发展报告（2016~2017）
著(编)者：李扬 王军
2017年6月出版 / 估价：89.00元
PSN B-2016-535-1/1

扬州蓝皮书
扬州经济社会发展报告（2017）
著(编)者：丁纯
2017年12月出版 / 估价：98.00元
PSN B-2011-191-1/1

长株潭城市群蓝皮书
长株潭城市群发展报告（2017）
著(编)者：张萍
2017年12月出版 / 估价：89.00元
PSN B-2008-109-1/1

中医文化蓝皮书
北京中医文化传播发展报告（2017）
著(编)者：毛嘉陵
2017年5月出版 / 估价：79.00元
PSN B-2015-468-1/2

珠三角流通蓝皮书
珠三角商圈发展研究报告（2017）
著(编)者：王先庆 林至颖
2017年7月出版 / 估价：98.00元
PSN B-2012-292-1/1

遵义蓝皮书
遵义发展报告（2017）
著(编)者：曾征 龚永育 雍思强
2017年12月出版 / 估价：89.00元
PSN B-2014-433-1/1

国际问题类

"一带一路"跨境通道蓝皮书
"一带一路"跨境通道建设研究报告（2017）
著(编)者：郭业洲
2017年8月出版 / 估价：89.00元
PSN B-2016-558-1/1

"一带一路"蓝皮书
"一带一路"建设发展报告（2017）
著(编)者：孔丹 李永全
2017年7月出版 / 估价：89.00元
PSN B-2016-553-1/1

阿拉伯黄皮书
阿拉伯发展报告（2016~2017）
著(编)者：罗林
2017年11月出版 / 估价：89.00元
PSN Y-2014-381-1/1

北部湾蓝皮书
泛北部湾合作发展报告（2017）
著(编)者：吕余生
2017年12月出版 / 估价：85.00元
PSN B-2008-114-1/1

大湄公河次区域蓝皮书
大湄公河次区域合作发展报告（2017）
著(编)者：刘稚
2017年8月出版 / 估价：89.00元
PSN B-2011-196-1/1

大洋洲蓝皮书
大洋洲发展报告（2017）
著(编)者：喻常森
2017年10月出版 / 估价：89.00元
PSN B-2013-341-1/1

皮书系列 重点推荐 — 国际问题类

德国蓝皮书
德国发展报告（2017）
著(编)者：郑春荣　2017年6月出版 / 估价：89.00元
PSN B-2012-278-1/1

东盟黄皮书
东盟发展报告（2017）
著(编)者：杨晓强　庄国土
2017年4月出版 / 估价：89.00元
PSN Y-2012-303-1/1

东南亚蓝皮书
东南亚地区发展报告（2016~2017）
著(编)者：厦门大学东南亚研究中心　王勤
2017年12月出版 / 估价：89.00元
PSN B-2012-240-1/1

俄罗斯黄皮书
俄罗斯发展报告（2017）
著(编)者：李永全　2017年7月出版 / 估价：89.00元
PSN Y-2006-061-1/1

非洲黄皮书
非洲发展报告No.19（2016~2017）
著(编)者：张宏明　2017年8月出版 / 估价：89.00元
PSN Y-2012-239-1/1

公共外交蓝皮书
中国公共外交发展报告（2017）
著(编)者：赵启正　雷蔚真
2017年4月出版 / 估价：89.00元
PSN B-2015-457-1/1

国际安全蓝皮书
中国国际安全研究报告(2017)
著(编)者：刘慧　2017年7月出版 / 估价：98.00元
PSN B-2016-522-1/1

国际形势黄皮书
全球政治与安全报告（2017）
著(编)者：张宇燕
2017年1月出版 / 定价：89.00元
PSN Y-2001-016-1/1

韩国蓝皮书
韩国发展报告（2017）
著(编)者：牛林杰　刘宝全
2017年11月出版 / 估价：89.00元
PSN B-2010-155-1/1

加拿大蓝皮书
加拿大发展报告（2017）
著(编)者：仲伟合　2017年9月出版 / 估价：89.00元
PSN B-2014-389-1/1

拉美黄皮书
拉丁美洲和加勒比发展报告（2016~2017）
著(编)者：吴白乙　2017年6月出版 / 估价：89.00元
PSN Y-1999-007-1/1

美国蓝皮书
美国研究报告（2017）
著(编)者：郑秉文　黄平　2017年6月出版 / 估价：89.00元
PSN B-2011-210-1/1

缅甸蓝皮书
缅甸国情报告（2017）
著(编)者：李晨阳　2017年12月出版 / 估价：86.00元
PSN B-2013-343-1/1

欧洲蓝皮书
欧洲发展报告（2016~2017）
著(编)者：黄平　周弘　江时学
2017年6月出版 / 估价：89.00元
PSN B-1999-009-1/1

葡语国家蓝皮书
葡语国家发展报告（2017）
著(编)者：王成安　张敏　2017年12月出版 / 估价：89.00元
PSN B-2015-503-1/2

葡语国家蓝皮书
中国与葡语国家关系发展报告·巴西（2017）
著(编)者：张曙光　2017年8月出版 / 估价：89.00元
PSN B-2016-564-2/2

日本经济蓝皮书
日本经济与中日经贸关系研究报告（2017）
著(编)者：张季风　2017年5月出版 / 估价：89.00元
PSN B-2008-102-1/1

日本蓝皮书
日本研究报告（2017）
著(编)者：杨伯江　2017年5月出版 / 估价：89.00元
PSN B-2002-020-1/1

上海合作组织黄皮书
上海合作组织发展报告（2017）
著(编)者：李进峰　吴宏伟　李少捷
2017年6月出版 / 估价：89.00元
PSN Y-2009-130-1/1

世界创新竞争力黄皮书
世界创新竞争力发展报告（2017）
著(编)者：李闽榕　李建平　赵新力
2017年4月出版 / 估价：148.00元
PSN Y-2013-318-1/1

泰国蓝皮书
泰国研究报告（2017）
著(编)者：庄国土　张禹东
2017年8月出版 / 估价：118.00元
PSN B-2016-557-1/1

土耳其蓝皮书
土耳其发展报告（2017）
著(编)者：郭长刚　刘义　2017年9月出版 / 估价：89.00元
PSN B-2014-412-1/1

亚太蓝皮书
亚太地区发展报告（2017）
著(编)者：李向阳　2017年4月出版 / 估价：89.00元
PSN B-2001-015-1/1

印度蓝皮书
印度国情报告（2017）
著(编)者：吕昭义　2017年12月出版 / 估价：89.00元
PSN B-2012-241-1/1

皮书系列重点推荐 国际问题类

印度洋地区蓝皮书
印度洋地区发展报告（2017）
著(编)者：汪戎　2017年6月出版／估价：89.00元
PSN B-2013-334-1/1

英国蓝皮书
英国发展报告（2016~2017）
著(编)者：王展鹏　2017年11月出版／估价：89.00元
PSN B-2015-486-1/1

越南蓝皮书
越南国情报告（2017）
著(编)者：谢林城
2017年12月出版／估价：89.00元
PSN B-2006-056-1/1

以色列蓝皮书
以色列发展报告（2017）
著(编)者：张倩红　2017年8月出版／估价：89.00元
PSN B-2015-483-1/1

伊朗蓝皮书
伊朗发展报告（2017）
著(编)者：冀开远　2017年10月出版／估价：89.00元
PSN B-2016-575-1/1

中东黄皮书
中东发展报告No.19（2016~2017）
著(编)者：杨光　2017年10月出版／估价：89.00元
PSN Y-1998-004-1/1

中亚黄皮书
中亚国家发展报告（2017）
著(编)者：孙力　吴宏伟　2017年7月出版／估价：98.00元
PSN Y-2012-238-1/1

皮书序列号是社会科学文献出版社专门为识别皮书、管理皮书而设计的编号。皮书序列号是出版皮书的许可证号，是区别皮书与其他图书的重要标志。

它由一个前缀和四部分构成。这四部分之间用连字符"-"连接。前缀和这四部分之间空半个汉字（见示例）。

《国际人才蓝皮书：中国留学发展报告》序列号示例

从示例中可以看出，《国际人才蓝皮书：中国留学发展报告》的首次出版年份是2012年，是社科文献出版社出版的第244个皮书品种，是"国际人才蓝皮书"系列的第2个品种（共4个品种）。

社会科学文献出版社　　　　　　　　　　**皮书系列**

❖ 皮书起源 ❖

"皮书"起源于十七、十八世纪的英国,主要指官方或社会组织正式发表的重要文件或报告,多以"白皮书"命名。在中国,"皮书"这一概念被社会广泛接受,并被成功运作、发展成为一种全新的出版形态,则源于中国社会科学院社会科学文献出版社。

❖ 皮书定义 ❖

皮书是对中国与世界发展状况和热点问题进行年度监测,以专业的角度、专家的视野和实证研究方法,针对某一领域或区域现状与发展态势展开分析和预测,具备原创性、实证性、专业性、连续性、前沿性、时效性等特点的公开出版物,由一系列权威研究报告组成。

❖ 皮书作者 ❖

皮书系列的作者以中国社会科学院、著名高校、地方社会科学院的研究人员为主,多为国内一流研究机构的权威专家学者,他们的看法和观点代表了学界对中国与世界的现实和未来最高水平的解读与分析。

❖ 皮书荣誉 ❖

皮书系列已成为社会科学文献出版社的著名图书品牌和中国社会科学院的知名学术品牌。2016年,皮书系列正式列入"十三五"国家重点出版规划项目;2012~2016年,重点皮书列入中国社会科学院承担的国家哲学社会科学创新工程项目;2017年,55种院外皮书使用"中国社会科学院创新工程学术出版项目"标识。

中国皮书网
www.pishu.cn

发布皮书研创资讯，传播皮书精彩内容
引领皮书出版潮流，打造皮书服务平台

栏目设置

关于皮书：何谓皮书、皮书分类、皮书大事记、皮书荣誉、
　　　　　皮书出版第一人、皮书编辑部
最新资讯：通知公告、新闻动态、媒体聚焦、网站专题、视频直播、下载专区
皮书研创：皮书规范、皮书选题、皮书出版、皮书研究、研创团队
皮书评奖评价：指标体系、皮书评价、皮书评奖
互动专区：皮书说、皮书智库、皮书微博、数据库微博

所获荣誉

2008年、2011年，中国皮书网均在全国新闻出版业网站荣誉评选中获得"最具商业价值网站"称号；
2012年，获得"出版业网站百强"称号。

网库合一

2014年，中国皮书网与皮书数据库端口合一，实现资源共享。更多详情请登录www.pishu.cn。

权威报告·热点资讯·特色资源

皮书数据库
ANNUAL REPORT(YEARBOOK) DATABASE

当代中国与世界发展高端智库平台

所获荣誉

- 2016年,入选"国家'十三五'电子出版物出版规划骨干工程"
- 2015年,荣获"搜索中国正能量 点赞2015""创新中国科技创新奖"
- 2013年,荣获"中国出版政府奖·网络出版物奖"提名奖
- 连续多年荣获中国数字出版博览会"数字出版·优秀品牌"奖

成为会员

通过网址www.pishu.com.cn或使用手机扫描二维码进入皮书数据库网站,进行手机号码验证或邮箱验证即可成为皮书数据库会员(建议通过手机号码快速验证注册)。

会员福利

- 使用手机号码首次注册会员可直接获得100元体验金,不需充值即可购买和查看数据库内容(仅限使用手机号码快速注册)。
- 已注册用户购书后可免费获赠100元皮书数据库充值卡。刮开充值卡涂层获取充值密码,登录并进入"会员中心"—"在线充值"—"充值卡充值",充值成功后即可购买和查看数据库内容。

数据库服务热线:400-008-6695　　　　　图书销售热线:010-59367070/7028
数据库服务QQ:2475522410　　　　　　图书服务QQ:1265056568
数据库服务邮箱:database@ssap.cn　　　图书服务邮箱:duzhe@ssap.cn

皮书品牌20年
YEAR BOOKS

更多信息请登录

皮书数据库
http://www.pishu.com.cn

中国皮书网
http://www.pishu.cn

皮书微博
http://weibo.com/pishu

皮书博客
http://blog.sina.com.cn/pishu

皮书微信"皮书说"

请到当当、亚马逊、京东或各地书店购买,也可办理邮购

咨询/邮购电话:010-59367028　59367070
邮　　箱:duzhe@ssap.cn
邮购地址:北京市西城区北三环中路甲29号院3号楼
　　　　　华龙大厦13层读者服务中心
邮　　编:100029
银行户名:社会科学文献出版社
开户银行:中国工商银行北京北太平庄支行
账　　号:0200010019200365434